Davide Stucchi

Light Lights

Centro Pecci

Mousse Publishing

Light Lights: Sprezzante Sprezzatura

Stefano Collicelli Cagol

Light Lights è la prima personale di Davide Stucchi in un'istituzione italiana. Il titolo della mostra, tradotto, suona come "luci leggere": introduce un viaggio attraverso spazi domestici immaginari. Questo gioco di parole in inglese è programmatico. Restituisce la dimensione apparentemente giocosa della ricerca artistica di Stucchi, ma anche la sua postura leggera nei confronti del sistema artistico e della tradizione scultorea. Uno scioglilingua che costringe il corpo a farsi protagonista già nella pronuncia del titolo.

 Light Lights presenta sculture accomunate dalla luce, presente o evocata. Queste opere popolano lo spazio curvo e irregolare dell'Ala Piccola Nio del Centro Pecci. La loro disposizione crea un ritmo di pieni e vuoti, luci e ombre. Le sculture illuminano la mostra e si illuminano tra di loro, in una continua negoziazione di ruoli e posizioni, attraendosi e distanziandosi. La loro visibilità non dipende, quindi, dall'impianto di illuminazione del museo, lasciato volontariamente spento. La mostra guadagna così un livello di autonomia e autodeterminazione rispetto alle possibilità concesse, anche fisicamente, dall'istituzione e dai suoi spazi. Questa scelta artistica racchiude una delle chiavi di accesso alla pratica di Stucchi: la messa in discussione di convenienze artistiche, di convenzioni sociali e di abitudini culturali. Rivelando la postura di Stucchi, tutta fondata sul sovvertimento dei ruoli come nella migliore tradizione camp, *Light Lights* procede in modo giocoso e leggero a ribaltare canoni, generi e aspettative. La mostra diventa così un luogo vibrante, complice il cambio di dimensioni spaziali a mano a mano che lo spazio, percorrendolo, si curva: le pareti si allargano, il soffitto si alza. Calibrato e maniacale, Stucchi predispone il suo campo d'azione attraverso una serie di interventi composti da minuterie, ferramenta, applique, lampade e interruttori. Raccolti insieme, i materiali formano sculture quasi invisibili, di cui andare a caccia nella penombra dello spazio espositivo. Come falene, le opere si raggruppano attorno alle fonti luminose, oppure se ne discostano per cercarne di nuove. Con la loro disposizione, ridiscutono la modalità di abitare e occupare lo spazio, evocano interni domestici e mobili inesistenti, di cui resta percepibile la presenza o la memoria in assenza.

La mostra nasce in stretto dialogo con la sala espositiva, denudata dall'artista. La stessa logica con cui appronta le sue sculture si ritrova nel modo in cui affronta lo spazio istituzionale. Stucchi parte dal dato di fatto, dall'elemento standardizzato, quotidiano, a portata di mano, ineluttabile, essenziale, pratico, economico, adatto a vite precarie e pragmatiche. Un prodotto facilmente reperibile su un catalogo di utensili per la casa o dal ferramenta può avere le stesse potenzialità estetiche di un cartello per le vie di fuga o di un pozzetto per le prese elettriche all'interno dello spazio espositivo. Tutti questi materiali hanno un'origine simile, potrebbero facilmente trovarsi nello stesso catalogo o nello stesso negozio, eppure la loro destinazione d'uso li colloca in una scala culturale differente. Stucchi sovverte questa percezione per rimettere in discussione il principio che sancisce il livello di raffinatezza culturale e accettabilità espositiva di ciò che viene presentato all'interno dell'istituzione e dunque è percepito come rilevante, non semplicemente di servizio.

L'elemento standardizzato garantisce sicurezza, economia e facilità di gestione. All'interno di questa dimensione Stucchi interviene. Questa capacità di inserirsi in un sistema e trasformarlo dall'interno, accettandolo come un dato di fatto, ma non piegandosi alla sua logica, risuona anche in altri ambiti creativi. La moda, la scenografia, la pubblicità sono senza dubbio aree di sperimentazione assonanti. L'artista, non a caso, per anni si è confrontato con questi ambiti grazie alla sua capacità di inquadrare i problemi, compiere scelte estetiche e formali, individuare le soluzioni veloci e la sua efficace organizzazione del lavoro.

"Light Lights", quando pronunciato, ricorda il gioco di lingua e palato di "Lo-li-ta", l'incipit celeberrimo del romanzo omonimo di Vladimir Nabokov. Una dimensione erotica che, non a caso, pulsa soffusa e discreta in tutto lo spazio. Il naspo antincendio, al cui interno è avvolta la manichetta per estinguere eventuali fiamme, è installato a pochi centimetri dal primo lavoro della mostra. Gli artisti tendono solitamente a distanziarsi da segnaletica e attrezzature legate alla sicurezza degli spazi espositivi. In alcuni casi, questi elementi vengono addirittura cancellati nella postproduzione delle fotografie di allestimento. Stucchi, invece, riconosce come siano parte di un'origine comune, non ne teme le interferenze, ma gioca con le loro possibili interazioni e con i diversi valori assegnati loro. Lo standard è travisato, o meglio, scompigliato da una postura decisamente queer. *Neck-Laced* (2024-25), è costituito da una serie di portalampade sferiche in plexiglass, riempite di perle di diversi colori, dimensioni e materiali. Questa teoria di macchine celibi, oggetti privati della funzione per cui sono stati progettati – contenere una lampadina, infilare collane – accoglie chi entra in mostra. Le perle sembrano particelle di luce rese visibili. Immobili e corpuscolari, ricordano i contenitori di dolciumi, sciolgono l'acquolina, sono oggetti del desiderio, a portata di mano eppure irraggiungibili. Nello slang inglese, la parola "laced" contenuta nel titolo si riferisce a una sostanza mescolata (all'insaputa di chi la assume) con droghe che ne possono alterare l'effetto.

Rising, falling, looking for the sun (2025), è l'opera che si staglia sull'orizzonte della mostra: una scala da lavoro con uno specchio con lampadine tondo trovato dall'artista, descrive il ciclo della luna visto dalla Terra. La mostra si sviluppa nell'arco di ventiquattro ore, con il sole e la luna che sembrano inseguirsi in un appuntamento mancato. Satellite della Terra, la luna vive di luce riflessa, come molte opere all'interno di questa mostra. Il tema del sole collegato a un filo, magistralmente dipinto da Giorgio de Chirico in una delle sue opere più iconiche, è narrato in prima battuta da Alberto Savinio in una delle sue storie più struggenti. Savinio, fratello di de Chirico, scrittore, critico, pittore, è una delle figure più anomale per versatilità, produttività e inventiva del panorama culturale italiano del ventesimo secolo. La storia *Giovani Sposi* pubblicata nell'*Achille Innamorato* – dedicata a due innamorati che consumano il loro amore tra le pareti domestiche, scordandosi ed escludendo il resto del mondo – sembra curiosamente riecheggiare tra gli spazi di *Light Lights*.

Stucchi articola la mostra come una partitura di situazioni domestiche. Le sculture luminose di *Neonbrellas* (2024), sospese tra ricordi di *Umbrella* di Rihanna (2007) e *Play Time* di Jacques Tati (1967), sono affiancate a *The nest rests on top of all quests* (2025). Due porte trovate, una d'ingresso e una da interno, tipiche di una casa italiana di fine Novecento, sostengono un nido luminoso realizzato con luci di Natale. Una serie di sedie disposte a formare una sagoma fallica si impone nello spazio, emanando una luce fredda che illumina un tappeto creato attraverso fili elettrici e alcune veneziane che avvolgono fonti di luce più tenui. I loro titoli richiamano l'idea di "rumors", gossip, conversazioni sfacciate: *Daring Chat, Fearless Speech, Impulsive Talk, Bold Conversation, Imprudent Gossip* (2025). Un letto sfatto, teatro di un incontro amoroso dal finale ignoto, è affollato da sensuali abat-jour avvolte in foulard color porpora. A pochi metri di distanza, un altro letto

– presente solamente come suggestione – viene evocato dalle due lampade *Eclisse* di Vico Magistretti appese al muro: orfane di comodini e presenze umane, sembrano testimoni silenziose di un'assenza. Il finale della mostra è rischiarato da *Confident Led IV* e *Confident Led V* (2025): due lampade LED, avvolte con cura in una bobina di pluriball, richiamano le pieghe di un panneggio antico o barocco, oppure l'ultimo tocco su un capo indossato, un attimo prima dell'ingresso in passerella. La piega, come luogo della sovversione, di cura, ma anche come gesto capace di trasformare un oggetto in opera, è uno dei lemmi fondamentali del lessico di Stucchi. Ritorna, ad esempio, nei fili lasciati liberi di muoversi nello spazio tra le fonti di energia e le sculture illuminate, certo memori di Félix González-Torres. Scheletri di abat-jour a parete assomigliano a modellini di architetture utopistiche, in una parabola discendente che pare preannunciare la fine del giorno. A salutare lo spettatore immerso nel mondo di Davide Stucchi, è un'ultima opera, rivolta alla ricerca della luna.

Le stagioni nella città della moda

Michele D'Aurizio

Prefazioncina

Dai bassifondi della città industriale sono emersi personaggi senza volto e senza nome che solo l'arte ha saputo identificare e sfaccettare. Marcovaldo – il manovale, l'operaio *non* specializzato, il lavoratore generico che abita la città industriale nell'omonima raccolta di racconti di Italo Calvino – è l'anti-eroe di un'epoca della storia italiana caratterizzata da violenti processi di modernizzazione della società, industrializzazione delle attività produttive e razionalizzazione del lavoro. Avviluppato nel ciclo produzione-consumo, Marcovaldo cerca nel ciclo delle stagioni, nella ripetizione apparentemente sempre uguale di fenomeni climatici e naturali, una differenza più pregnante delle distinzioni create a tavolino e pubblicizzate come tali dagli strateghi del consumismo. Marcovaldo "è sempre pronto a riscoprire in mezzo al mondo che gli è ostile lo spiraglio d'un mondo fatto a sua misura", scriveva Calvino[1]. La sua esperienza delle stagioni nella città industriale è un continuo esercizio di ricalibratura dello sguardo, hackeraggio della tecnica, ribaltamento semantico.

    Sono queste tutte strategie comuni al modus operandi di Davide Stucchi. Stucchi, un artista-manovale, è un novello Marcovaldo. Abita la città post-industriale dove le stagioni non si succedono sospinte da meccanismi planetari, ma appaiono e scompaiono alla mercé del capitale globale. Anche Stucchi, come Marcovaldo, fa di necessità virtù delle contraddizioni insite nei modelli produttivi e negli stili di vita della società a lui contemporanea. Come Marcovaldo, fa breccia nelle armature di simboli che le celano.

Nella penombra del design (Autunno)

Col solo titolo della sua mostra al Centro Pecci, *Light Lights*, Stucchi tematizza il cortocircuito che percorre tutto il percorso espositivo. Una luce connotata con l'attributo della leggerezza si direbbe una luce *bassa*: soffusa e diffusa. Vari gradienti di penombra qualificano l'ambiente costruito dall'artista. È, quest'ultimo, uno pseudo spazio domestico. Gli spettatori vi sono accolti in un'anticamera e procedono attraverso soggiorni e camere da letto. Sono assenti fonti luminose ambientali e le aree di quest'ipotetica abitazione sono illuminate da lampade di differente configurazione e provenienza. Queste emettono luci crepuscolari, tanto per l'impiego di sorgenti a bassa temperatura luminosa quanto per la deliberata schermatura o soffocamento della fonte.

Le lampade che costellano la mostra di Stucchi sono, però, anche lampade *alleggerite*. Sfidano la legge della gravità, perdono pezzi, sono visibilmente prodotti a buon mercato. Sono lampade senza qualità, sgravate di quei significati culturali che la mitologia del Made in Italy attribuisce a ogni sorgente luminosa prodotta industrialmente, dal lampione urbano alla lampada da comodino. Il progetto della luce artificiale è sinonimo di design italiano. A partire dal secondo dopoguerra, i progettisti italiani individuarono nella lampada un ambito privilegiato di negoziazione tra imperativi estetici e produttivi. I risultati di quell'indagine furono variegati ma complessivamente squilibrati a favore dell'artisticità dell'oggetto. Vittorio Gregotti scriverà che le lampade del design italiano si distinguono più quali espressioni di "sartoria estetica" che soluzioni illuminotecniche[2]. Prevalentemente destinate a personalizzare l'abitazione privata, quelle sofisticate fonti di luce ovattata incarnano l'opacità della *linea italiana*, ambigua categoria estetica spesso definita evocando l'indefinibile formula del *non so che*: "un certo istinto estetico capace di ingentilire l'aspra concretezza delle cose"[3].

In mezzo a lampade ingegnate e arrangiate dall'artista, la mostra di Stucchi include due lampade *Eclisse*, progetto di Vico Magistretti premiato con il Compasso d'Oro nel 1967. L'*Eclisse* è un'epitome della tendenza dei designer italiani a innestare funzioni secondarie su funzioni primarie, valori di scambio su valori d'uso, simboli su servizi. Facendo leva sull'analogia tra sorgenti luminose e corpi

1   Italo Calvino, *Marcovaldo ovvero Le stagioni in città*, Mondadori, Milano 1993, p. ix.
2   Vittorio Gregotti, *Il disegno del prodotto industriale: Italia 1860–1980*, Electa, Milano 1986, p. 241. Si veda anche pp. 313-15.
3   Maurizio Vitta, *Il progetto della bellezza: Il design fra arte e tecnica*, 1851–2001, Einaudi, Torino 2001, p. 269.
4   Si veda Alighiero Boetti, intervista di Mirella Bandini, in "Torino 1960/1973", *NAC*, n. 10 (marzo 1973), p. 4.
5   Si veda Enzo Frateili, *Continuità e trasformazione. Una storia del disegno industriale italiano, 1928–1988*, Alberto Greco, Milano 1989, pp. 70-73.

celesti, Magistretti riconfigura la carrozzeria della lampada da elemento meramente pratico, di protezione dall'incandescenza della lampadina e schermatura parziale del flusso luminoso, in elemento narrativo: interagendo con l'involucro l'utente mima il fenomeno dell'eclissi. L'*Eclisse* è un dispositivo immaginifico, ma anche un oggetto tecnico sovradeterminato e mistificato. Nell'installazione *The Guy Next Door (Bedroom)* (2020), Stucchi deterritorializza due *Eclisse* dalle superfici orizzontali di comodini, tavolini di servizio, scrivanie, a quella verticale della parete espositiva, facendone oggetti della rappresentazione. Le due *Eclisse* illuminano narcisisticamente l'una l'altra, rintracciando un significato solo nel proprio status di icona.

Stucchi percorre ortogonalmente la scala dei valori del design italiano. I suoi riferimenti iconografici e materie prime appartengono all'ambito del design anonimo degli utensili, degli apparecchi, dei semilavorati. A tratti parodia del *poverismo* – si direbbe che Stucchi faccia il verso all'Alighiero Boetti nauseato dai materiali comuni che aveva utilizzato fino ai tardi anni Sessanta[4] – la pratica dell'artista riabilita un principio perduto nell'infanzia del design italiano e che pur ne alimentò l'aura: quello di "stile nella produzione", ovvero l'uso ingegnoso, da parte di designer e produttori, dei materiali, processi e apparati manifatturieri a fini estetici[5]. Secondo questa visione, i sistemi produttivi retroagiscono sulla forma dell'oggetto determinandola; questa assume significati culturali non in virtù di valori aggiunti, ma di riflesso del valore antropologico ed epistemologico delle tecniche impiegate nella sua creazione. Lamiere e grate, tubi LED e catene di lampadine, placche per interruttori e cassette postali ricorrono nelle opere di Stucchi. L'artista abbraccia la cultura materiale del negozio di ferramenta, sottraendola ai garage e ai cantieri e rintracciando un potenziale semantico in quei manufatti industriali distribuiti dal produttore al consumatore senza la mediazione del brand.

Nel 1966, Boetti realizzò un'opera che intitolò *Scala*. Comprò una scala di legno a libretto, chiodi, colla, assi e listelli di vario formato e lunghezza e, assemblando il tutto, ottenne un'oggetto che sembrerebbe un'assonometria in tre dimensioni della scala di partenza – il suo progetto. L'utensile era, per Boetti, un esempio di coerenza tra forma e funzione; sebbene l'intervento dell'artista l'avesse resa inutilizzabile, la scala era e restava un valore d'uso. Si poneva nei confronti dello spettatore come emblema di razionalità e moralismo. Marcovaldo è vittima della critica nichilista mossa dai *poveristi* al determinismo tecnologico: è ripetutamente disincantato ogniqualvolta intravede una via di fuga dalla normatività che regola la civiltà delle macchine. Stucchi riscatta l'indole marcovaldiana. L'artista non nega o snatura l'instrumentalità dell'utensile; piuttosto, lo *utilizza* per scopi imprevisti. Anche lui ha comprato delle scale a libretto. Nelle sue opere *Rising, falling, looking for the sun* e *Rising, falling, looking for the moon* (2025), sulle scale non fa salire manovali ma specchi da bagno rotondi, ciascuno dotato di un proprio apparecchio luminoso; sono due corpi celesti che ascendono e discendono sull'orizzonte dell'estetica industriale.

Milano materiale (Inverno)

Dietro ai vetri di una finestra si intravede un paesaggio indefinito. La punta di verde e le striature che attraversano longitudinalmente la campitura evocano colline lasciate a pascolo. È quanto affermerebbe di scorgere Marcovaldo in *It's Fall-Winter!* (2023), un'opera di Stucchi in cui un pannello in laminato effetto quarzite è installato dietro una finestra di PVC. Il pannello è un materiale di risulta. Originariamente, rivestiva una delle tante passerelle montate a Milano durante le settimane della moda; in quel frangente, è stato usato per una manciata di ore, se non minuti. Quando Stucchi se ne è appropriato, il pannello giaceva in un deposito di materiali che accoglie gli scarti degli allestimenti dell'industria creativa milanese.

     Riutilizzando il pannello, Stucchi non esprime solo un giudizio sull'impatto ecologico del settore della moda, ma si intromette nel sistema di valorizzazione che lo fonda anteponendo beni immateriali a beni materiali, operazioni linguistiche a operazioni manifatturiere, economie post-industriali e economie industriali. Stucchi chiama materiali come il laminato che ha impiegato in *It's Fall-Winter!* "glance materials", materiali da esperire a colpo d'occhio negli interstizi spazio-temporali degli eventi milanesi. Sono materiali ingegnerizzati e scelti per fare da infrastruttura e sfondo ad accadimenti effimeri: presentazioni di prodotti allo stato di prototipo, assembramenti senza comunità, messinscene di potenziali modi di vivere. Più che incorniciare il pannello di laminato, la finestra di Stucchi ne ricalibra le caratteristiche materiali: è solo tramite quel dispositivo che lo sguardo della spettatrice ne riconosce l'ambivalenza programmata e torna a partecipare con maggior coinvolgimento nel gioco di vedere e guardare.

Tutta la ricerca di Stucchi è orientata a declinare un impulso voyeuristico in un gesto strutturante. È l'occhio più che la mano che seleziona, manipola e configura il materiale. Più quello deliberatamente "sfugge" alla percezione, più Stucchi ne concretizza gli aspetti dissimulanti. Nel ciclo di opere *HM5×52–58* (2024), tagli di moquette verdastra, anch'essi scarti mondani, si trasformano in terreni erbosi dai quali spuntano come fiori di campo rivetti d'acciaio. Su rettangoli di moquette blu notte, i rivetti disegnano costellazioni sconosciute. In queste opere, gli aggruppamenti dei rivetti diagrammatizzano gli eventi che furono attentamente orchestrati sulle moquette. Per Stucchi, la creazione dell'opera è un'azione coestensiva con quegli eventi; è la composizione di una coreografia di stimoli percettivi.

       Stucchi sceglie i propri materiali sulla base del loro potenziale performativo. La loro messa in opera è, quindi, sempre un viaggio di andata e ritorno alla loro materialità: se, nella contingenza dell'evento pubblico, il materiale perde fisicità e concretezza per acquisire la dimensione virtuale del segno linguistico, nelle mani dell'artista il materiale torna a essere artefatto. Tutta la produzione di Stucchi si direbbe un esposto della cultura materiale dell'industria creativa. Filosofi ed economisti hanno identificato quel settore produttivo come la macchina incubatrice di quel modo di produzione spesso definito come *lavoro immateriale*, "attività senza opera", sfruttamento delle capacità linguistiche, cognitive e affettive di lavoratori e lavoratrici; questi *mettono l'anima al lavoro*, al fine di immettere sul mercato prodotti i cui significati culturali, estetici e simbolici ne sussumano le caratteristiche fisiche, materiali e tecniche[6]. Stucchi rintraccia quest'ultime qualità nelle cose della moda, del design, della pubblicità. Svela quanto

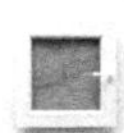

Davide Stucchi, *It's Fall-Winter!*, 2023
Lengo laminato, elementi di finestra
42 × 42 × 15 cm

Davide Stucchi, *HM5×52-58#2* (dettaglio), 2024
Moquette montata su MDF, ancoraggi in metallo
60 × 100 × 3.5 cm

Davide Stucchi, *HM5×58#3* (dettaglio), 2024
Moquette montata su MDF, ancoraggi in metallo
60 × 100 × 4.5 cm

Davide Stucchi, *HM5×58#2* (dettaglio), 2024
Moquette montata su MDF, ancoraggi in metallo
60 × 100 × 4.5 cm

questi settori siano irrimediabilmente imbricati nella materia. Lavorarci è più spesso un *fare* che un *saper fare*.

New Bottega (Primavera)

Nell'oscillazione tra oggetti e segni, riferimenti alti e bassi, manovalanza e cognitariato, le tecniche impiegate da Stucchi si collocano a metà strada tra *assemblage* e *bricolage*. La prima è una tecnica colta. Nasce in seno alle esperienze delle avanguardie storiche come una versione tridimensionale e, quindi, ancora più oltraggiosamente materica del collage. Quando l'*assemblage* riemerse nel secondo dopoguerra per mano di artisti vicini al Neo-Dada e al Nouveau Réalisme, galvanizzati dalla scandalosa assegnazione del Leone d'Oro a Robert Rauschenberg alla Biennale di Venezia del 1964 (Rauschenberg vi aveva esposto un gruppo di *Combines*, opere che assorbivano nel dipinto oggetti comuni) i critici italiani bollarono l'*assemblage* come un linguaggio estraneo alla cultura nazionale. Agli assemblagisti si accusava di alterare il corso degli eventi; i loro oggetti "[trascinavano] dentro al dipinto qualcosa di già vissuto", ma quel "passato che vive nell'oggetto" era "senza radici, scisso, artificioso e artificiale": era un'esperienza del tempo preconfezionata perché programmata come obsolescenza dell'oggetto quale bene di consumo[7]. L'*assemblage*, in altri termini, ostentava un presentismo sfacciato, un'effemeralità disarmante. Lasciava poco al caso, aveva poco da raccontare. Per i critici, quegli agglomerati di oggetti trovati, di vite interrotte, resistevano potenziali significati obliqui e restituivano una realtà statica. "Non vedo infatti come un esercizio tautologico imposti un problema semantico nuovo", sentenziò Enrico Crispolti[8].

6   Paolo Virno, *Grammatica della moltitudine: Per un'analisi delle forme di vita contemporanee*, DeriveApprodi, Bologna 2002, p. 51. Si veda anche Christian Marazzi, *Il posto dei calzini: La svolta linguistica dell'economia e i suoi effetti nella politica*, Edizioni Casagrande, Bellinzona 1994; e Maurizio Lazzarato, "Immaterial Labor," in *Radical Thought in Italy: A Potential Politics*, a cura di Paolo Virno e Michael Hardt, University of Minnesota Press, Minneapolis 1999, pp. 133-47.

7   Gillo Dorfles, "L'oggetto nella pittura", in *L'oggetto nella pittura*, catalogo della mostra (Milano, Galleria Schwarz, 1–15 marzo 1961), Galleria Schwarz, Milano 1961, s.p.; Enrico Crispolti, "Alternative attuali" [1965], in *Ricerche dopo l'Informale*, Officina Edizioni, Roma 1968, p. 107.

8   Enrico Crispolti, "Dal New Dada al Pop Art" [1963], in *Ricerche dopo l'Informale*, p. 378.

9   Si veda Giampaolo Dossena, "Bricolage: Un fatto di costume dei nostri tempi", in *Storia dell'artigianato italiano*, Banca Nazionale dell'Agricoltura, Milano 1979, pp. 334-73.

10   Si veda Luc Boltanski e Arnaud Esquerre, *Arricchimento: Una critica della merce*, Il Mulino, Bologna 2019.

Contrariamente all'*assemblage*, il *bricolage* è una tecnica povera. È un metodo di produzione dilettantesco che tende asintoticamente al *savoir faire* dell'artigiano o al *know-how* dell'operaio specializzato. Il *bricoleur* usa tecniche e strumenti propriamente o impropriamente, ma sempre a scopi creativi – laddove, per "creativo" si intente tanto artistico quando ingegnoso. Il *bricoleur* è un decoratore e un *problem solver*. Anche il *bricolage*, nella sua accezione di hobby, emerse in Italia nel secondo dopoguerra sulla scia dell'industrializzazione del paese[9]. Non può esserci *bricolage*, infatti, senza tempo libero dal lavoro in fabbrica, senza epoche pre-industriali da rimpiangere, senza alienazione del sé da curare con attività di riappropriazione del frutto del proprio lavoro. In antitesi ai metodi della produzione industriale, il *bricolage* si diffonde come una serie di operazione priva di progetto: riconfigura la realtà senza, necessariamente, innovarla. Anche i *bricoleur* cortocircuitano il corso degli eventi: manipolano oggetti esistenti senza intento prolettico. Le loro realizzazioni non anticipano un'esperienza futura ma configurano una forma differente del presente. Come gli *assemblage*, sono creazioni nella contingenza.

    Marcovaldo, un coetaneo letterario degli artisti della Neo-avanguardia e dei primi hobbisti, è stato l'assemblagista/*bricoleur* della civiltà industriale; la sua ostinazione a non soccombere all'ideologia tecnicista si manifestava come capacità di improvvisazione: "far legna" di cartelli stradali dopo aver riconosciuto un bosco nel loro affastellamento lungo l'autostrada; innaffiare una pianta d'appartamento legandola al portapacchi del proprio motociclo per inseguire le nuvole cariche di pioggia; andare in villeggiatura nel parco della città non potendosi permettere vacanze nella natura incontaminata. Neo-Marcovaldo, Stucchi è l'assemblagista/*bricoleur* della civiltà post-industriale. Se al di là del nesso *assemblage-bricolage* ci sono i futuristici metodi della produzione industriale, al di qua ci sono quelli antichi della produzione artigianale. Abitare il presente, configurare la contingenza, strutturare la precarietà significa per Stucchi anche districarsi dai processi di valorizzazione di un'industria creativa che capitalizza sul passato artigiano dell'Italia. L'apparato di autenticazione sul quale poggia il mercato di prodotti cosiddetti Made in Italy ha trasformato la storia italiana da patrimonio culturale collettivo a risorsa economica esclusiva. Secondo Luc Boltanski e Arnaud Esquerre, sulla valorizzazione del passato poggia l'intero meccanismo dell'"economia dell'arricchimento"[10]. Arricchite non sono solo le cose che appartengono al passato, ma anche quelle che sono commercializzate come indici del passato; entrambe queste classi di cose sono principalmente destinate ai ricchi, anche e soprattutto come fonte supplementare di arricchimento. Queste cose trasudano storia: tanto vestigia quando investimenti, esse connettono il passato al futuro, aggirando il presente.

In *Light Lights*, alla deterritorializzazione della storia del design fa eco la manomissione della tradizione artigiana. In opere come *Fearless Speech* (2025), l'impagliatura della sedia Thonet è assunta a epitome di tutte quelle meticolose lavorazioni manuali congelate nello spazio-tempo del Made in Italy – gli "intrecciati", i "plissettati", gli "impunturati". Qui, però, l'impagliatura è logora; la sedia è *sfondata* – lo stato nel quale, del resto, giace in tutte le case degli italiani (inclusa quella di chi scrive). Ma Stucchi non fa della sedia sfondata un reperto; piuttosto, la rifunzionalizza come una lampada, assemblandone alla seduta una luce al neon circolare. È un escamotage marcovaldiano che evoca l'inventiva disperata, l'estro anticonformista, la fabbrilità schietta del vecchio artigiano-operaio. Dotato di una cultura politecnica sebbene poco aggiornata, l'artigiano-operaio era stato il pilastro dell'industria creativa prima dell'arrivo dei designer, dei creativi, dei lavoratori della conoscenza che ne istituzionalizzarono le invenzioni nel catalogo di forme del Made in Italy. Se fu quella l'ennesima istanza di furto dell'informazione operaia, la pratica di Stucchi è allora una forma di restituzione.

11   Si veda Micheal Piore e Charles Sabel, *Le due vie dello sviluppo industriale: Produzione di massa e produzione flessibile*, ISEDI, Torino 1987.

12   Lo studioso più autorevole della specificità dei distretti industriali italiani è Giacomo Becattini. Si veda Giacomo Becattini, "Dal 'settore' industriale al 'distretto' industriale: Alcune considerazioni sull'unità di indagine dell'economia industriale", in *Rivista di Economia e Politica Industriale*, n. 1, 1979, pp. 1-79.

13   La legge 20 maggio 1970, n. 300, nota anche come "Statuto dei lavoratori", limita considerevolmente i diritti dei lavoratori nelle imprese con un personale inferiore ai quindici dipendenti. L'impermeabilità delle piccole e medie imprese alla sindacalizzazione è stata storicamente rilevata come una strategia di assopimento del conflitto di classe in seguito alle lotte del lungo '68 italiano. Già Arnaldo Bagnasco, in un'analisi ormai classica della piccola e media impresa, parlava di "logica diffusiva", ovvero di dispersione del potere operaio sulla scia del decentramento produttivo dalla grande impresa accentratrice alla rete rizomatica del distretto industriale. Si veda Arnaldo Bagnasco, *Tre Italie: La problematica dello sviluppo territoriale italiano*, Il Mulino, Bologna 1977.

14   Per interpretazioni, non prive di cieco fanatismo, dell'etica del lavoro artigiano, si veda Richard Sennett, *L'uomo artigiano*, Feltrinelli, Milano 2008, e Stefano Micelli, *Futuro artigiano: L'innovazione nelle mani degli italiani*, Marsilio, Venezia 2011.

15   Si veda Andrew Ross, "Made in Italy. The Trouble with Craft Capitalism", *Antipode*, vol. 36, n. 2 (2014): pp. 209-16.

Sweatshop (Estate)

È un caso fortuito che *Light Lights* accade a Prato? Sullo sfondo delle prime de-industrializzazioni delle economie sviluppate, sociologi ed economisti alla ricerca di modelli di sviluppo alternativi alla grande impresa individuarono nell'industria tessile pratese un paradigma virtuoso[11]. L'organizzazione della produzione nelle piccole e medie imprese cittadine controbilanciava i mali della fabbrica fordista. All'assetto gerarchico dell'una, le altre rispondevano con la solidarietà familiare; all'inflessibilità della catena di montaggio, con l'intercambiabilità di processi artigianali e automatizzati; al lavoro astratto, col radicamento nel territorio[12]. Furono imprese come quelle del distretto pratese a prototipare quel bene di lusso con una forte ascendenza culturale sul quale si edificò il marchio del Made in Italy. Fino al secondo dopoguerra, Prato era una città di *cenciaioli*: vi arrivano abiti dismessi, scarti di sartoria, stracci che i lavoratori pratesi cernevano e destinavano alla produzione di lana rigenerata. In risposta alla decentralizzazione della produzione manifatturiera verso i paesi in via di sviluppo, l'industria pratese si riassestò sulla produzione di alta qualità, ricalibrando processi e apparati per la manifattura di tessuti per l'industria della moda.

 Se la fortuna delle piccole e medie imprese italiane è sempre dipesa dalla strumentalizzazione dei vincoli familiari, dalle reti di subappaltatori retribuiti a cottimo (quando non in nero), dalla diffusa elusione fiscale e dalla mancanza di tutele sindacali per i lavoratori[13], l'assetto contemporaneo dell'industria tessile pratese è forse ancora più distante dall'idillio del moderno laboratorio artigiano cantato dai proponenti del post-industrialismo[14]. Oggi, si stima che almeno il 40% delle centinaia di laboratori e fabbriche che costellano il distretto pratese operi illegalmente[15]. Questa realtà re-enfatizza la tesi per cui le piccole e medie imprese italiane sopravvivono grazie allo sfruttamento della forza lavoro, alla compressione dei salari e alla mancanza di rispetto di normative.

 Come nella manifattura pratese esistono differenti gradi di proletarizzazione e dequalificazione del lavoro, anche la classe creativa milanese incuba un proprio precariato. Stucchi abita ed esplora questo esercito di riserva fatto di manovali della creatività: *art handler*, *studio assistant*, *junior graphic designer*, *social media manager*, creativi impegnati in "secondi mestieri" per sbarcare il lunario. Anche Stucchi

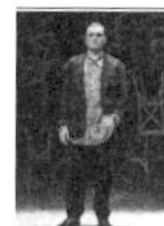

Magliano F/W23 Look 16
Courtesy Magliano

affianca alla sua pratica artistica un secondo mestiere. Fa spesso lo scenografo per la moda, progettando e realizzando ambientazioni per sfilate e servizi fotografici. È difficile individuare la linea di confine tra le scenografie e le opere dell'artista. Stucchi dice che le une inciampano nelle altre[16]. Le forme si rincorrono, fondono e confondono. Del resto, come può un lavoratore garantire *output* differenti a parità di condizioni lavorative? Tanto Stucchi sembra domandare contestando i sistemi di valorizzazione che stabiliscono una distinzione tra artista "emergente" e lavoratore precario.

La precarietà è la forma che Stucchi insegue anche nei suoi più ambiziosi progetti di allestimento per la moda. Per la sfilata della collezione Autunno/Inverno 2023-24 del brand Magliano, Stucchi ha accatastato centinaia di sedie lungo una delle pareti dello spazio che ospitava l'evento. Sedie di tutti i tipi – da ristorante, da giardino, da ufficio – impilate, gettate, aggrappate le une alle altre. La suggestione di balera abbandonata si confaceva a un marchio distinto da uno stile teatralmente popolare. Magliano ha sfruttato il *savoir-faire* della piccola e media impresa per ingegnerizzare l'errore sartoriale, sbeffeggiare i canoni d'eleganza cittadina, formulare ipotesi per un nuovo abbigliamento anti-moderno. È forse l'unico brand italiano che incarna la contraddittoria maturità del Made in Italy: la sua insistenza sul paesaggio umano della periferia produttiva indica che l'eleganza nella moda italiana è un mito in frantumi, incapace oramai di celare la verità di un modello economico a elevata intensità di lavoro. La muraglia di sedie che Stucchi ha eretto a sfondo della sfilata di Magliano era un anti-monumento all'industria creativa italiana. La sua classe lavoratrice ha cominciato a costruire barricate. Il suo collasso è imminente.

16   Davide Stucchi, intervista di Caterina Avataneo, "When Less Becomes More Than Enough", *PW–Magazine*, 5 marzo 2024, https://pw-magazine.com/2024/davide-stucchi-when-less-becomes-more-than-enough.

Ciò che l'oggetto vuole essere

Laura McLean-Ferris

Non è una lampada, è una "lampada" scrive Susan Sontag in *Notes on Camp* (1964), il tentativo di dare un nome a una "sensibilità", un "codice privato" che l'autrice vedeva fiorire nella cultura di piccole cricche urbane. Il saggio, strutturato come una serie di appunti numerati, descrive l'attenzione riservata dal camp alla forma e al design, all'artificio e allo stile, e rintraccia nelle virgolette un marcatore di provvisorietà, un gioco di ruolo. Più di sessant'anni fa, Sontag aveva già individuato il nesso esistente tra il riconoscimento di una condotta codificata e il genere: nello stesso paragrafo scriveva che "non è una donna, è una 'donna'". Questo modo di vedere attraverso le virgolette, continua Sontag, è un'ulteriore estensione, "per quanto riguarda la sensibilità, della metafora della vita come teatro".

I ruoli teatrali di persone e oggetti sono amalgamati nella pratica dell'artista Davide Stucchi, in cui gli oggetti come le lampade assumono un ruolo che va al di là della loro solita funzione. Per creare la serie di sculture *Neck-Laced* (2024-25), per esempio, Stucchi prende alcune grandi lampade di plexiglass dalla forma sferica, agganciate a semplici supporti a parete e le riempie di perline di plastica di colori diversi. Come in molte opere di Stucchi, questo gesto incrementale genera una miriade di associazioni, inclusa la giocosa allusione camp a cui accenna il saggio di Sontag (basti pensare alle numerose associazioni con la "collana di perle" o con lo stereotipo della "*pearl clutcher*", la donna che si porta la mano alla collana di perle in un gesto indignato), ma può anche essere approcciato da altre direzioni e tradizioni: attraverso la gravità esistenziale del Romanticismo, per esempio, o la combinazione di controllo formale e interesse metafisico dell'Arte Povera. Le sculture della serie *Neck-Laced* trasmettono un'immediata sensazione di abbondanza grazie alla quantità di perline luccicanti contenute nel paralume sferico. Le palline perlacee evocano occasioni di celebrazione come i matrimoni e le feste, richiamando le sfumature pallide e ornamentali dei vestiti nuziali, delle decorazioni da tavola, dei coriandoli. La collana (*necklace*) a cui allude il titolo suggerisce un filo scomparso da cui sono cadute tutte le perle, mentre la parola "*laced*" può rimandare a qualcosa di legato, di corretto con l'alcol o persino di avvelenato. Il fatto che le perle assomiglino anche a degli occhi, che ruotano in varie direzioni, richiama una moltitudine di sguardi: pensate a come i media digitali sbandierano in modo leggermente grottesco quanti "occhi" sono stati puntati su qualcosa.

Eppure più si rimane in compagnia di una scultura, più le sue qualità fondamentali, insieme alle condizioni ambientali, appaiono evidenti. Tanto per cominciare, malgrado l'assenza del filamento elettrico, le lampade emettono un bagliore, dato che l'illuminazione della stanza riverbera sulle superfici lucide delle perline. Si può quindi individuare un rimando sorprendente, per esempio, con il *Condensation Cube* (1963-67) di Hans Haacke, un caso importante di opera che rivela qualcosa sulle condizioni dell'ambiente in cui è esposta. La scultura di Haacke è un cubo sigillato di plexiglass riempito di una piccola quantità di acqua che, in base alle condizioni di luce e di calore, influenzate anche dalla presenza di corpi caldi nello spazio espositivo, si condensa in vapore e si aggrappa alle facce del cubo, creando delle tracce in superficie, e rendendo dunque visibili certi aspetti ambientali della stanza. Anche le sculture *Neck-Laced* di Stucchi attirano l'attenzione sulle condizioni dello spazio, come una postilla appariscente e burlesque al *Condensation Cube*, sebbene in modo più lieve. Per quanto la maggior parte dei materiali scultorei rifletta la luce, a volte a un'intensità persino maggiore (gli specchi sono il caso più ovvio), è l'uso della lampada come contenitore che permette di percepire il bagliore e lo scintillio delle perle come fonti luminose in sé e per sé, amplificando così fenomenologicamente i livelli esistenti di luminescenza. Nel sovvertire l'utilizzo previsto di un dispositivo elettrico, l'opera richiama anche la serie di candele accese inserite nei televisori svuotati di Nam June Paik, che attirano simultaneamente l'attenzione sulla candela baluginante come antica forma di animazione e di intrattenimento e sulla televisione come fonte luminosa. Accentuando la luce riflessa degli accessori perlacei, le sculture di Stucchi suggeriscono forse anche – o magari è un'interpretazione azzardata – che il glamour in sé è una specie di sorgente luminosa o elettrica. Questa affermazione, però, ci avvicina a un altro aspetto importante dell'opera di Stucchi: quello della personalità.

È un fatto notevole, a mio parere, che quando Stucchi descrive le sue sculture, spesso ne parla come se fossero vive. Spesso racconta nel dettaglio un arco narrativo degli oggetti, in termini di ciò che volevano fare o essere, e di come abbiano provato e fallito a

---

1   In inglese il gioco di parole è tra *light* [sostantivo] inteso come luce e *light* [aggettivo] inteso come leggero [NdT].

modificarsi, quasi che fosse la scultura, e non l'artista, responsabile della propria forma definitiva. Nel parlare informalmente di *Neck Laced*, per esempio, Stucchi me l'ha descritta in questi termini (sto parafrasando): "Questa è una lampada che ha deciso di illuminarsi riempiendosi di perline anziché di elettricità. Ma così facendo è diventata troppo pesante". Durante queste discussioni ho quasi sempre l'impressione di ascoltare il racconto di un viaggio dell'eroe e del suo errore fatale – in questo caso, un essere così ossessionato dalla luce da abbuffarsi di oggetti luminosi finendo per diventare pesante, l'opposto di *light*.[1]

Ed ecco il gioco di parole in cui si radica il titolo dell'esibizione di Stucchi, *Light Lights*. La leggerezza [*lightness*] è superficialità; la leggerezza è grazia; la leggerezza è assenza di peso; i prodotti light sono una versione ridotta di consumi viziosi, come i grassi, l'alcol e le sigarette; le luci [*lights*] sono lampade; luce è la brillantezza del sole, da cui dipende tutto il vivente. Non è una luce, è una "luce". Ma *Light Lights* ha ulteriori risonanze. Suona come "*lifelike*" o "*like life*", simile alla vita. Porte, lampade, interruttori della luce, materassi, sedie, ombrelli: ogni oggetto casalingo di uso quotidiano assume una dimensione narrativa nelle sculture di Stucchi, percorrendo il filo sottile tra le forme surrealiste storiche di sostituzione degli oggetti, di metafore visive, giochi di parole e lapsus – in cui un oggetto prende il posto di un altro – e una tradizione diversa, più animistica, che di recente ha ripreso slancio in Occidente, per cui possiamo immaginare che gli oggetti abbiano le proprie vite e i propri modi di essere.

Nelle sculture *Shy Led* (2020) and *Confident Led* (2020) di Stucchi, i tubi di luci al LED sono "timidi" (nascosti da una scatola di cartone che cela completamente l'illuminazione) oppure "sicuri di sé" (avvolti in un rotolo di pluriball). Nella scultura più recente *The nest rests on top of all quests* (2025), l'artista ha fissato due porte da interni: una antica, decorata e sottile, l'altra semplice, moderna e ampia. La porta più piccola e antica è fissata in perpendicolare al centro di

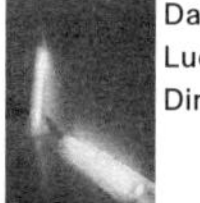
Davide Stucchi, *Confident Led I and II*, 2020
Luci LED, cavi, spine, prese elettriche, pluriball
Dimensioni variabili

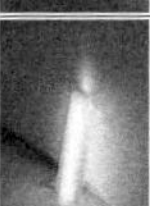
Davide Stucchi, *Confident Led III*, 2020
Luci LED, cavi, spine, prese elettriche, pluriball
Dimensioni variabili

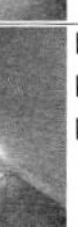
Davide Stucchi, *Shy Led II*, 2020
Luci LED, cavi, spine, prese elettriche, cartoni da imballaggio
Dimensioni variabili

quella più grande e nuova, così che risulti completamente nascosta quando ci si avvicina alla porta moderna dall'altro lato. Un nido di fragili cavi con minuscole luci LED natalizie è posizionato in equilibrio precario lì dove le due porte si incontrano, come se fosse stato costruito da un uccellino. Mentre la famosa porta dell'appartamento di Marcel Duchamp – *Door, 11 rue Larrey* (1927) – era installata su due stipiti perpendicolari, così che una fosse sempre aperta mentre l'altra era chiusa, la scultura di Stucchi non è radicata tanto nella funzione quanto nel rapporto relazionale. Una porta si "nasconde" dietro l'altra, o forse le due porte si sostengono l'un l'altra in un legame di codipendenza. L'attaccamento permette loro di stare in piedi ma al tempo stesso rende impossibile muoversi, perché il nido di cavi è destinato a cadere se una delle due porte cambia posizione.

In un altro lavoro recente, una classica sedia viennese Thonet ospita una grande lampada a globo che sembra aver sfondato l'intreccio di paglia della seduta. Icona borghese, la sedia Thonet incarna anche alcune caratteristiche archetipiche delle famiglie di classe media che le possiedono, per esempio il bambino viziato e la madre severa, e la tensione finisce per distruggere il sedile della sedia. Eppure, ed è questo l'aspetto più importante, in molte di queste sculture una cosa impara a contenerne un'altra: la sedia rotta, con la seduta sfondata, ora è una custodia, o un supporto, per la lampada. In effetti, molte recenti sculture di Stucchi incluse in *Light Lights* mettono in primo piano delle alleanze e dei legami tra le personalità degli oggetti, più che la narrazione di un singolo oggetto. Nelle parole dell'artista, queste sculture domandano che cosa significa per una cosa sostenerne un'altra, e sono create affinché sottolineino la modulazione della personalità, della volontà o del corpo di una persona in rapporto all'altra. Due oggetti trovano il modo di coesistere attraverso la negoziazione, il consenso e l'affermazione.

Stucchi ha paragonato il suo processo di selezione di oggetti trovati al casting di modelli e modelle per una sfilata di moda, un momento a cui ha partecipato molte volte quando lavorava per i marchi di moda, creando scenografie per le passerelle, i negozi, le presentazioni e i servizi fotografici. In particolare, Stucchi ha instaurato una collaborazione molto proficua e prolifica con il giovane brand bolognese Magliano, per cui ha progettato diversi ambienti e installazioni tra il 2022 e il 2024. Questo gli ha permesso di indagare la spontaneità del suo rapporto con gli oggetti in una dimensione nuova e più ampia, spingendolo a mettere in scena e modulare i messaggi trasmessi da certi oggetti in vari gradi di sottigliezza. Maggiore e minore. Magliano spesso attinge a particolari storie di lavoro, classe, genere e sovversione nelle sue collezioni, e il team creativo del brand ha dato a Stucchi indicazioni non tanto per comunicare i dettagli della collezione, quanto per trasmettere il messaggio di cui il pubblico avrebbe dovuto prendere coscienza mentre attraversava lo spazio in cui erano esposti i vestiti. In risposta a questa direttiva, Stucchi ha creato un'installazione di centinaia di sgabelli e sedie impilati, attirando l'attenzione su un altro pubblico, assente – che si trattasse di generazioni precedenti, di antenati artistici, di amici non presenti, o persone appartenenti alla comunità che non si sovrapponevano all'ambito della moda. Una celebre fotografia di Peter Hujar, *Blanket in the Famous Chair* (1983), in cui la coperta di Jean-Charles de Castelbajac usata dal fotografo per tenere il suo soggetto al caldo è immortalata su una sedia altrimenti vuota, è diventata un punto di riferimento per la costruzione del set da parte di Stucchi, sensibile al modo in cui il fotografo aveva catturato il calore di un corpo assente, e il modo in cui quella sensazione di assenza era cresciuta in modo esponenziale durante la crisi dell'AIDS.

      L'armonizzazione di Stucchi al modo in cui gli oggetti incanalano e trasmettono forze vitali, personalità e storie è parte integrante della sua formazione artistica. Ha studiato con Alberto Garutti (1948-2023), un artista che si è spesso concentrato sul rapporto tra la produzione di un'opera e il contesto sociale, istituzionale e artistico che informava la sua creazione. Stucchi ricorda alcuni esercizi importanti che l'artista più anziano proponeva alla classe riguardo il *pensiero dell'opera*, per cui chiedeva agli studenti di descrivere che cosa ritenevano pensasse l'opera d'arte che stavano creando, o che cosa avrebbe detto, a proposito di tre diversi argomenti: quali erano i pensieri critici dell'opera d'arte, quali erano i suoi pensieri etici, e quali erano i suoi pensieri affettivi o amorevoli? L'esercizio di Garutti esortava gli studenti a considerare le opere in connessione alla cultura che li circondava, seguendo le traiettorie dell'antagonismo, del desiderio e del credo. Stucchi però si era reso conto che se gli chiedevano di entrare nella "mente" di un'opera d'arte per quanto riguardava i pensieri, i desideri e gli affetti, allora gli chiedevano anche di ammettere che davanti a lui si trovava una personalità, un'entità attiva. Questo cambiamento di prospettiva ha influenzato il suo modo di percepire gli oggetti e le opere d'arte, spingendolo a cominciare a sperimentare con altre, ulteriori tattiche per mettere a fuoco le personalità degli oggetti. Adottare l'illuminazione di lampade e lampadine conferisce vita a un oggetto in maniera più diretta, poiché l'introduzione dell'elettricità e dell'illuminazione è strettamente collegata alla concezione umana della vita. Basti pensare, per esempio, al galvanizzante processo di elettrocuzione sui cadaveri e gli oggetti inanimati che ispirò il *Frankenstein* di Mary Shelley (1818). Anche Garutti tracciava un parallelo tra le lampade elettriche e la vita senziente nel suo *Ai nati oggi*, un'opera installata in varie città tra il 1998 e il 2005, in cui un numero di lampioni veniva collegato ai reparti di maternità degli ospedali locali e aumentava d'intensità ogni volta che nasceva un bambino o una bambina.

Quali *pensieri dell'opera* sovvengono guardando la serie di Stucchi intitolata *Light Switch* (2019-25)? In queste piccole sculture affisse al muro e create a partire da placchette per gli interruttori della luce casalinghi (spesso in alluminio spazzolato), gli spazi dove dovrebbero trovarsi i pulsanti fanno da cornice alle immagini trovate in libri e cataloghi, installate dietro le placchette. In ognuna di queste immagini altamente sofisticate – realizzate con un'illuminazione da studio, monocrome o a pieno colore, sotto una direzione artistica – di cui vediamo ora solo dei frammenti, ci sono delle mani che si toccano, si stringono, indicano. Iniziamo dal più immediato dei tre pensieri: che cosa desiderano queste placchette per gli interruttori della luce? Invitano, subito, a toccarle. Le riconosciamo come oggetti che ci accompagnano negli spazi domestici, installate là dove possiamo vederle e raggiungerle facilmente, e la loro forma si adatta alla dimensione di un dito. Ci chiedono di accenderle o spegnerle, o di conficcare un dito dentro l'immagine per raggiungere una forma di elettricità al di là di esse. "Gli elettrici sono elettrici stretti sono elettrici bianchi sono un bottone" scrisse Gertrude Stein nella poesia *Sacra Emilia* (1913)[2].

Quali sono i loro pensieri critici? Lasciano intendere che noi non sappiamo quello che sanno loro, forse le abbiamo sottovalutate. Si aggrappano a un ricordo, o a un'immagine, lontana da noi. Questi oggetti hanno visto cose, sono stati toccati. Per estensione, forse hanno un pensiero critico riguardo la storia di chi li ha creati, o sull'eredità del design in Italia, famoso tuttora per le sue mode e i suoi sofà, gli interni eleganti e i complementi d'arredo. Non ci sono forse state moltissime figure influenti nella storia dell'interior design – creatori di lampade, arredi, ambienti – che hanno dovuto in parte nascondere la propria sessualità o identità di genere per paura di ritorsioni? Chi altro si cela nella fabbricazione di questo oggetto, nella sua circolazione?

Quali sono i pensieri etici delle placchette per gli interruttori della luce? Io penso che c'entri il fatto che espongono delle

2   Gertrude Stein, *La sacra Emilia e altre poesie*, a cura di Luigi Ballerini, Marsilio, Venezia 1998, p. 85.

immagini di mani umane, che talvolta si stringono l'un l'altra, talvolta sono libere. Le nostre mani sono il locus sensoriale in cui incontriamo per la prima volta il mondo e ci entriamo in connessione. Si può tenere per mano un'altra persona; quando tastiamo un oggetto è forse simile al tenerlo per mano? L'oggetto vuole essere toccato, vuole che sappiamo che siamo tutti connessi, vuole che tu conosca la sua storia, vuole essere nostro pari. Vuole portarci luce. Nel medioevo, quando ancora non esisteva la parola artista, i miniatori che disegnavano le lettere, i dettagli e le immagini nei manoscritti erano chiamati *limner*, cioè "illuminatori", dal latino *lumen*. Il lavoro dell'artista, in altre parole, era conferire luce all'oggetto. Accenderlo.

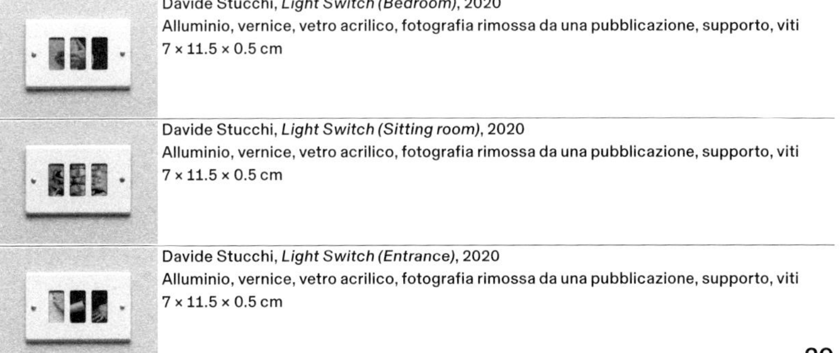

Davide Stucchi, *Light Switch (Bedroom)*, 2020
Alluminio, vernice, vetro acrilico, fotografia rimossa da una pubblicazione, supporto, viti
7 × 11.5 × 0.5 cm

Davide Stucchi, *Light Switch (Sitting room)*, 2020
Alluminio, vernice, vetro acrilico, fotografia rimossa da una pubblicazione, supporto, viti
7 × 11.5 × 0.5 cm

Davide Stucchi, *Light Switch (Entrance)*, 2020
Alluminio, vernice, vetro acrilico, fotografia rimossa da una pubblicazione, supporto, viti
7 × 11.5 × 0.5 cm

Una drammaturgia di oggetti, una performance di sguardi

Alessandro Pasero

Parole

Quando è stato definito per la prima volta il concetto di performatività, in filosofia del linguaggio, è stato fatto spiegando come alcune parole, in determinate circostanze, compiono un'azione anziché descriverla[1]. Frasi che cambiano attivamente il contesto all'interno del quale vengono pronunciate, così come la condizione di chi le pronuncia. L'esempio principale è la frase "*I do*" all'interno della scenografia del matrimonio, che, nel momento in cui la si pronuncia, muta il celibe in sposato. Ci sono quindi delle frasi che non possono essere giudicate come vere o false, ma che semplicemente portano a delle trasformazioni "*happy or not happy*"[2]. In questi casi, fra la frase – ovvero la parola – e l'azione, vi è una coincidenza assoluta: la parola non descrive l'azione ma la costituisce, la costruisce. È come un incantesimo magico. La performatività ha a che fare con le conseguenze prodotte, con l'impatto. All'interno della scenografia di un rituale, al gesto consegue una nuova narrazione. Il linguaggio e l'azione connessa hanno delle conseguenze sociali, politiche, spaziali: attraverso di essi viene prodotta una spazialità o un'influenza nell'ambiente.

Sempre parlando di linguaggio, siamo stati messi in guardia contro l'errata tendenza a prendere troppo sul serio la grammatica, permettendo alla struttura linguistica di plasmare o determinare la nostra comprensione del mondo[3]. La convinzione che le categorie grammaticali riflettano la struttura del mondo è un'abitudine mentale seducente, che merita di essere interrogata: una comprensione performativa delle pratiche discorsive mette in discussione la convinzione rappresentazionalista del potere delle parole, di rappresentare cose preesistenti. La performatività, correttamente intesa, non è un invito a trasformare tutto (compresi i corpi materiali) in parole; al contrario, è proprio "una messa in discussione dell'eccessivo potere concesso al linguaggio di determinare ciò che è reale"[4].

La ricerca di Davide Stucchi è performativa proprio perché mette in discussione, attraverso giochi di parole, trasformazioni e gesti, la realtà quotidiana che ci circonda. Il suo uso del linguaggio, sovvertivo, frenetico e materico, si trasforma in giochi linguistici che producono spazio. Le sue opere – cortocircuiti grammaticali o materiali – producono contesti, facendo collidere dimensioni spesso antitetiche fra loro: lo spazio prodotto dall'opera, che coincide con l'opera stessa, è spesso un ipertesto, autentico e immediato nel gesto. Qui, il passaggio da *sabot* a *sabotaggio* è brevissimo: un pulsante di un citofono che fa finta di non esserci, ma poi riflette ciò che c'è intorno[5], impone la necessità dell'essere fraintesi, discostandosi da qualcosa che è solitamente immediato nel reale, attorno a noi.

Luce

La luce è spesso presente nella pratica di Stucchi, ed è centrale nella costruzione della mostra *Light Lights* al Centro Pecci. Qui, questa assume un peso, non come conseguenza di un discorso scientifico, legato alla sua natura particellare, ma perché diventa oggetto, a tal punto da pesare: *Light Lights* implica che la luce non sia solo una condizione del contesto, bensì materia. È una visione architettonica dello spazio e del costruire, non inteso come un "gioco sapiente e rigoroso dei volumi sotto la luce"[6] ma piuttosto come un gioco ironico e distruttivo: una teoria delle ombre rivista in chiave romantica, dove queste sono storie e scorie.

Le strutture che visualizzano e che emanano la luce (cavi, lampadine, tubi LED) sono qui talmente connesse alla sola esperienza della sensazione e dell'emotività che il materiale stesso di supporto

1   Cfr. John Langshaw Austin, *How to Do Things with Words*, Oxford University Press, Oxford 1962.

2   Ibid.

3   Cfr. Karen Barad, "Posthumanist Performativity: Toward an Understanding of How Matter Comes to Matter", *Signs*, vol. 28, no. 3, *Gender and Science: New Issues*, primavera 2003, The University of Chicago Press: p. 802; Friedrich Nietzsche, *Il crepuscolo degli idoli* (1889), Casa Editrice Sociale, Milano 1924; Donna Haraway, *Manifesto cyborg. Donne, tecnologie e biopolitiche del corpo* (1991), Feltrinelli Editore, Milano 2018; Judith Butler, *Questione di genere. Il femminismo e la sovversione dell'identità* (1989), Laterza, Bari 2023.

4   Cfr. Barad, "Posthumanist Performativity": p. 802.

5   Davide Stucchi, *From the other side*, 2024.

6   Christian Norberg-Schulz, *Genius Loci*, Electa, Milano 1979, p. 77.

7   Davide Stucchi, *Lamp Shades V*, 2025.

8   Cfr. Elizabeth Diller, Ricardo Scofidio, *Flesh. Architectural Probes: The Mutant Body of Architecture*, Princeton University Press, Princeton 1994.

9   Ibid.

10   Cfr. Bernard Tschumi, *The Manhattan Transcripts*, 1976-81.

tecnico alla produzione scompare, e la luce diventa leggera. Questi elementi spariscono a supporto di un'emanazione di luce che ne rende visibile la temperatura, costruendo un'atmosfera. A volte fredda, altre calda, altre ancora buia: la luce deve ancora essere accesa o è già stata spenta? Forse non è ancora arrivata, o forse c'è stata tempo fa[7]. È una casa infestata: l'architettura di Stucchi nasconde le fondamenta e i calcoli strutturali, ragiona sugli spazi e sul modo di abitarli.

Corpi

Le opere di Stucchi costruiscono contesti. Gli spazi prodotti riflettono un preciso modo di vivere e di abitare l'architettura: quello di un autore interessato ai corpi e allo spazio, che legge negli oggetti quotidiani una performatività *in potenza*. La sua ricerca si occupa di architettura intesa non come ciò che riguarda solamente gli edifici, ma innanzitutto le relazioni spaziali, fatte di corpi in movimento. In quest'ottica, il corpo umano è un dato culturale e un irriducibile luogo di regolamentazione[8]. A partire da questo presupposto Stucchi si muove tracciando, ridisegnando e sovvertendo la relazione inestricabile tra il corpo e le convenzioni spaziali del quotidiano. Il corpo è pertanto centrale, inteso come un sito di iscrizioni transitorie da decifrare per tracciare strategie di spazio "contrattuale"[9], in cui l'opera possa agire in modo critico, all'interno di luoghi codificati da convenzioni pubbliche o private: case *traslate* altrove, in gallerie e musei che diventano abitati.

La pratica si concentra sulla transitorietà del corpo – spesso degli altri – inteso come abitato, vestito, festeggiato, raccontato. Un corpo che si rivela anche se non è presente nell'opera: è quello che ha suonato il campanello, che è arrivato al terzo piano, che ha spostato le scatole, che si è appena lasciato, che sta cercando di nascondere qualcosa, che è in movimento. Il corpo non c'è, ma ce n'è traccia. E queste tracce producono una coreografia nello spazio, una pantomima – in cui, per definizione, l'azione è affidata unicamente al gesto – che riflette il disegno di Stucchi e il suo modo di vivere e di abitare l'architettura. Piuttosto che dare importanza alla forma architettonica dell'attesa, questi lavori riscrivono il movimento dei corpi nello spazio – insieme alle azioni e agli eventi che hanno già avuto luogo, o che potrebbero avvenire[10] – in una serie di proiezioni immaginifiche.

L'assenza del corpo umano (il MacGuffin della ricerca di Stucchi, sempre presente e centrale anche se mai all'interno della cornice del display) diventa l'espediente narrativo per eccellenza: il contesto viene costruito a partire da storie passate, tracce di attraversamenti o attese. Vengono disegnate realtà parallele a quelle fattuali, eccitanti virtuosismi sul possibile. Si configura così una scenografia fatta di oggetti di vita, personali e altrui. Una serie di storie reali, verosimili, inventate e rubate, di ricordi ricostruiti: un viaggio, un trasloco, una rottura, un gesto. E poi c'è l'oggetto che ne tiene traccia: queste composizioni sono *oggetti che registrano il tempo*.

Oggetti

Un paesaggio di oggetti in attesa, nel ricordo o nel desiderio del corpo. Questa drammaturgia di elementi appare come una serie di rotture nello spazio liminale della galleria, dello stand della fiera d'arte o del museo. L'interruttore[11], a cui risponde un istintivo "on/off", produce un cortocircuito nel momento in cui è altro da sé. Obbliga a un cambio di posizione e di prospettiva, mette in soqquadro lo sguardo e produce nuove gestualità, movimenti. È l'esposizione di frammenti di un discorso amoroso, così come le lettere ricevute (o spedite) nelle cassette della posta[12]. Davanti all'interruttore avviene un gioco di ruolo, si diventa *voyeur*. Così come la televisione non è un'immagine o un medium ma uno spazio[13], anche l'interruttore diventa spazio, con un interno e un esterno: ambiente privato e pubblico collidono nell'oggetto, che diventa contesto.

11   Davide Stucchi, *Light Switch and Socket (Sitting room)* (2022).

12   Davide Stucchi, *Amica Fantastica più* (2024); Davide Stucchi, *Evidence dance* (2024).

13   Marshall McLuhan, *Gli strumenti del comunicare* (1964), Il Saggiatore, Milano 1967, pp. 40-42.

14   Giorgio Agamben, *Cos'è un dispositivo?*, Nottetempo, Milano 2006. ["Chiamerò letteralmente dispositivo qualunque cosa abbia in qualche modo la capacità di catturare, orientare, determinare, intercettare, modellare, controllare e assicurare i gesti, le condotte, le opinioni e i discorsi degli esseri viventi. [...] Il linguaggio stesso è forse il più antico dei dispositivi".]

15   Ibid.

16   Davide Stucchi, *Daring Chat; Fearless Speech; Impulsive Talk; Bold Conversation; Imprudent Gossip* (2025).

17   Walter Benjamin, *Angelus Novus. Saggi e frammenti*, Einaudi, Torino 1962, p. 148.

18   Ibid.

19   Cfr. Alessandro Mendini, "Tratto gli oggetti come fossero esseri umani, li faccio sorridere", *Repubblica*, 1 maggio 2016. ["Che importanza rivestono per lei gli oggetti?" "Fondamentale. Se fossi un antropologo li guarderei come popolazioni. Studierei il loro modo di accoppiarsi e di fare sistema, la maniera giusta o sbagliata del loro stare insieme".]

Le opere, come dispositivi[14], influenzano lo spazio circostante, lo producono da sé, costruendo un'atmosfera: hanno in qualche modo la capacità di "catturare, orientare, determinare, intercettare, modellare, controllare e assicurare i gesti, le condotte, le opinioni e i discorsi"[15] delle persone che attraversano le sale. L'atmosfera della mostra non va quindi intesa in senso scientifico, come una qualità dell'aria, ma in senso scenografico, sensoriale ed emotivo. Viene prodotta così una spazialità che compone l'esperienza della mostra, attraverso gesti ed esercizi di immaginazione e re-immaginazione a partire dalle storie esposte.

Lo sguardo di Stucchi è periferico e sempre in moto, con una costante attenzione verso le connessioni possibili tra forme e oggetti, funzioni e linguaggio: così, una sedia Thonet sfondata da una luce perfettamente circolare appoggiata sul buco[16], diventa l'espediente per raccontare la storia di un amante che non c'è più o che deve ancora arrivare, evocando il suo corpo seduto su una superficie bucata, esibizionista. Come il *collezionista*, inquilino dell'*intérieur*[17], Stucchi si assume il "compito di trasfigurare le cose": è "un lavoro di Sisifo, che consiste nel togliere alle cose il loro carattere di merce e dar loro solo un valore d'amatore". Per entrambi, "abitare significa lasciare impronte, ed esse acquistano [nel suo mondo] un rilievo particolare"[18].

Se è vero che è possibile studiare gli oggetti per capire i comportamenti di chi li possiede[19], come tracce di un'umanità leggibile attraverso i suoi riti, rituali domestici e legami, allora anche gli oggetti più banali diventano display (contenitori o cicatrici) di storie più grandi e più lontane, superando la scala del luogo e del tempo a cui appartengono. Questa serie di tracce produce, all'interno della mostra, una coreografia per i corpi che ne fanno esperienza. Così, anche le

Davide Stucchi, *Light Switch and Socket (Sitting room)*, 2022
Alluminio, vernice, vetro acrilico, fotografie rimosse da una pubblicazione, supporti, viti
7 × 11.5 × 0.5 cm (ciascuno)

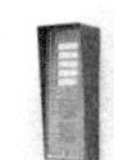
Davide Stucchi, *From the other side*, 2024
Specchio acrilico, citofono di recupero
37.5 × 14.5 × 7.5 cm

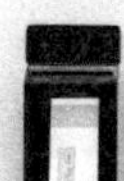
Davide Stucchi, *Amica Fantastica più*, 2024
Cassetta delle lettere, busta di carta, graffette metalliche, etichette di vestiti di recupero
38 × 20 × 6.5 cm

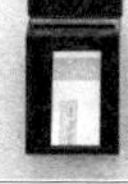
Davide Stucchi, *Evidence dance*, 2024
Cassetta delle lettere, busta di carta, graffette metalliche, etichette di vestiti di recupero
38 × 20 × 6.5 cm

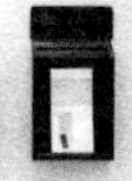

iconiche *Eclisse* di Vico Magistretti – nate per stare sui comodini ai lati del letto – si amano, illuminandosi e guardandosi, mettendo in scena una dimostrazione teatrale del loro legame[20]. L'opera è una riflessione sull'intimità e sui movimenti delle vite intorno agli oggetti, compresi quelli che sono presenti anche se non si vedono, come il letto, i comodini e la stanza degli amanti, che è smaterializzata: le due lampade (ri)producono interamente il contesto descritto e la memoria della relazione e del desiderio. I corpi e gli oggetti diventano soggetti attraenti e attratti: elementi sensuali che si animano e alludono a relazioni intime e gesti nuovi. Ancora una volta, la rimozione produce desiderio che – a sua volta – produce esplorazioni e movimenti nello spazio.

Spazio

All'interno della mostra, Stucchi (ri)arrangia lo spazio interno del museo, producendo scorciatoie spaziali, cercando modi semplici di creare complessità. Questo approccio si manifesta anche attraverso l'estrazione, lo spaesamento e l'alterazione dell'*objet trouvé*, mettendo in discussione il concetto stesso di funzione. Queste sculture nel campo espanso[21] producono così un ambiente. Uno spazio abitato da corpi in transito, uno spazio combattuto, negoziato, immaginato, inventato, condiviso, in dialogo: uno spazio che è contesto. Uno spazio fisico, spesso liminale, in cui l'apertura prodotta dall'opera produce un cortocircuito.

 Rising, falling, looking for the moon e il suo opposto, *Rising, falling, looking for the sun*[22], evocano uno spazio altro, che esiste in funzione di un movimento. In casa o in giardino, salendo sulla scala e guardando fuori dalla finestra verso il sole e poi la luna, si cade a terra: in mostra viene così ricostruito un tempo preciso, quello della ciclicità di una giornata, compreso fra un inizio e una fine. Lo specchio non riflette il pubblico, ma costruisce uno spazio: la sua posizione è quella di un'eterotopia[23], non più un riflesso di sguardi ammiccanti o narcisistici. È un luogo che genera e sovverte dinamiche di potere: un'operazione di *queering* dell'ambiente circostante. Così come lo spazio virtuale

20   Davide Stucchi, *The Guy Next Door (Bedroom)*, Quadriennale d'Arte di Roma FUORI (2020); Davide Stucchi, *The Guy Next Door (Bedroom)* (2025).

21   Rosalind Krauss, "Sculpture in the Expanded Field", *October*, vol. 8, primavera 1979: pp. 30-44.

22   Davide Stucchi, *Rising, falling, looking for the moon*, parte di *Light Lights*, Centro Pecci (2025); Davide Stucchi, *Rising, falling, looking for the sun*, parte di *Light Lights*, Centro Pecci (2025).

23   Cfr. Michel Foucault, Jay Miskowiec, "Of Other Spaces", *Diacritics*, vol. 16, no. 1, primavera 1986: pp. 22-27.

del linguaggio è un'eterotopia, in cui l'identità è *performata* attraverso accostamenti di parole e significati, anche le eterotopie (linguistiche e materiali) di Stucchi sono luoghi che sospendono le relazioni degli spazi ordinari, aprendo nuove possibilità di interpretazione e riflessione sulla società e sul potere: un *etero-topos* costruito in maniera omeopatica *(omo-pathos)*.

Davide Stucchi, *The Guy Next Door (Bedroom)*, 2020
Lampade, cavi elettrici e spine
Dimensioni variabili

Tenui epifanie del bulbo olfattivo

Sabrina Tarasoff

L'artista mi ha detto: "La creazione di un'opera d'arte deve creare anche un'epifania". È un pensiero impellente. Eppure chi può dire dove, o come, o persino *se* questa ineffabile illuminazione si verificherà? Dopotutto, l'epifania esige di considerare ogni attività, sia essa futile o trionfale, uno sforzo concentrato oppure un caso fortuito, come un terreno propizio alla sua apparizione. La sua forza di gravità costringe a porre l'attenzione su ciò che rientra nel campo visivo e individuare, per esempio, qualunque cosa induca la mente a guardare la mela ed esclamare il fatidico *a-ah!* La visione di una spettacolare normalità si crepa un istante per rivelare un sapere segreto o un potere nascosto che si protendono come dal nulla, per poi svanire altrettanto rapidamente. Il cervello si illumina d'improvviso. E poi? Friedrich Nietzsche sosteneva che per giungere a una rivelazione bisognasse abbandonarsi volontariamente alla sua natura precipitosa: "Un pensiero brilla come un lampo, con necessità, senza esitazioni nella forma". "Io non ho mai avuto scelta"[1]. A prescindere da quanto si aspiri a raggiungere la rivelazione, a sbirciare dietro il velo per mostrare l'essenza nascosta o la conoscenza segreta, il momento epifanico raramente – o forse mai? – si manifesta a comando. Eppure, la creazione *deve* creare, secondo l'artista Davide Stucchi; la rivelazione di prim'ordine ci induce, come per necessità, a fare qualcosa a partire da essa. Allora, io chiedo (ancora scettica): come distinguiamo il colpo di genio divino da qualsiasi altra idea? L'opera d'arte è un agire *sull'*epifania, intesa come ciò che lo spirito rende manifesto, oppure la rivelazione prende forse forma nella nostra aspirazione mortale di trovare un senso al quotidiano? È un processo o un concetto?

Un mistero.

Ripenso alla prima frase di *L'imperatore del profumo* (2002) di Chandler Burr, la biografia del biologo ed esperto di profumi Luca Turin: "Iniziamo dal fittissimo mistero dell'olfatto. […] Il modo esatto in cui annusiamo le cose rimane un mistero"[2]. Se, come sostenevano i modernisti, le epifanie sono manifestazioni improvvise di rivelazioni dello spirito misteriosamente attinte dallo sfondo più inesprimibile della vita quotidiana – esperienze, pensieri, scenari, o emozioni fugacemente colte nel momento in cui prendono forma o gli si dà forma – allora è ragionevole accostarle ai profumi: distillati, essenze, aromi. Partendo dal semplice fatto che il mistero del profumo, così come l'improvvisa apparizione di un'idea geniale, resta un enigma per noi, poiché i meccanismi sfuggenti che d'un tratto portano in primo piano un aroma, qualunque essi siano, rimangono celati alla mente. L'odore fa l'impossibile, scrive Burr: "L'enzima avverte una fessura nella molecola e vi inserisce le sue dita speciali come una chiave introdotta in una serratura. Se la forma della serratura e quella della chiave coincidono… tombola!, ecco che il riconoscimento è avvenuto, tramite la forma"[3]. L'aroma, come il momento in cui si accende la lampadina, è l'improvviso riconoscimento di una forma, un contorno, una specie di chiarezza, come una stanza buia che d'un tratto si illumina. Lì, nella luce improvvisa, non vediamo la cosa in sé, ma la sua essenza – quella che James Joyce definiva "quiddità"[4]. Il mistero del mistero stesso ci è consegnato come una rivelazione. Idee, impressioni, concentrati – lo sfondo inesprimibile della nostra esperienza vissuta, tutto ciò a cui assistiamo. Il mistero quintessenziale della nostra interiorità atomica non rivela una/la forma in sé, ma ciò che dà forma al suo divenire. La grande rivelazione di Turin, più avanti, è stata comprendere che l'essenza dell'aroma non riguarda tanto la forma, quanto le sue particolari vibrazioni. Il meccanismo è un enigma ritmico al cuore del nostro essere, una specie di musica, uno spartito, un componimento da camera.

I profumi aleggiano, dunque, come ritornelli, mentre la luce tende a svanire. Ciò che vediamo illuminato, in piena vista, spesso richiede tempo perché diventi una rivelazione. Gli oggetti possono essere luminosi, intrisi di un'aura; possono irradiare leggerezza, levità, come una qualità materiale da studiare e leggere. (Gaston Bachelard una volta si espresse a proposito del "leggere una stanza"; gli aromi spesso evocano l'immediatezza di uno spazio, vuoto di impressioni visive, tutto essenze, emozione, memoria[5]). Inizio già a dimenticare il mio obiettivo. Qual era? Alla ricerca di una scorciatoia per le idee dello spirito, afferro una boccetta di The Hedonist di Ex Nihilo, pensando

1   Friedrich Nietzsche, *Ecce Homo*, a cura di Roberto Calasso, Adelphi, Milano 1981, n.p.
2   Chandler Burr, *L'imperatore del profumo*, trad. Roberta Zuppet, Rizzoli, Milano 2005, p. 13.
3   Ivi, p. 14.
4   James Joyce, *Stephen Hero*, a cura di Theodore Spencer, Oxford University Press, Oxford 1963, p. 218.
5   Gaston Bachelard, *The Poetics of Space*, trad. Maria Jolas, Beacon Press, Boston 1994, pp. 9-10.
6   Ben Hassett, "A Fragrance Enhancer with Transparent Radiance That Gives Any Perfume a Certain, as the French Say, 'Je Ne Sais Quoi'", *British Vogue*, 21 agosto 2018, https://www.vogue.co.uk/article/fragrance-enhancer-ds-and-durga.

che l'illuminazione richieda solo una spruzzata di qualcosa descritto come "il brivido per eccellenza", un'overdose di essenza: l'idea pura. Indossare un profumo significa esplorare un altro genere di visibilità – indugiare nell'idea illuminata, il concetto concentrato come essenza – inseguire ciò che perdura nella scia di un'idea, come il *sillage* di un profumo: un potenziale persistente. Ho sempre voluto scrivere saggi che semplicemente sprizzassero dal momento della loro concezione e sviluppassero una complessità *nel* tempo, ed evocassero lo spazio della propria creazione, all'interno del quale può dipanarsi qualcosa. Un parco giochi di tenui epifanie come note atomiche. Da questa prospettiva, l'epifania non è un gran mistero, ma un momento di pensiero che svanisce come la luce, come un aroma che si dissolve sulla pelle.

Una sorta di je ne sais quoi, allora?

Esiste una categoria di profumi noti come "amplificatori di fragranze", che possono essere usati da soli o come strumento di stratificazione per potenziare, enfatizzare, intensificare delle caratteristiche già esistenti. Gli aromi, dopotutto, sono creati per distorcere o isolare sapientemente delle relazioni. Gli amplificatori ci portano al di là dello specchio. I Don't Know What di DS & Durga è descritto come un "amplificatore di fragranze con una radiosità trasparente che conferisce a qualsiasi profumo, come dicono i francesi, un certo *je ne sais quoi*"[6]. Il punto è sintonizzarsi con ciò che in corrispondenza si rivela – con il corpo, l'altro, lo spazio, la stagione. Il *je ne sais quoi* è solo la scintilla, un'intuizione, un'illuminazione *indotta*. Un contatto forgiato con ciò che è già presente. A volte vicino alla pelle, a volte lontano. A volte la rivelazione avviene lentamente, nel tempo, a volte l'amplificazione ti colpisce all'improvviso – un'epifania? Una profondità nascosta si mostra, si amplifica. Un'idea si apre come una misura dello spazio, proiettata nel tempo. La rivelazione della rivelazione stessa: un'essenza rivelata nella – o *come* – traccia del tempo.

      Stucchi mi manda la lista dei titoli. Un saliscendi di pensieri, chiari di luna e caratterizzazioni insidiose. Lampadine accese e oscurate. Guardo fuori la fredda luce di maggio e chiudo gli scuri per

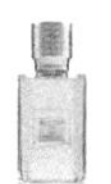

The Hedonist, Ex Nihilo

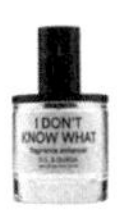

I Don't Know What, DS & Durga

creare una notte artificiale solo per me. Le lampadine calde consentono di lasciarsi trasportare: al riparo, protetta, al sicuro. Precipitare nella notte della scrittura, attraversare la soglia del sonno, sulla scia della veglia, richiede un distacco volontario dal mondo esterno. L'inerzia, come ha scritto Carl Jung, è la proprietà della persistenza[7]. Maurice Blanchot ha sottolineato inoltre la profondità dell'inerte, del passivo. Lampadine calde da cui scaturisce l'ineffabilità dell'ideazione. Essere *inzuppati* nell'essenza della notte, dell'ombra, del velo – un'idea molto romantica. Eppure può essere difficile mettere in scena questo distacco.

Immaginare la luce dove non c'è luce è come estrarre l'essenza da un fiore senza profumo. Il già citato Chandler Burr una volta ha raccontato questo effetto in un saggio intitolato "Ghost Flowers"[8] (2007). Alcuni fiori sono privi di essenza, dunque non lasciano ai profumieri altra scelta che immaginarla. Flower di Kenzo, sviluppato dal papavero inodore, ma carico di implicazioni simboliche, è solo un esempio. Immaginare questi fantasmi, le essenze che rifiutano di lasciarsi estrarre, implica la necessità di esaminare, mettiamo, la luce al confronto della sua ombra, del suo buio. Una stanza con le tapparelle abbassate, come una lampadina oscurata o semplicemente spenta, va considerata una pura possibilità. Per respirare in profondità queste opere d'arte, per immaginare la leggerezza velata, serve all'incirca lo stesso sforzo. Ciò che è imbottigliato si può conservare.

Le luci dell'artista sono imbottigliate, catturate, contenute, come se volesse cercare di aggrapparsi al momento in cui qualcosa si accende. Imbottigliate e illampadinate, qui, diventano un condensato di affetti, scenari, ambientazioni. Sono essenze proposizionali, esempi isolati di esperienza vissuta. L'idea è permettere alla mente di indugiare sopra, o dentro, la loro influenza. Pensavo che avrei trovato un'equivalenza tra i profumi e la "luce" (intesa come proprietà naturale), ma la luce stessa è un'essenza complicata. La luce illumina, come l'amplificatore di fragranze, e rende altri aspetti della vita – o dell'arte – più presenti. Nella creazione di profumi, gli aromi "light" sono leggeri per via del loro peso o perché evocano situazioni di leggerezza: levità, libertà, fluttuazione. Si ricercano i caldi giorni d'estate, la spiaggia, i momenti o i luoghi soleggiati attraverso "note solari": spesso calde, sudate, carnose, fungine, fruttate, marmellatose, argillose o polverose. Non

7   C. G. Jung, "Synchronicity: An Acausal Connecting Principle", in *The Structure and Dynamics of the Psyche, Collected Works of C. G. Jung*, vol. 8, Princeton University Press, Princeton 1960, p. 117.

8   Chandler Burr, "Ghost Flowers", *The New Yorker*, 1 marzo 2004, https://www.newyorker.com/magazine/2004/03/01/ghost-flowers.

9   Gaston Bachelard, *La poetica dello spazio*, trad. Ettore Catalano, Edizioni Dedalo, Bari 1957, p. 132.

10   Alain Robbe-Grillet, *La gelosia,* a cura di Franco Lucentini, Einaudi, Torino 1998 [traduzione originale].

descrivono l'energia cinetica del sole in sé ma richiamano piuttosto
alla terra che arricchisce. Le note solari descrivono le situazioni, ma
raramente riescono a descrivere la luce accecante.

> *Globi di plexiglas, perle, specchi, scale di alluminio, cavi,
> prese elettriche, pannelli LED e file di luci, porte, tende
> alla veneziana, interruttori di metallo, acrilici, sedie di
> paglia di Vienna trovate, luci circolari, pannelli di luci,
> lampadine, pali e aste, paralumi di metallo, lacci di plasti-
> ca, griglie metalliche, pluriball, sciarpe, tubi...*

Tutto è un costrutto: prima, creato a immagine dell'interiorità, qualcosa di
domestico, poi illuminato per descrivere una situazione. Incontri, incroci,
conversazioni, affetti, caratterizzazioni, vacanze, case, soglie, materiali
nascosti, le custodie protettive. È concettuale, sì, ma non nell'accezione
usata nella storia dell'arte – o meglio, non solo. Gli spazi di Stucchi non
sono pensabili; devono piuttosto essere respirati, infusi, assorbiti.

> *Cosa viene illuminato?*

Il sole o la luna – qual è dei due? Una riflette l'altro, forse collassando,
momentaneamente allineati. Eclissi? Luci che gareggiano, proiezioni
in sordina. E al contrario luci non in sordina; luci brillanti, ombreggia-
te. Ombrelli e paraventi. Visioni parziali di idee oscurate e porte a dop-
pia facciata verso la percezione. Essenze pronte a essere indossate
che innescano illuminazioni previste – luci natalizie, lucine, forse portachiavi? O un piccolo nido tra due porte. Di un piccione, di file di luci,
quasi invisibili. Un elemento di *Heimat*: portachiavi, nidi, cose che evocano "casa". Come ha scritto Bachelard a proposito dei nidi: "Il nido – lo
capiamo subito – è precario e tuttavia mette in moto in noi una *rêverie
della sicurezza*"[9]. Gli aromi annidati, come le ascelle, i polsi, sono centri
precari di significato nascosto. O, come le tende alla veneziana – le
gelosie, secondo Alain Robbe-Grillet: "La gelosia è una specie di ser-
randa che permette di vedere all'esterno – e, in certe inclinazioni, di
vedere dall'esterno all'interno; ma quando i listelli sono chiusi, nulla
si può vedere in una direzione o nell'altra"[10]. Le sedie illuminate,
in dialogo, diventano una *pièce* teatrale composta nel completo silenzio, più Beckett che Joyce. Come spiega Steven Connor, mentre Joyce

Flower, Kenzo

articolava la sua narrazione attorno a lampi epifanici, Beckett invece li smantellava, muovendosi verso esperienze di una presenza spogliata di qualsiasi determinazione[11]. Epifanie contraddistinte da un significato reticente: silenzio e assenza più che illuminazioni in piena vista.

Lampade, luci, illuminazioni, qui, in posa come modelli, personaggi. Per parafrasare Robert Bresson, ciò che resta a indugiare, tra queste sculture, sono "pensieri o sentimenti non espressi materialmente, [ma] resi visibili dall'intercomunicazione e interazione di due o molte altre immagini"[12]. Amplificatori di luce? Quale genere di personaggi? La Luna, l'Esuberante, l'Edonista, l'impertinente, il sicuro di sé, il ragazzo della porta accanto. (Ripenso a Sylvia Plath: "Gli artigli della magnolia / ebbri dei loro propri profumi / nulla chiedono della vita"[13]). L'essenza disorienta il discorso normativo. Il suo gioco è imporre attraverso lo shock una specie di rifiuto del linguaggio vero e proprio. Il profumo, come il gioco di parole, si oppone alla buona idea, al pensiero completo, al lavoro finito. Le comunicazioni silenziose agiscono come etere. Queste lampade esemplificano una specie di godimento. *Il pensiero è juissance*, come ha suggerito Jacques Lacan.

Sono offerte delle prove. Ci rivolgiamo a ciò che è improvvisamente illuminato nel dettaglio, come un sentiero acceso ai fini del mistero – un enigma eternamente irrisolto, che tuttavia è allettante perseguire (proprio come il nostro desiderio di contatto, corrispondenza, scambio, gioco). Può essere anche una formula verbale, un filo dispiegato per un fine specifico. La luce ci mostra dove guardare. Ci aiuta a vedere non le risposte, ma i modi di pensarle.

L'epifania può sorgere nel caos?

In un libro sui cruciverba, scopro che "*light*" è spesso usato per indicare le "finestrelle". Dopotutto in inglese usiamo ancora il termine "*quarter light*" per il quarto di finestrino fisso nelle automobili, e la parola "*skylight*", lucernario, dunque è probabile che le caselle di questi indovinelli

11   Steven Connor, "James Joyce and Samuel Beckett: From Epiphany to Anti-Epiphany", in *Re: Joyce'n Beckett*, a cura di Phyllis Carey e Ed Jewinski, Fordham University Press, New York 1992, pp. 160-74.

12   Robert Bresson, *Notes on the Cinematograph*, trad. Jonathan Griffin, Picador, London 2016.

13   Sylvia Plath, "Paralytic", in *Ariel: The Restored Edition*, a cura di Frieda Hughes, Harper Perennial Modern Classics, New York 2004, pp. 56-57.

14   Douglas St Paul Barnard, *Anatomy of the Crossword*, G. T. Foulis – G. Bell & Sons, London 1963, citato in Shuchi, "Why Are the Grid's Answer Slots Called Lights?", *Crossword Unclued*, 7 giugno 2016, https://www.crosswordunclued.com/2016/06/lights-white-squares-in-crossword-grid.html.

15   Shuchi, "Why Are the Grid's Answer Slots Called Lights?"

16   Warm Bulb, Clue Perfumery, 30 mL Eau de Parfum, nominato agli Art and Olfactory Awards, Clue Perfumery, 2024, www.clueperfumery.com/products/warm-bulb.

curiosi siano parse delle piccole finestre. La definizione coincide con quella dei dizionari. Le lampade sono intese come "indizi, accenni o aiuti alla comprensione" – un altro significato di *"light"*. Come scrive Douglas St. Paul Barnard:

"Di certo, potrebbe esclamare qualcuno, ottenere una soluzione e poi assegnarle il nome di una parola che significa indizio, ricorda fortemente il Paese di Alice oltre lo Specchio. [...] Il risultato di questa disposizione è che ogni parola nella griglia non solo rappresenta la risposta a un indizio verbale, ma funziona anche letteralmente come un indizio per le altre parole che interseca"[14].

Un appassionato di rompicapi chiede in un forum sui cruciverba: "Se luce [*light*] significa *indizio*, perché lo usiamo per riferirci alla *risposta* di una definizione [*clue*]?"[15] Così chiarisce l'epifania iscritta in una fragranza chiamata Warm Bulb di Clue Perfumery. L'aroma è descritto come "la luce di una lampada che arroventa le pagine ingiallite sottostanti ed è, senza dubbio, il profumo di una lampadina incandescente – il bagliore giallo della lampadina bollente, uno strato di polvere che cuoce delicatamente sulla superficie, illuminando le pagine secche e screpolate di un amato tascabile nella sala giochi di una casa di provincia dove i tendaggi conservano ancora la debole traccia di sigarette fumate al chiuso, mentre un morbido odore di vaniglia si spande dalla cucina"[16].

L'essenza della lampadina incandescente spesso è proposta come l'immagine dell'epifania per eccellenza. Una lampadina che si accende raddoppia il suo mistero. Non un'illuminazione, ma un indizio di dove dobbiamo guardare per trovarla.

Jan Verwoert associa il momento di imbarazzo a uno scambio affettivo che, tramite la sua continua trasmissione, trattiene una certa potenzialità. Quando Verwoert parla di una "strana autonomia materiale" in un'opera d'arte o di un "contromaterialismo", intende designare una materialità che si muove al di là dei limiti del significato istituito. Non il momento della magia, ma la sua influenza duratura: "E, in effetti, non fa differenza se l'arte viene tacciata di essere irrazionale o feticizzata in quanto fonte di magiche illuminazioni nelle visite domenicali al Met. 'Il magico' è un piedistallo da cui l'arte non può che cadere quando, per giustificare la distinzione tra la cultura 'alta' e quella 'popolare', si diffonde l'idea che l'arte sia creata da esseri superiori. Tuttavia, isolato dal mondo di relazioni quotidiane in cui potrebbe attivare davvero la propria magia (come succede con una ninnananna), un capolavoro venerato non può che deludere. Invariabilmente, il

Van Gogh per cui ci si mette religiosamente in fila non lascerà alcuna impressione, perché l'alta aspettativa di consegnare un'epifania immediata gli impedisce di avere qualsivoglia effetto"[17].

Certe opere d'arte chiedono se gli oggetti possono trasmettere l'atmosfera in cui sono stati creati: passando attraverso, oltre la logica di uso dell'oggetto. Una sorta di sparizione passiva, come la luce morente, che forse tendiamo a romanticizzare proprio perché è esasperante. I giorni passano troppo rapidi, il ritmo è soverchiante. Il punto è individuare cosa ci tocca da vicino, colto nella risacca di una luce domestica. Ciò che si aggrappa alla mente diventa intimo, un'esperienza atmosferica – non un'illuminazione eclatante. Niente da sbandierare ai quattro venti, ma da tenere per sé, vicino alla pelle. La valenza protettiva di un pensiero è spesso fuorviante. A volte le epifanie sono piccole, sottovalutate.

La poesia scaturisce dallo spazio proiettato, secondo Bachelard, reale tanto quanto immaginativo. Lo spazio poetico è vitale. Ci rende "ricettivi all'immagine nel momento in cui appare"; ci porta dentro, più vicino verso… cosa? Su cosa cerchiamo di gettare luce? Non un singolo momento, ma un'idea protratta nel tempo, in quanto cammino, spazio, casa. Ciò che già sappiamo ci si mostra a nuovo. Il pensiero – "non ha passato, almeno non ha un passato recente, lungo il quale sia possibile seguire ciò che lo prepara, la sua stessa epifania."[18] Solo distorsioni di prospettiva in un presente eternamente rifratto. Luce gettata su ciò che è familiare, in modo diverso.

Nella piena luce del giorno, il discorso sgorga in maniera più naturale, scandito dai riti quotidiani, dagli incontri e dalle conversazioni che entrano da un orecchio ed escono dall'altro, allora, proprio com'è sicuro che il sole tramonti, le parole cercano con troppa sicurezza un rifugio, la consolazione di una casa, nostra soltanto. Una volta lì, una luce si accende sull'elettroartificio del linguaggio: le parole all'improvviso ronzano, scintillano, crepitano. Tutto è destinatario, mezzo di comunicazione, confabulazione – interrotto, turbato o ricreato.

L'epifania è un elettroartificio, alla stregua dei misteriosi e complessi impulsi elettrici che trasmettono il messaggio al cervello, trasformando la percezione di un profumo in una scintilla improvvisa – di memoria, emozione, idea?

I pensieri elettrici scaturiti non sono luce, ma irradiano con una forza di gravità impressionante. E lo fanno diversamente a seconda

17   Jan Verwoert, "Why Is Art Met with Disbelief? It's Too Much Like Magic", in *Art in the Global Present*, a cura di Nikos Papastergiadis e Veronica Lynn, UTS ePRESS, Sidney 2014, p. 204.

18   Bachelard, *La poetica dello spazio*, p. 6.

19   "Les Légendaires L'Heure Bleue – Eau de Parfum: The fragrance of suspended time", Guerlain.

del tempo, dello spazio, della stagione. A volte gelati, riflessivi, altre invece pare di guardare un fuoco di sant'Elmo dal finestrino di un abitacolo. Una trasposizione dell'interno e dell'esterno. Straniante eppure intima. Trascorro un pomeriggio pensando alle aldeidi nei profumi, per esempio nel Chanel N°5 Eau Premiere di Ernest Beaux: frizzante, luminoso, più esile in inverno, più denso in estate. Si stratifica bene. Guerlain ha il suo L'Heure Bleue, una fragranza del 1912, che il marchio ha descritto come "il profumo del tempo sospeso... cattura il classico momento in cui il giorno bacia la notte"[19]. Le sue note floreali e orientali evocano il sottile morire della luce in tutte le sue intuizioni malinconiche, muovendosi misteriosamente nella penombra del calar della notte. Tutto giunge a una conclusione. Una bellezza crepuscolare. O Arpège di Lanvin, che scintilla sulla pelle come le prime stelle nel freddo cielo notturno. L'elettroartificio di queste molecole ci orienta a illuminazioni nette, con ombre ancora più nette. L'improvviso velo d'oscurità. Idee così glaciali nella notte, congelate in un'assoluta fragilità, che diventano vulnerabili al tocco. Le lampadine si rompono facilmente.

Un paradosso, allora.

La semplificazione richiede pazienza, tempo. Un'abilità di abbreviare il pensiero, cortocircuitare la ragione, percepire il mondo altrimenti. Le epifanie, al pari dei profumi, si svolgono come esperienze stratificate. Niente si può catturare o risolvere d'un tratto. Invece, ci consegna forse un indizio riguardo la solitudine necessaria per isolare la mente dalle incursioni della vita. Qui, il concentrato è messo in scena, la luce velata e catturata, per vedere come le ombre si proiettano diversamente. A quanto pare è piuttosto difficile avere l'abilità di raggiungere delle "delicate illuminazioni". Le luci dell'artista condensano e distendono l'ideazione nelle ombre.

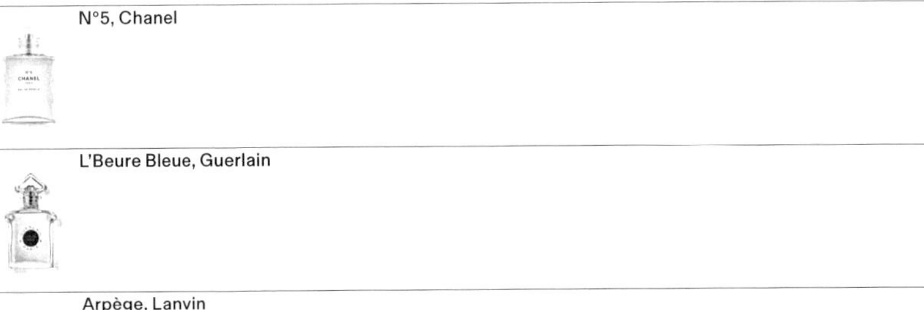

N°5, Chanel

L'Beure Bleue, Guerlain

Arpège, Lanvin

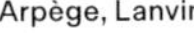

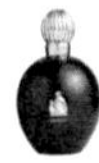

Davide Stucchi
Light Lights

2025

Guida ai codici Code Description Guide

DS.LL.00.00 **Artista /** Artist
DS.**LL.**00.00 **Mostra /** Exhibition
DS.LL.**00.**00 **Tipologia prodotto /** Product Type
DS.LL.00.**00** **Numero prodotto /** Product Number

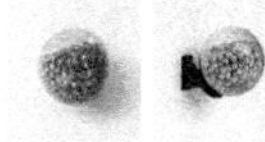

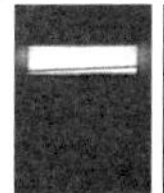
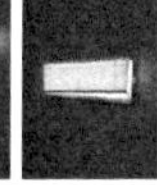

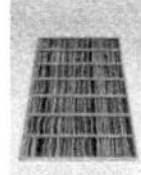

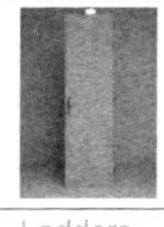

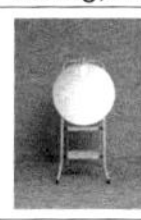
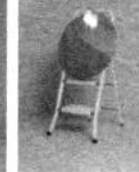

DS.LL.01.01

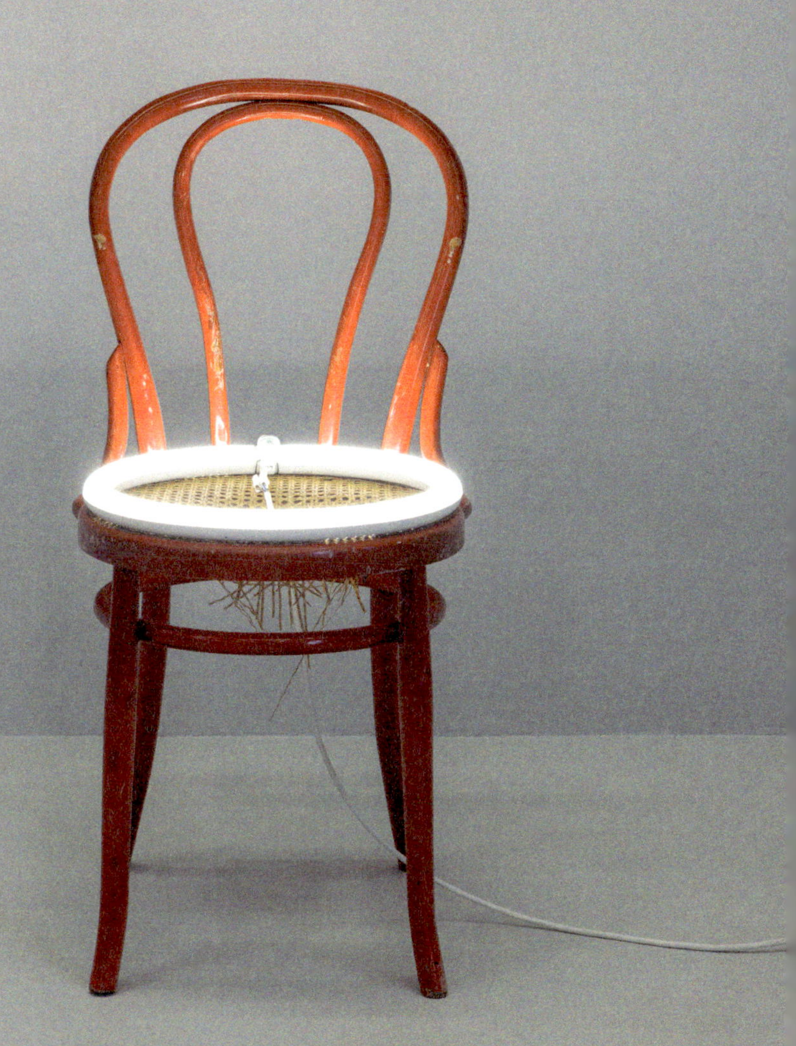

Bold Conversation, 2025

Una sedia in legno rosso, dal design classico curvato simile a una Thonet, presenta una seduta in paglia intrecciata danneggiata, con fibre spezzate che fuoriescono. Al centro della seduta è posizionato un anello luminoso LED acceso, che emette una luce bianca intensa. Collegato a un cavo elettrico, l'anello introduce un elemento tecnologico in contrasto con la struttura tradizionale della sedia. L'oggetto, pur mantenendo la sua forma originaria, risulta trasformato e inutilizzabile, suggerendo una riflessione sul rapporto tra funzione, forma e significato.

A red wooden chair, with a classic curved design reminiscent of a Thonet, features a damaged woven straw seat, with broken fibers protruding. At the center of the seat, a lit LED ring emits an intense white light. Connected to an electrical cable, the ring introduces a technological element contrasting with the traditional structure of the chair. The object, while retaining its original shape, is transformed and unusable, prompting a reflection on the relationship between function, form, and meaning.

Codice	Code	DS.LL.01.01

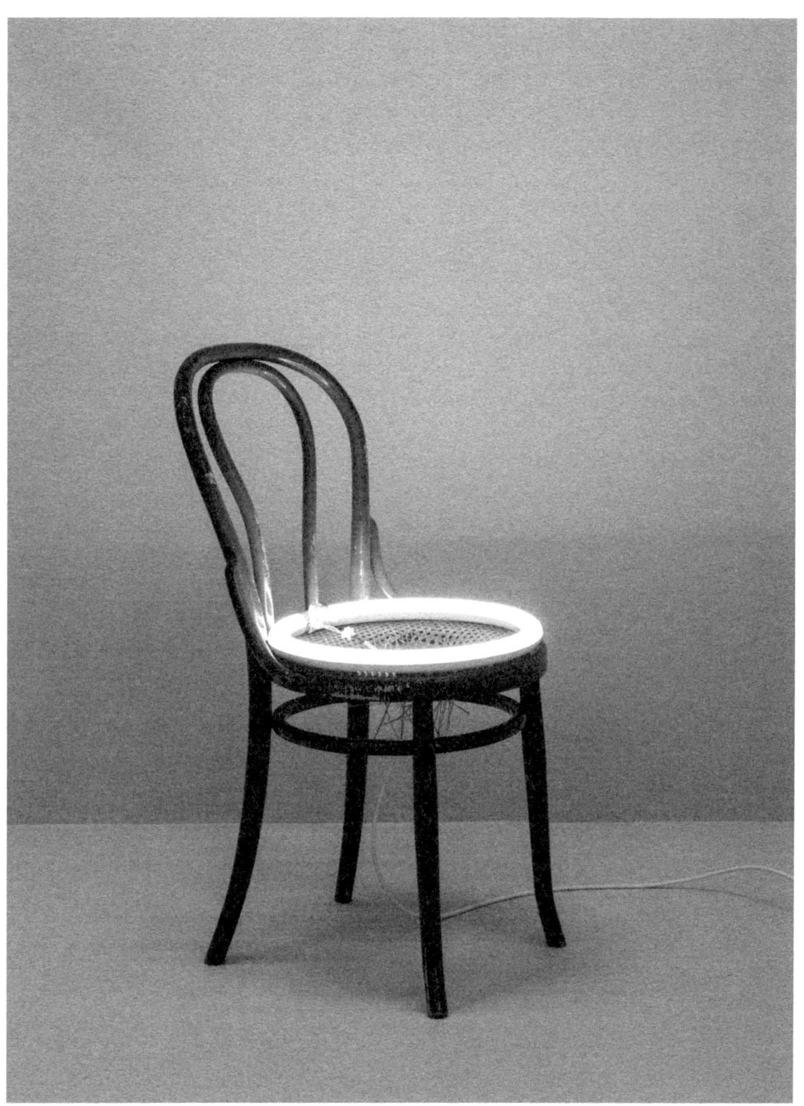

Anno	Years	2025
Dimensioni	Dimensions	45 × 52 × 86 cm
Materiali	Materials	Sedia in paglia di Vienna di recupero, LED circolare, cavo, spina elettrica
		Found Vienna straw chair, circular LED, cable, electric plug
Peso	Weight	4.2 kg
Altre info	Other info	/

DS.LL.01.02

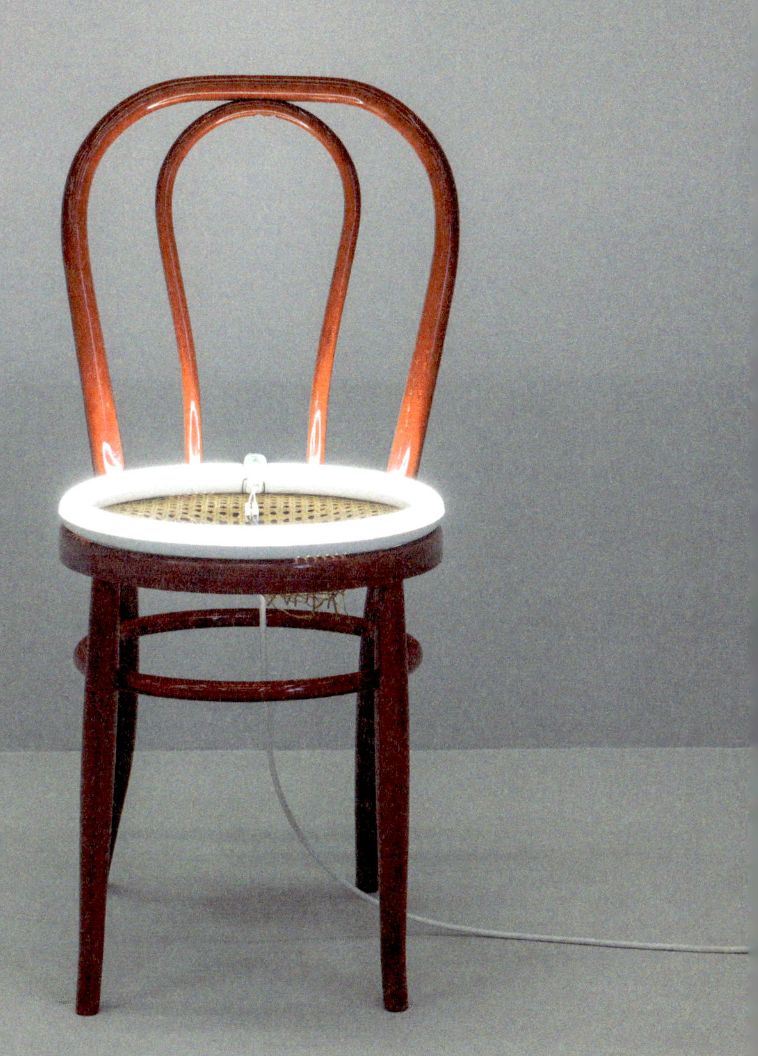

Daring Chat, 2025

Una sedia in legno rosso, dal design classico curvato simile a una Thonet, presenta una seduta in paglia intrecciata danneggiata, con fibre spezzate che fuoriescono. Al centro della seduta è posizionato un anello luminoso LED acceso, che emette una luce bianca intensa. Collegato a un cavo elettrico, l'anello introduce un elemento tecnologico in contrasto con la struttura tradizionale della sedia. L'oggetto, pur mantenendo la sua forma originaria, risulta trasformato e inutilizzabile, suggerendo una riflessione sul rapporto tra funzione, forma e significato.

A red wooden chair, with a classic curved design reminiscent of a Thonet, features a damaged woven straw seat, with broken fibers protruding. At the center of the seat, a lit LED ring emits an intense white light. Connected to an electrical cable, the ring introduces a technological element contrasting with the traditional structure of the chair. The object, while retaining its original shape, is transformed and unusable, prompting a reflection on the relationship between function, form, and meaning.

Codice	Code	DS.LL.01.02

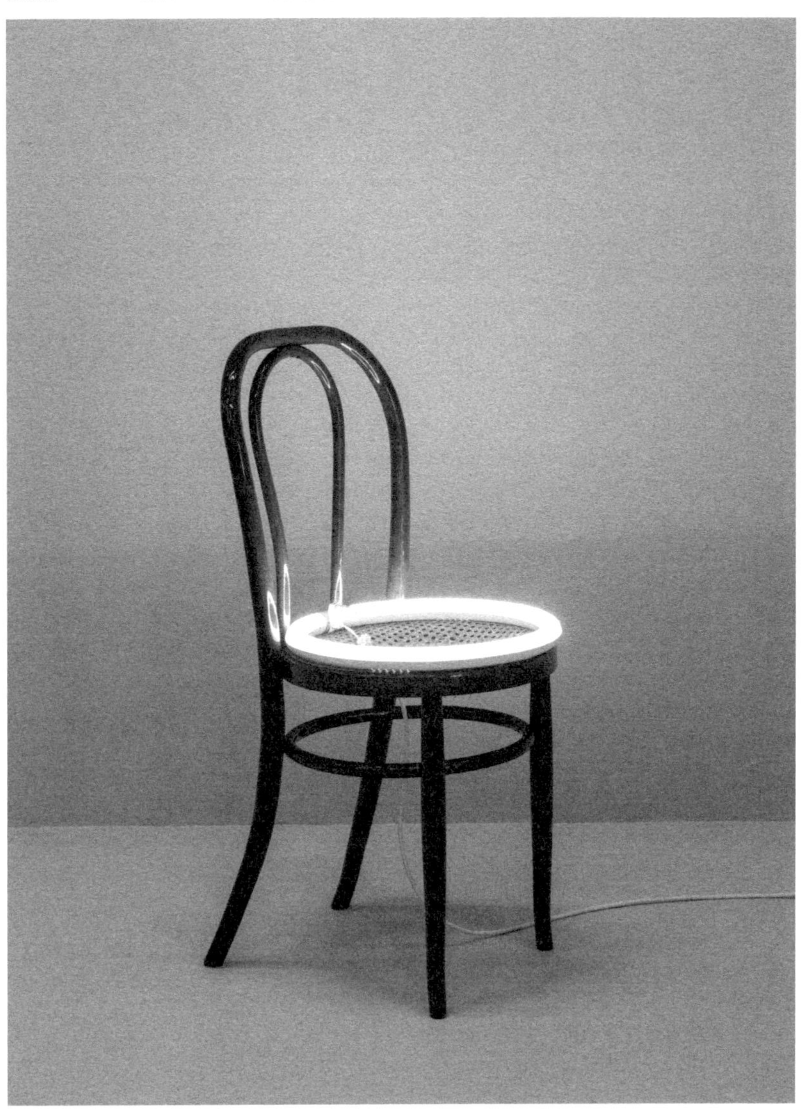

Anno	Years	2025
Dimensioni	Dimensions	45 × 52 × 86 cm
Materiali	Materials	Sedia in paglia di Vienna di recupero, LED circolare, cavo, spina elettrica
		Found Vienna straw chair, circular LED, cable, electric plug
Peso	Weight	4.2 kg
Altre info	Other info	/

DS.LL.01.03

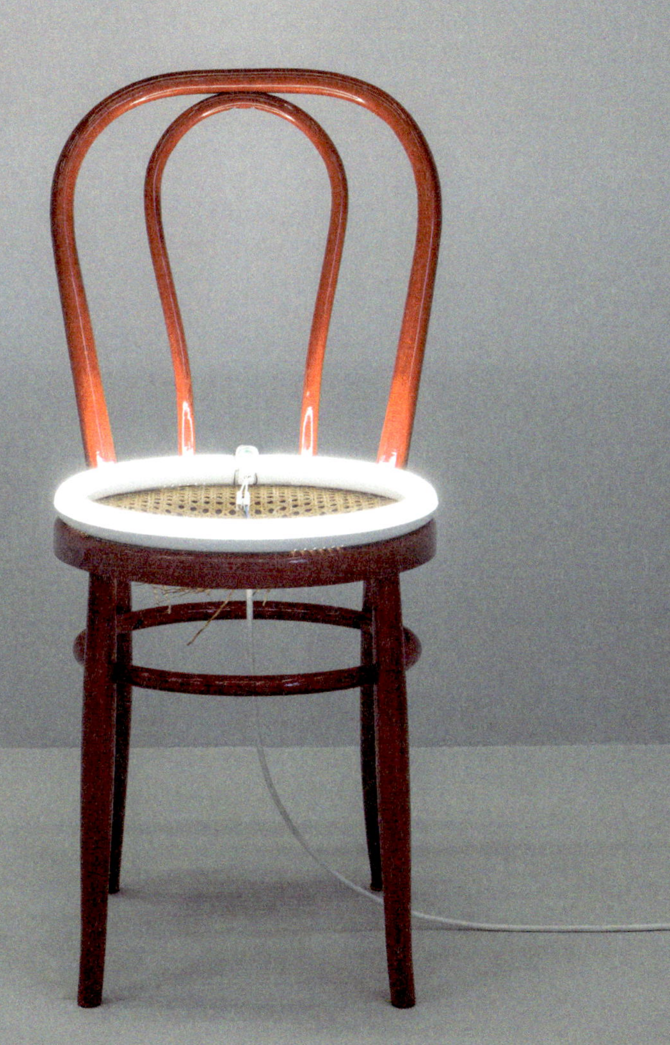

Fearless Speech, 2025

Una sedia in legno rosso, dal design classico curvato simile a una Thonet, presenta una seduta in paglia intrecciata danneggiata, con fibre spezzate che fuoriescono. Al centro della seduta è posizionato un anello luminoso LED acceso, che emette una luce bianca intensa. Collegato a un cavo elettrico, l'anello introduce un elemento tecnologico in contrasto con la struttura tradizionale della sedia. L'oggetto, pur mantenendo la sua forma originaria, risulta trasformato e inutilizzabile, suggerendo una riflessione sul rapporto tra funzione, forma e significato.

A red wooden chair, with a classic curved design reminiscent of a Thonet, features a damaged woven straw seat, with broken fibers protruding. At the center of the seat, a lit LED ring emits an intense white light. Connected to an electrical cable, the ring introduces a technological element contrasting with the traditional structure of the chair. The object, while retaining its original shape, is transformed and unusable, prompting a reflection on the relationship between function, form, and meaning.

Codice	Code	DS.LL.01.03

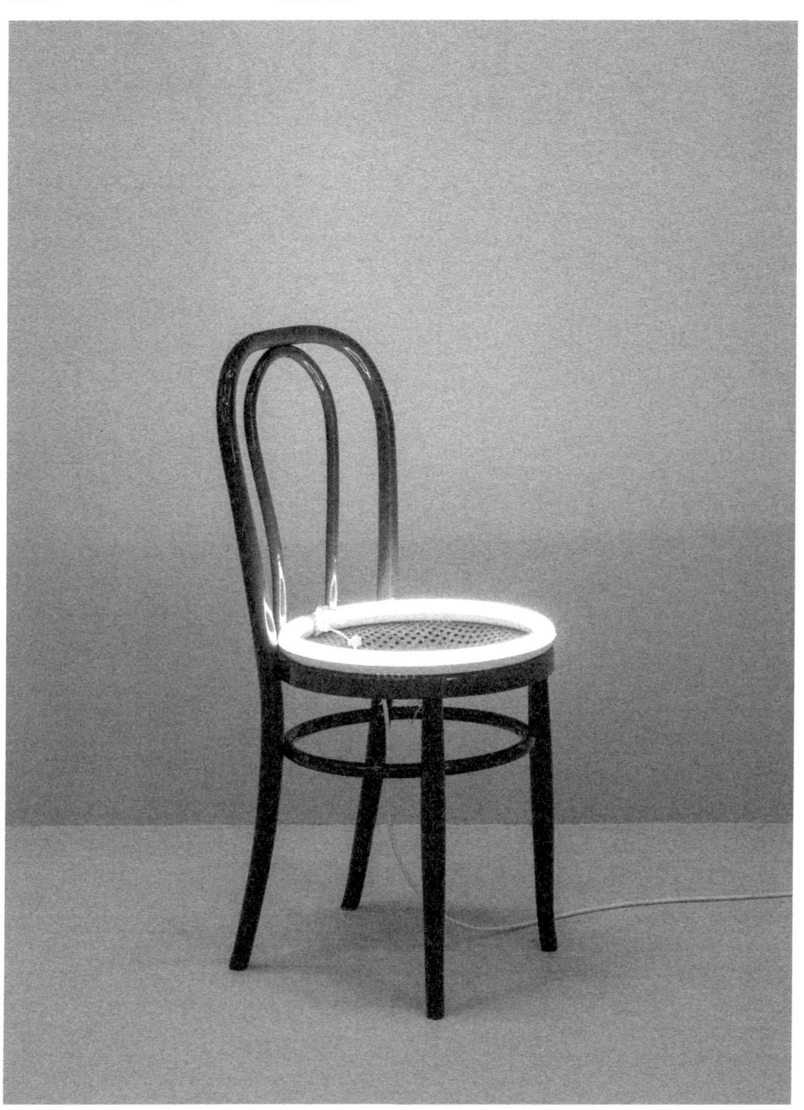

Anno	Years	2025
Dimensioni	Dimensions	45 × 52 × 86 cm
Materiali	Materials	Sedia in paglia di Vienna di recupero, LED circolare, cavo, spina elettrica
		Found Vienna straw chair, circular LED, cable, electric plug
Peso	Weight	4.2 kg
Altre info	Other info	/

DS.LL.01.04

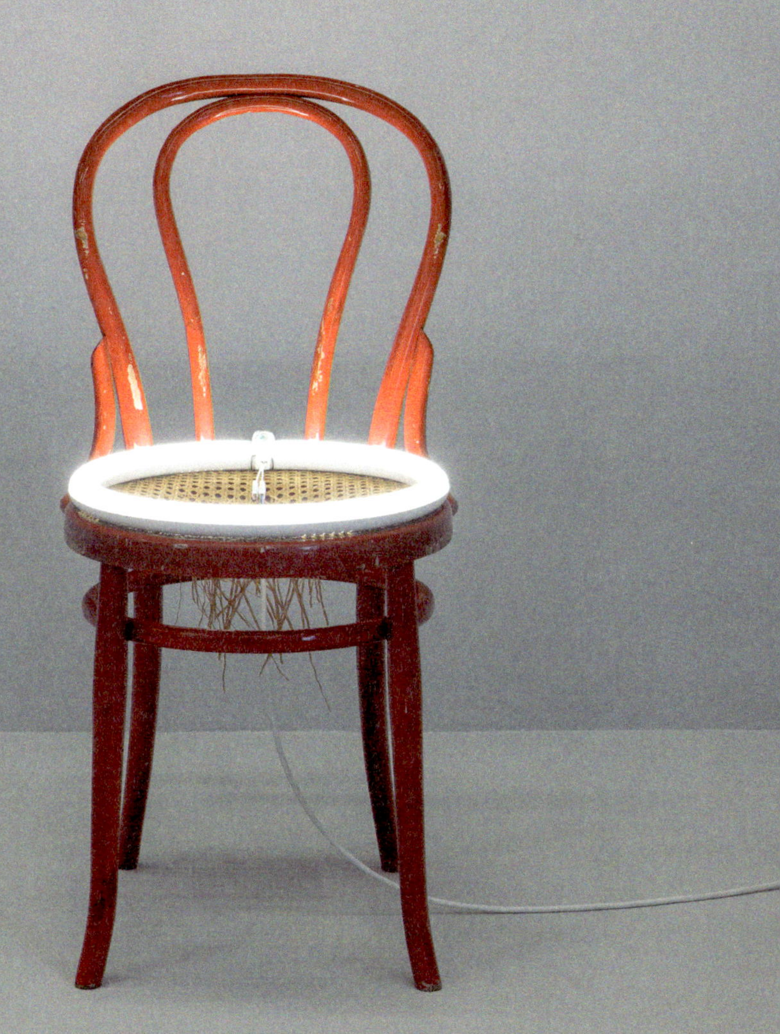

Imprudent Gossip, 2025

Una sedia in legno rosso, dal design classico curvato simile a una Thonet, presenta una seduta in paglia intrecciata danneggiata, con fibre spezzate che fuoriescono. Al centro della seduta è posizionato un anello luminoso LED acceso, che emette una luce bianca intensa. Collegato a un cavo elettrico, l'anello introduce un elemento tecnologico in contrasto con la struttura tradizionale della sedia. L'oggetto, pur mantenendo la sua forma originaria, risulta trasformato e inutilizzabile, suggerendo una riflessione sul rapporto tra funzione, forma e significato.

A red wooden chair, with a classic curved design reminiscent of a Thonet, features a damaged woven straw seat, with broken fibers protruding. At the center of the seat, a lit LED ring emits an intense white light. Connected to an electrical cable, the ring introduces a technological element contrasting with the traditional structure of the chair. The object, while retaining its original shape, is transformed and unusable, prompting a reflection on the relationship between function, form, and meaning.

Codice	Code	DS.LL.01.04

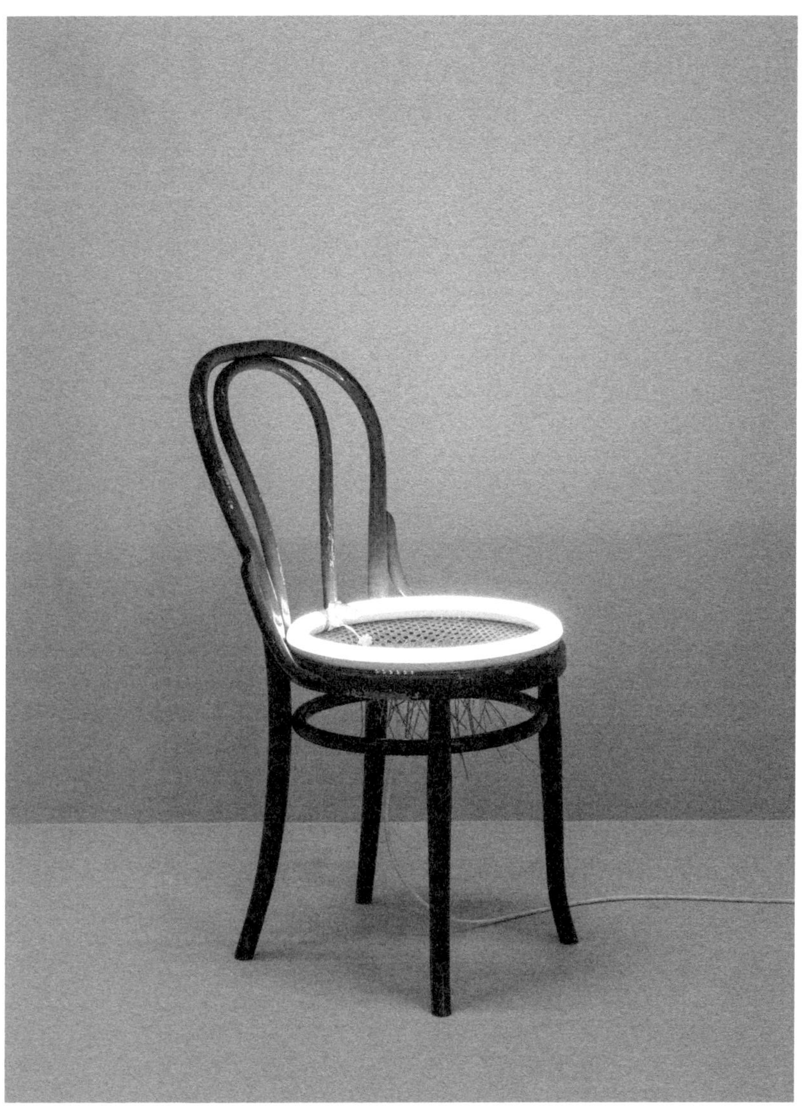

Anno	Years	2025
Dimensioni	Dimensions	45 × 52 × 86 cm
Materiali	Materials	Sedia in paglia di Vienna di recupero, LED circolare, cavo, spina elettrica
		Found Vienna straw chair, circular LED, cable, electric plug
Peso	Weight	4.2 kg
Altre info	Other info	/

DS.LL.01.05

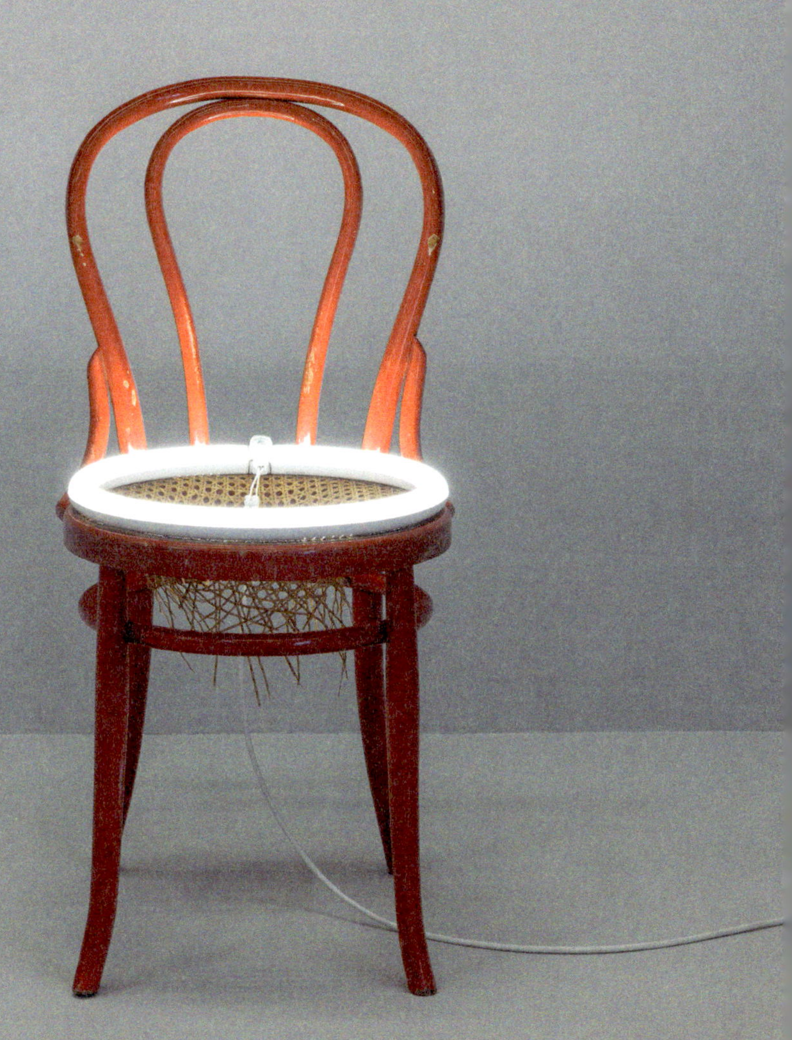

Impulsive Talk, 2025

Una sedia in legno rosso, dal design classico curvato simile a una Thonet, presenta una seduta in paglia intrecciata danneggiata, con fibre spezzate che fuoriescono. Al centro della seduta è posizionato un anello luminoso LED acceso, che emette una luce bianca intensa. Collegato a un cavo elettrico, l'anello introduce un elemento tecnologico in contrasto con la struttura tradizionale della sedia. L'oggetto, pur mantenendo la sua forma originaria, risulta trasformato e inutilizzabile, suggerendo una riflessione sul rapporto tra funzione, forma e significato.

A red wooden chair, with a classic curved design reminiscent of a Thonet, features a damaged woven straw seat, with broken fibers protruding. At the center of the seat, a lit LED ring emits an intense white light. Connected to an electrical cable, the ring introduces a technological element contrasting with the traditional structure of the chair. The object, while retaining its original shape, is transformed and unusable, prompting a reflection on the relationship between function, form, and meaning.

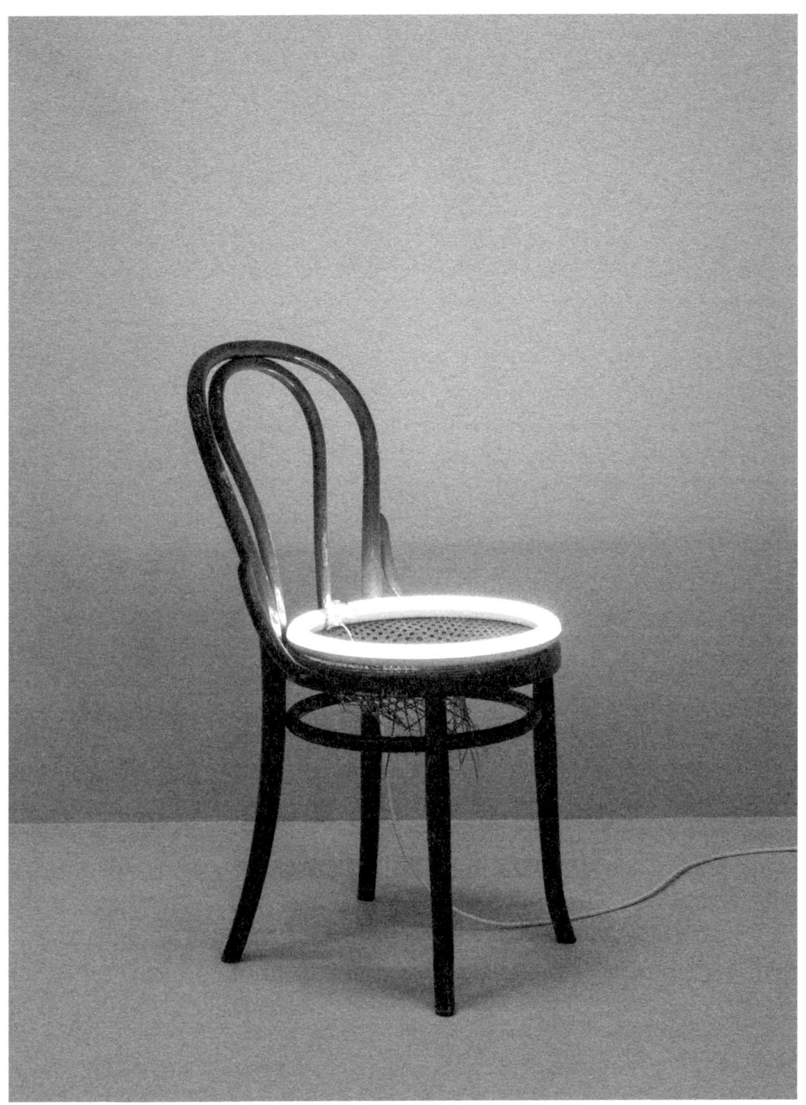

Anno	Years	2025
Dimensioni	Dimensions	45 × 52 × 86 cm
Materiali	Materials	Sedia in paglia di Vienna di recupero, LED circolare, cavo, spina elettrica
		Found Vienna straw chair, circular LED, cable, electric plug
Peso	Weight	4.2 kg
Altre info	Other info	/

DS.LL.02.01

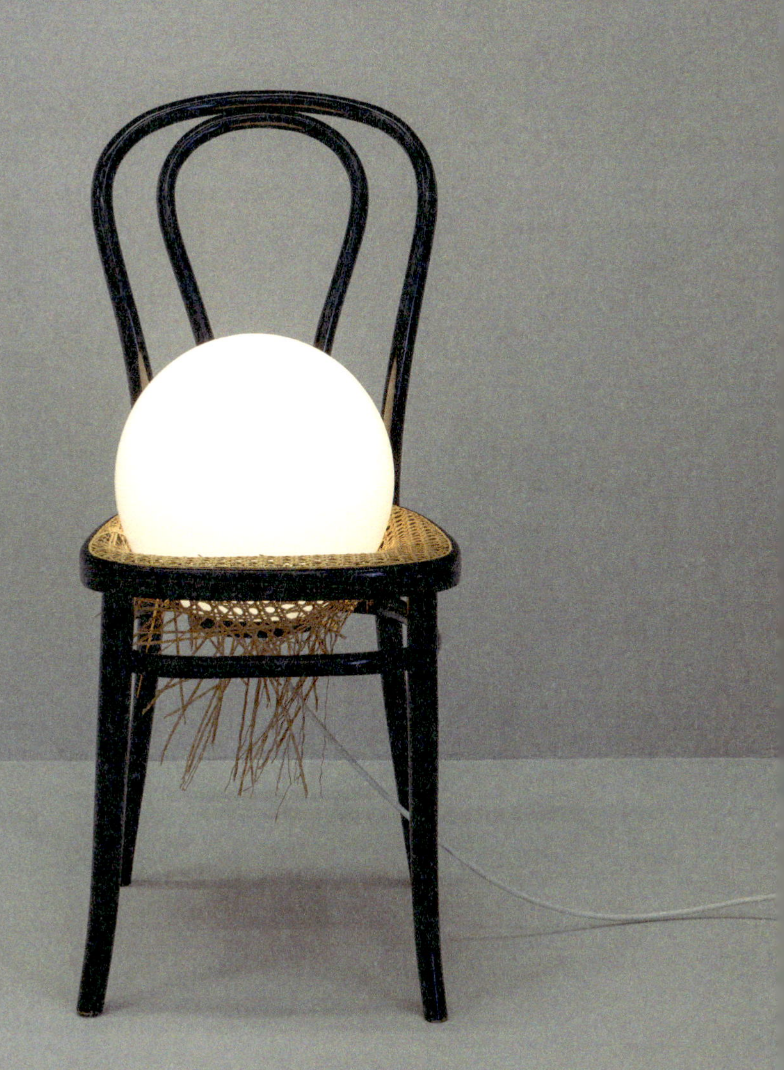

You talk, I listen, 2025

Una sedia in legno nero, dal design classico curvato simile a una Thonet, presenta una seduta in paglia intrecciata danneggiata, con fibre spezzate che fuoriescono verso il basso. Al centro della seduta è poggiata una lampada sferica opaca, accesa, che emette una luce calda e soffusa. Collegata a un cavo elettrico, la sfera luminosa sostituisce idealmente la presenza umana, trasformando la funzione originaria della sedia e suggerendo un'interazione poetica tra oggetto quotidiano ed elemento luminoso.

A black wooden chair, with a classic curved design reminiscent of a Thonet, features a damaged woven straw seat, with broken fibers protruding downward. At the center of the seat rests a matte glass sphere, illuminated, emitting a warm and diffused light. Connected to an electric cable, the glowing sphere symbolically replaces the human presence, transforming the chair's original function and suggesting a poetic interaction between an everyday object and a luminous element.

Codice	Code	DS.LL.02.01

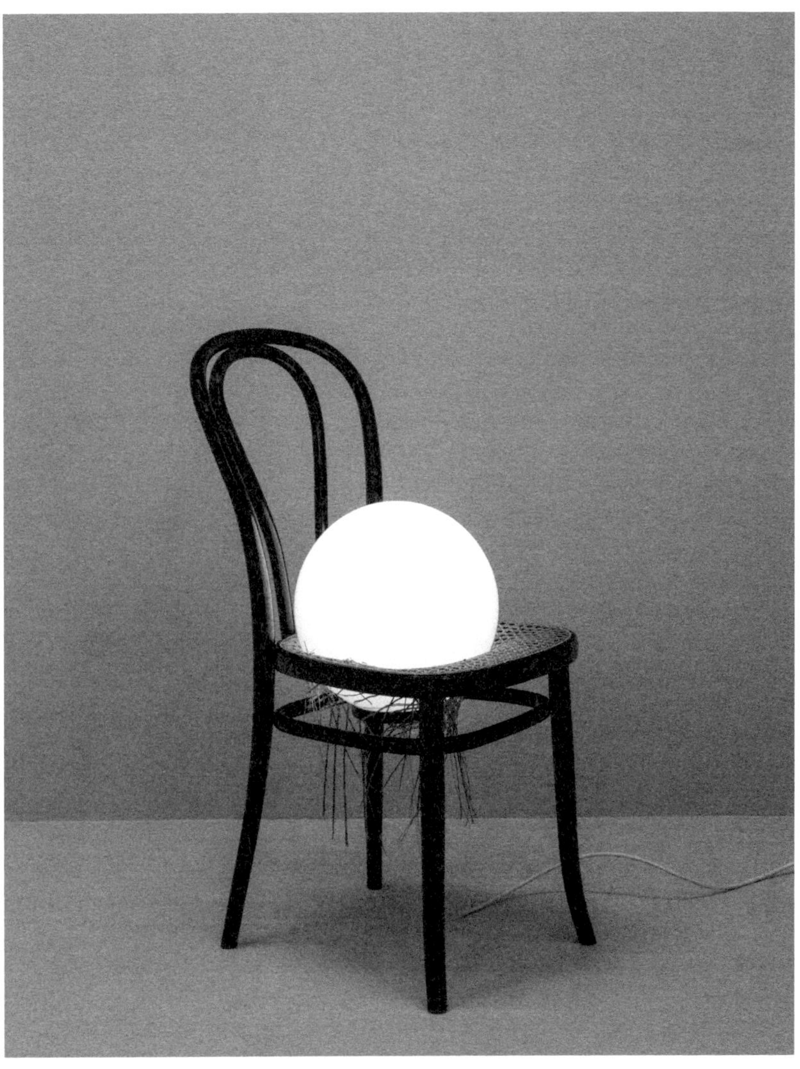

Anno	Years	2025
Dimensioni	Dimensions	39 × 50 × 87 cm
Materiali	Materials	Sedia in paglia di Vienna di recupero, portalampada in plexiglass, lampadina LED, cavo, spina elettrica
		Found Vienna straw chair, plexiglass lamp holder, LED bulb, cable, electric plug
Peso	Weight	4.5 kg
Altre info	Other info	/

DS.LL.03.01

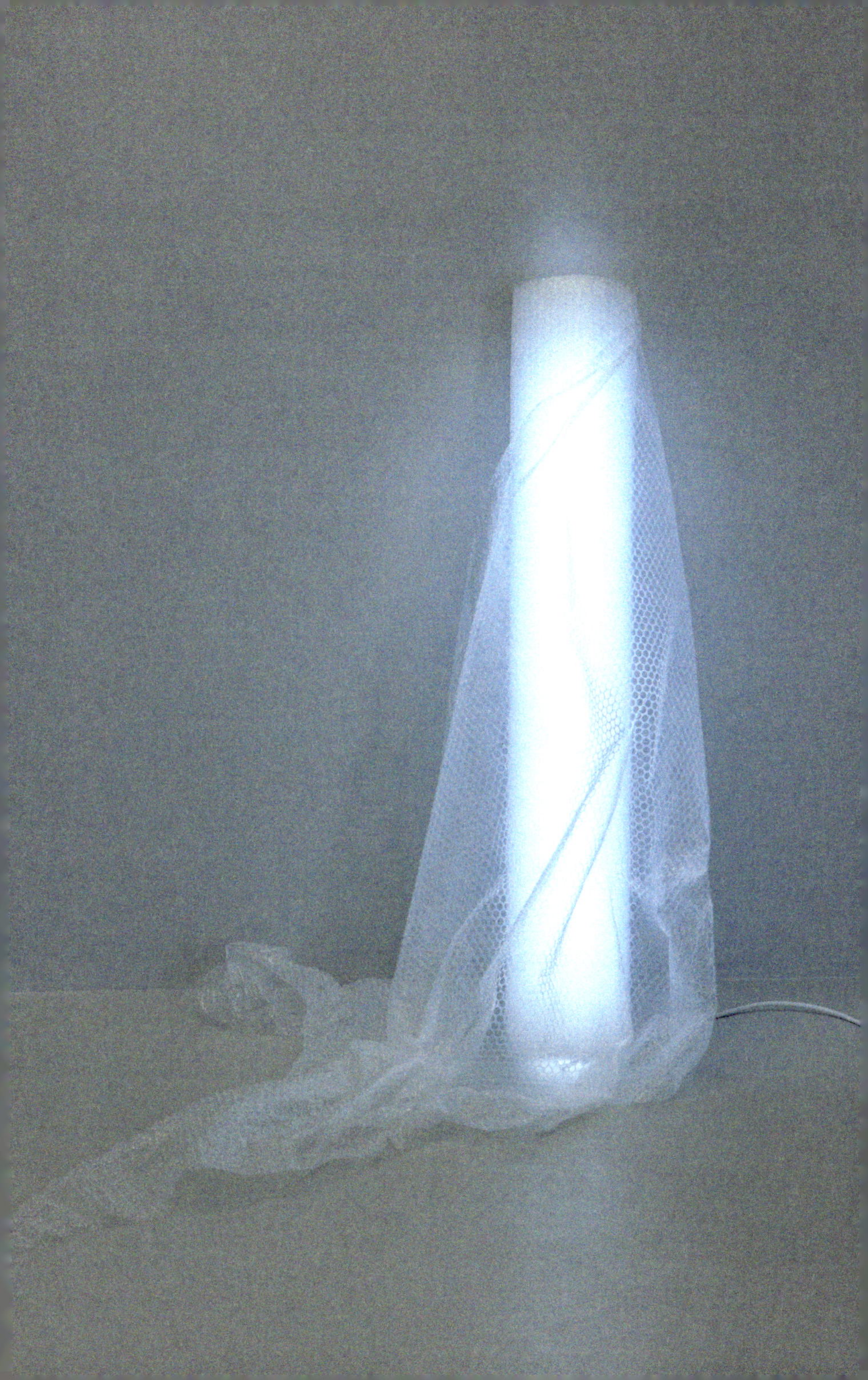

Confident Led IV, 2025

Un corpo luminoso, con un tubo LED acceso all'interno di un cilindro trasparente in plexiglass, è orientato in verticale e avvolto da un velo di pluriball. La luce fredda filtra attraverso la trama plastica, creando un effetto morbido e ovattato. Il cavo elettrico emerge dalla base, mentre il rivestimento introduce una tensione tra protezione e fragilità. L'insieme suggerisce un equilibrio tra luce, forma e materia, trasformando un oggetto funzionale in una presenza eterea.

A luminous body, with a lit LED tube inside a transparent plexiglass cylinder, is positioned vertically and wrapped in a layer of bubble wrap. The cold light filters through the plastic texture, creating a soft and muffled effect. The electric cable emerges from the base, while the wrapping introduces a tension between protection and fragility. The ensemble suggests a balance between light, form, and material, transforming a functional object into an ethereal presence.

Codice	Code	DS.LL.03.01

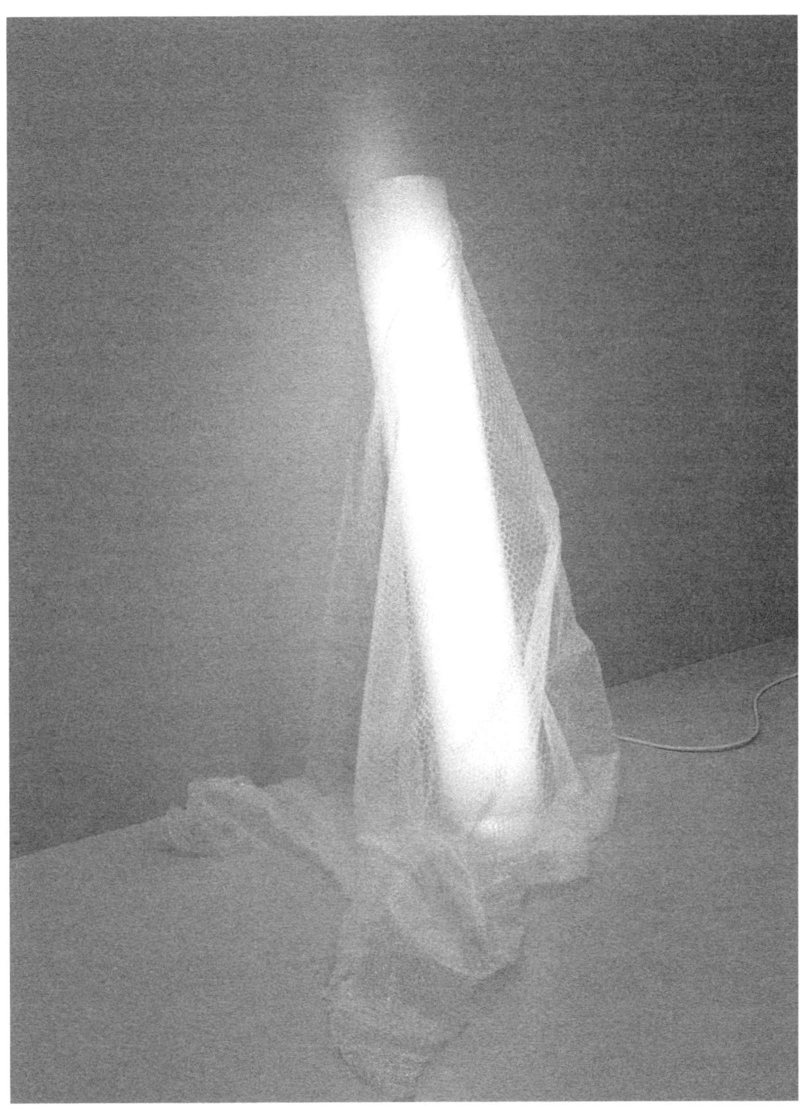

Anno	Years	2025
Dimensioni	Dimensions	20 × 40 × 96 cm
Materiali	Materials	Tubo a LED, pluriball, cavo, spina elettrica
		LED tube, pluriball, cable, electric plug
Peso	Weight	3 kg
Altre info	Other info	/

DS.LL.03.02

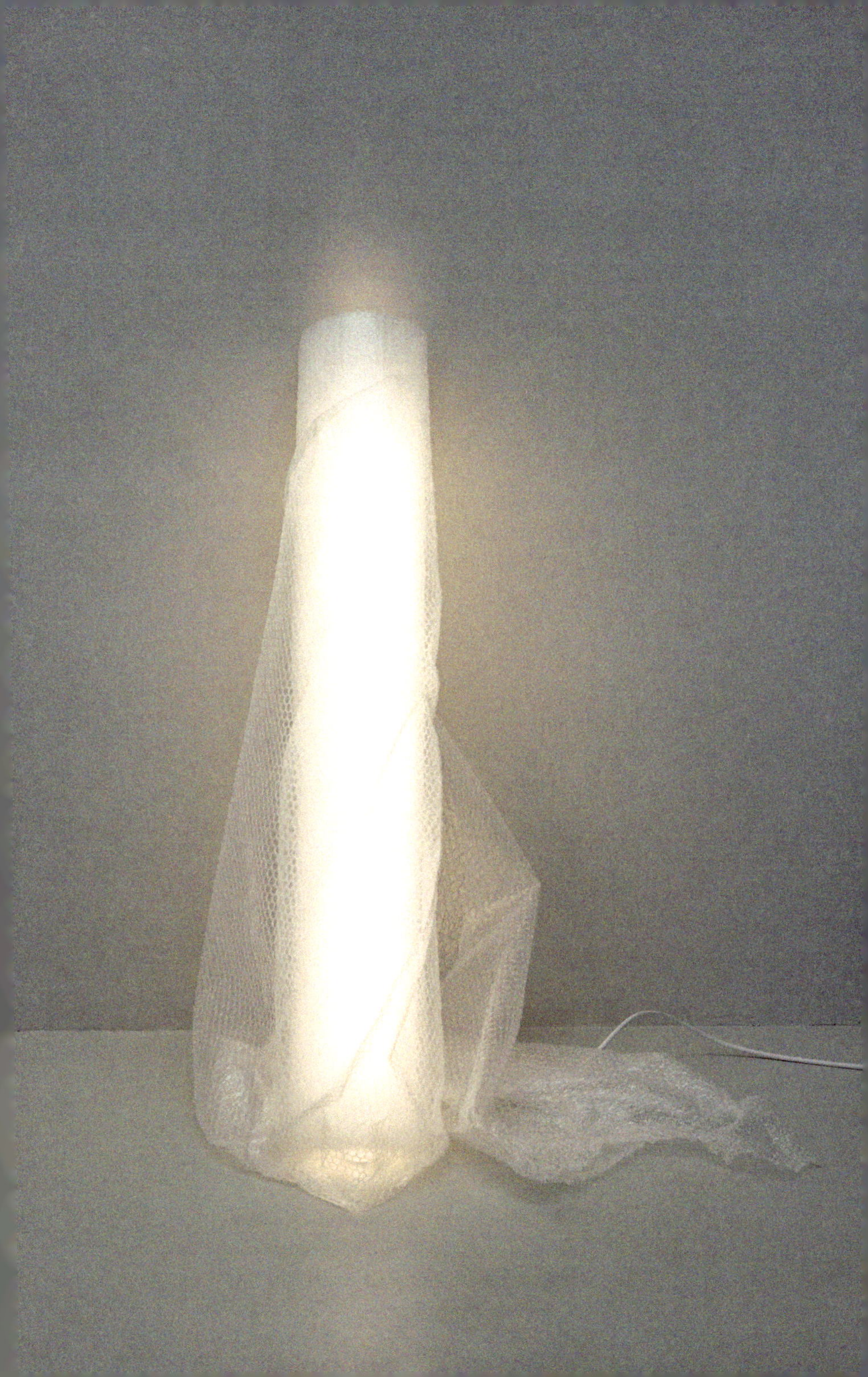

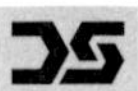

Confident Led V, 2025

Un corpo luminoso, con un tubo LED acceso all'interno di un cilindro trasparente in plexiglass, è orientato in verticale e avvolto da un velo di pluriball. La luce calda filtra attraverso la trama plastica, creando un effetto morbido e ovattato. Il cavo elettrico emerge dalla base, mentre il rivestimento introduce una tensione tra protezione e fragilità. L'insieme suggerisce un equilibrio tra luce, forma e materia, trasformando un oggetto funzionale in una presenza eterea.

A luminous body, with a lit LED tube inside a transparent plexiglass cylinder, is positioned vertically and wrapped in a layer of bubble wrap. The warm light filters through the plastic texture, creating a soft and muffled effect. The electric cable emerges from the base, while the wrapping introduces a tension between protection and fragility. The ensemble suggests a balance between light, form, and material, transforming a functional object into an ethereal presence.

Codice	Code	DS.LL.03.02

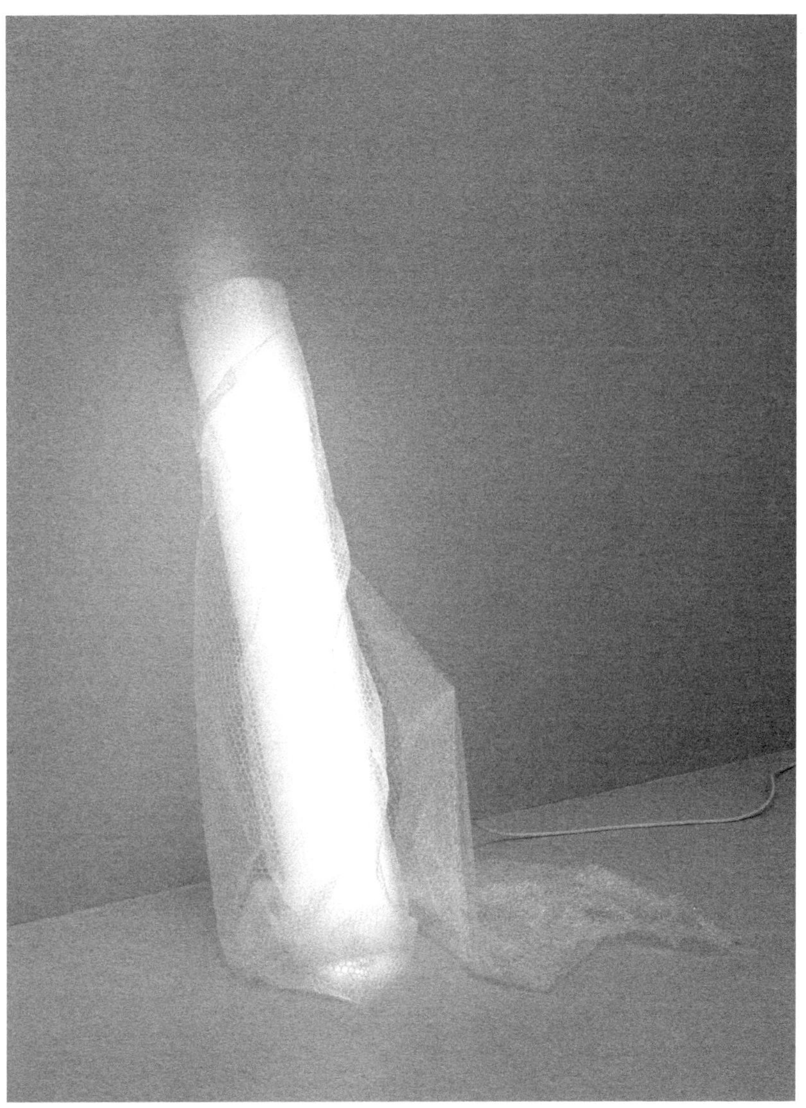

Anno	Years	2025
Dimensioni	Dimensions	39 × 50 × 87 cm
Materiali	Materials	Tubo a LED, pluriball, cavo, spina elettrica
		LED tube, pluriball, cable, electric plug
Peso	Weight	3 kg
Altre info	Other info	/

DS.LL.04.01

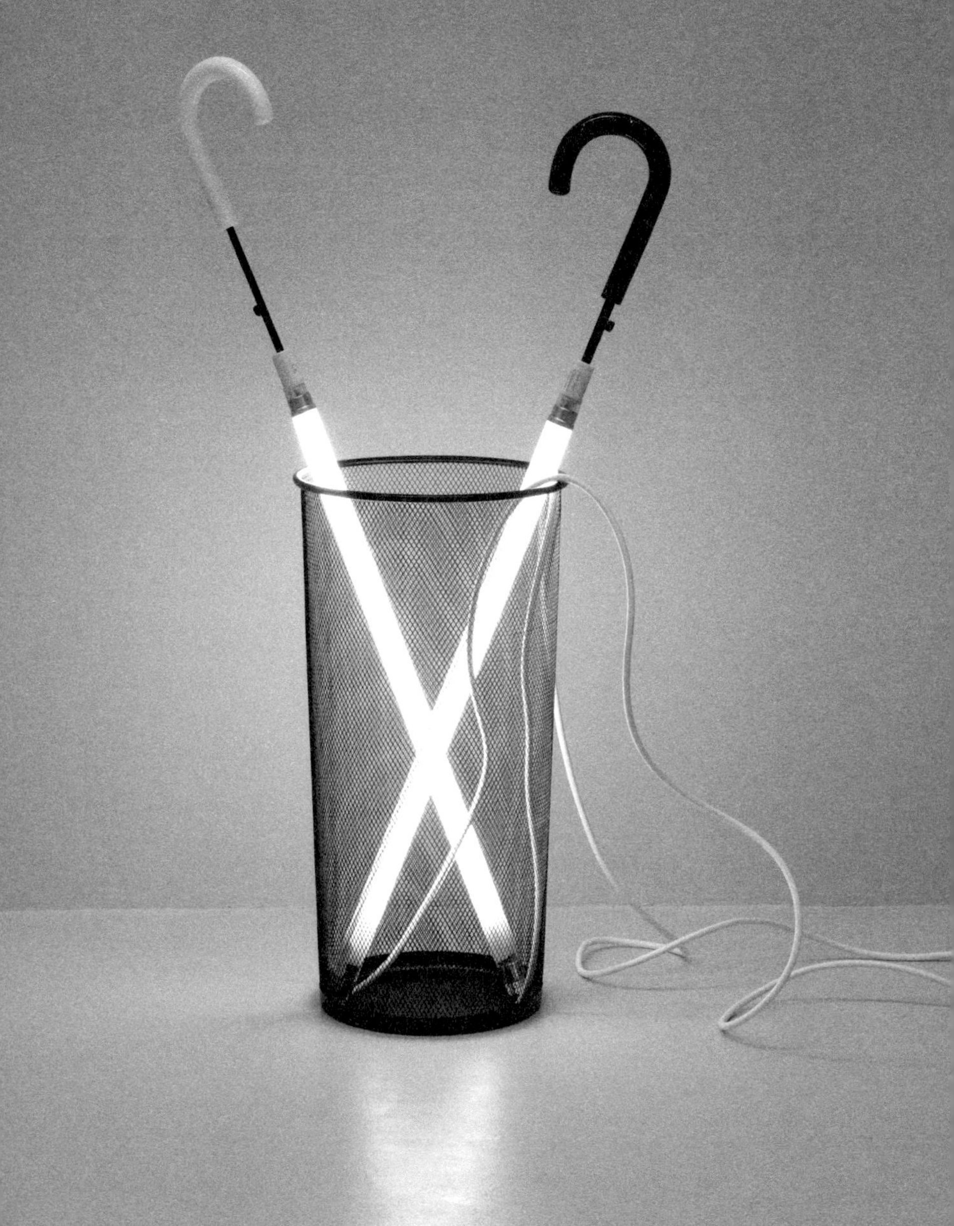

Neonbrellas, 2024

Due corpi luminosi si incrociano all'interno di un contenitore traforato, simile a un portombrelli. Le impugnature ricurve, una bianca e una marrone, emergono con discrezione, evocando forme familiari e gesti quotidiani. I tubi LED accesi si prolungano verso l'alto, disegnando una "X" di luce fredda e precisa, mentre la maglia metallica del contenitore attenua e frammenta il bagliore. Il cavo elettrico si srotola verso l'esterno, radicando la composizione nello spazio. Il contrasto tra la rigidità delle linee e la morbidezza della luce crea una tensione silenziosa tra protezione ed esposizione, tra oggetto funzionale e presenza scenica.

Two luminous bodies intersect within a perforated container, resembling an umbrella stand. The curved handles—one white, one brown—emerge subtly, evoking familiar shapes and everyday gestures. The lit LED tubes extend upward, drawing an "X" of cold and precise light, while the metal mesh of the container softens and fragments the glow. The electric cable uncoils outward, grounding the composition in the space. The contrast between the rigidity of the lines and the softness of the light creates a silent tension between protection and exposure, between functional object and stage presence.

Codice	Code	DS.LL.04.01

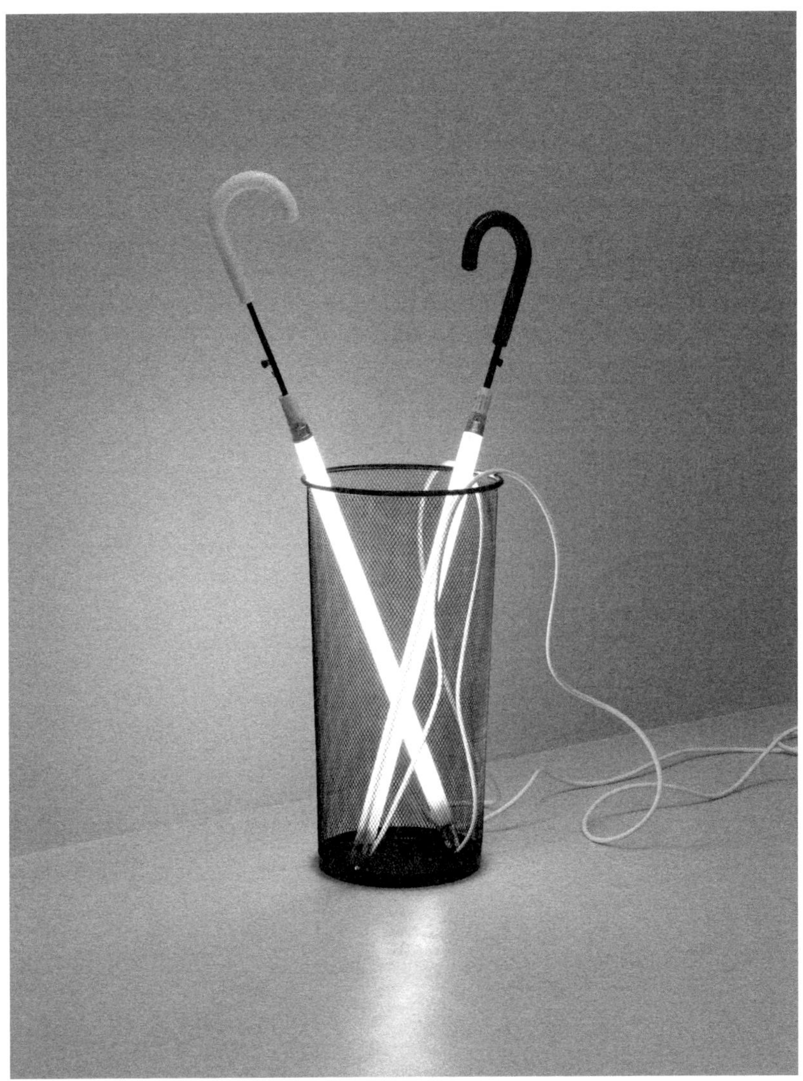

Anno	Years	2024
Dimensioni	Dimensions	84 × 50 × 26.5 cm
Materiali	Materials	Portaombrello in metallo, manici ombrelli in plastica, tubi LED, cavi, prese elettriche / Metal umbrella stand, plastic umbrella handles, LED tubes, cables, electrical plugs
Peso	Weight	3.5 kg
Altre info	Other info	/

DS.LL.05.01

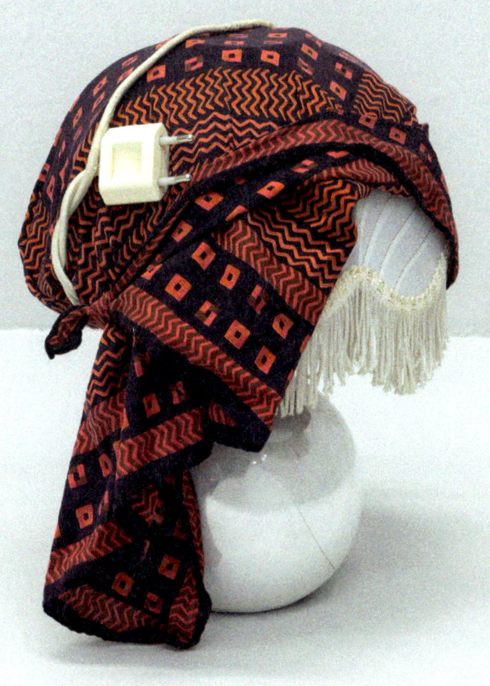

16/01/22#1, 2022

Un'abat-jour di recupero si trasfigura sotto la presenza di un foulard, anch'esso di recupero e tinto di rosso. La base della lampada sorregge una forma imprecisa, quasi organica, nascosta sotto la stoffa annodata. Il tessuto avvolge il corpo dell'oggetto con gesti stretti, evocando un senso di custodia e trasformazione. Il filo elettrico, invece di servire la funzione, si attorciglia insieme al foulard. Presa e interruttore affiorano come dettagli dimenticati, segnando l'inutilizzabilità dell'oggetto: reso inservibile proprio da ciò che lo protegge. L'insieme suggerisce un equilibrio tra funzione e finzione, tra cura e sabotaggio.

A found abat-jour is transformed by the presence of a foulard, also salvaged and dyed red. The lamp base supports an indistinct, almost organic shape hidden beneath the knotted fabric. The cloth wraps the body of the object with tight gestures, evoking a sense of protection and transformation. The electrical wire, instead of serving its function, twists together with the foulard. The plug and switch emerge as forgotten details, marking the object's unusability: rendered useless precisely by what protects it. The whole suggests a balance between function and fiction, care and sabotage.

Codice	Code	DS.LL.05.01

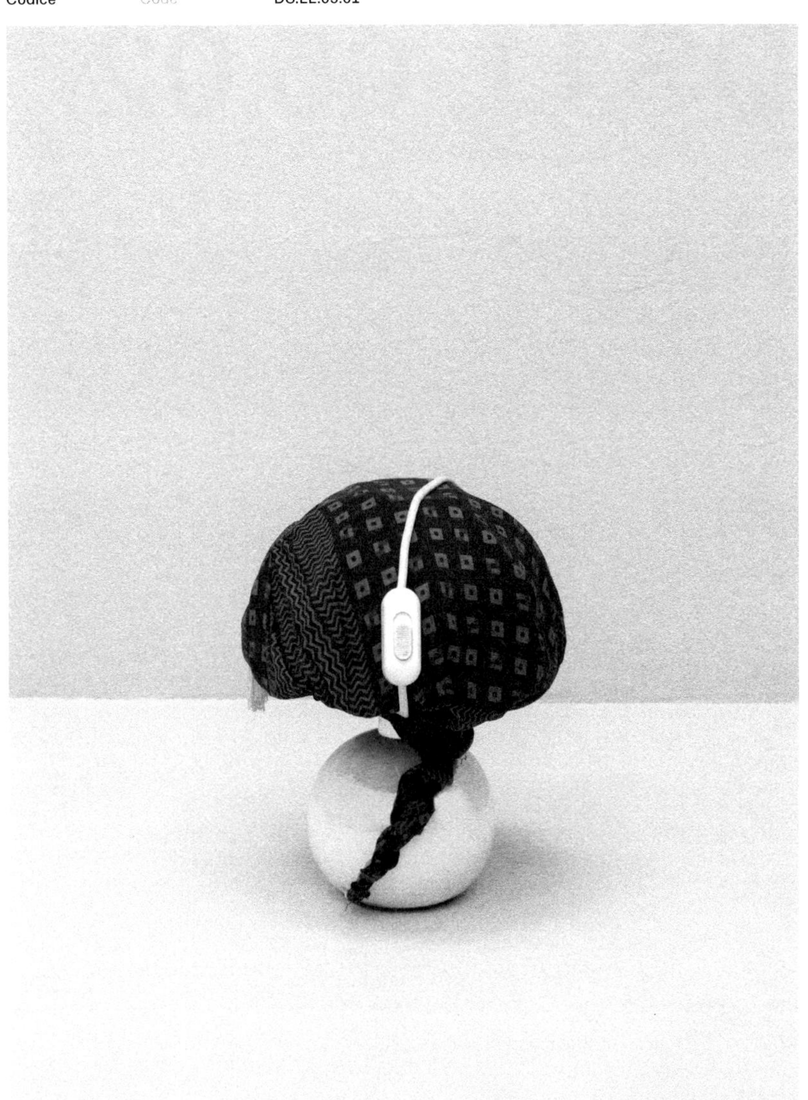

Anno	Years	2022
Dimensioni	Dimensions	29 × 25 × 25 cm
Materiali	Materials	Lampada di recupero, foulard tinto di recupero
		Found lamp, dyed found foulard
Peso	Weight	2.3 kg
Altre info	Other info	/

DS.LL.05.02

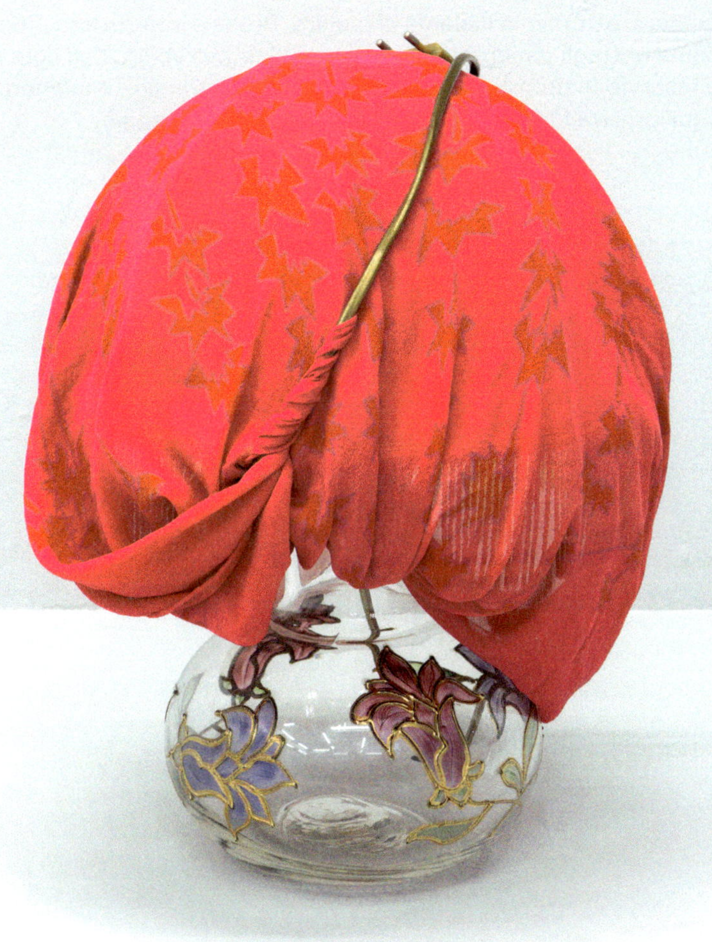

16/01/22#2, 2022

Un'abat-jour di recupero si trasfigura sotto la presenza di un foulard, anch'esso di recupero e tinto di rosso. La base della lampada sorregge una forma imprecisa, quasi organica, nascosta sotto la stoffa annodata. Il tessuto avvolge il corpo dell'oggetto con gesti stretti, evocando un senso di custodia e trasformazione. Il filo elettrico, invece di servire la funzione, si attorciglia insieme al foulard. Presa e interruttore affiorano come dettagli dimenticati, segnando l'inutilizzabilità dell'oggetto: reso inservibile proprio da ciò che lo protegge. L'insieme suggerisce un equilibrio tra funzione e finzione, tra cura e sabotaggio.

A found abat-jour is transformed by the presence of a foulard, also salvaged and dyed red. The lamp base supports an indistinct, almost organic shape hidden beneath the knotted fabric. The cloth wraps the body of the object with tight gestures, evoking a sense of protection and transformation. The electrical wire, instead of serving its function, twists together with the foulard. The plug and switch emerge as forgotten details, marking the object's unusability: rendered useless precisely by what protects it. The whole suggests a balance between function and fiction, care and sabotage.

Codice	Code	DS.LL.05.02

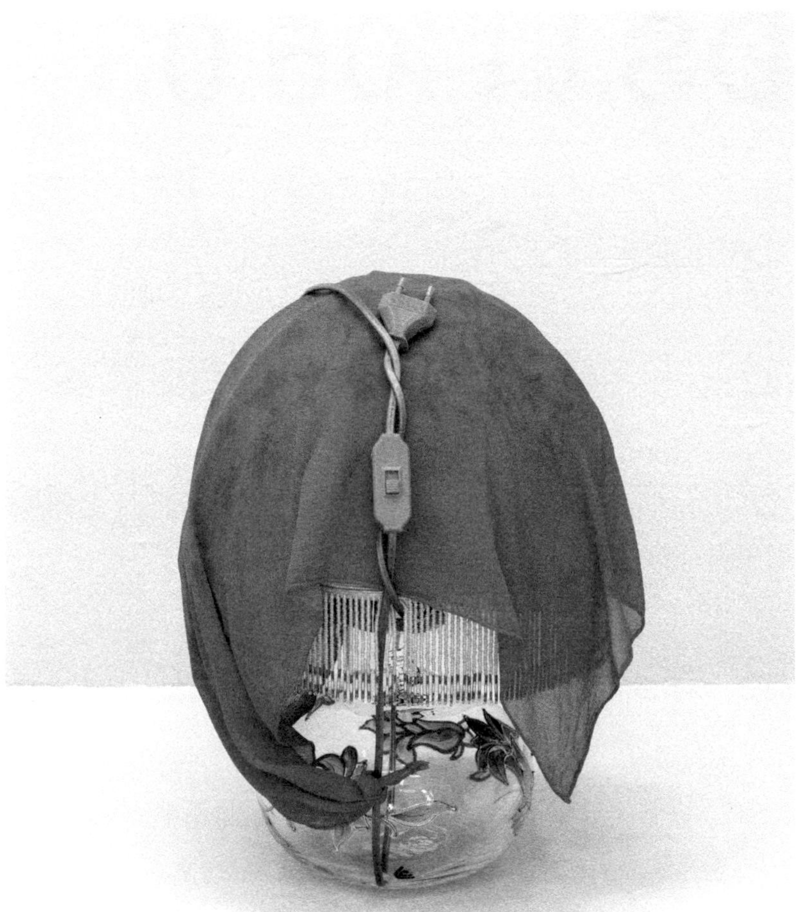

Anno	Years	2022
Dimensioni	Dimensions	42 × 32 × 32 cm
Materiali	Materials	Lampada di recupero, foulard tinto di recupero
		Found lamp, dyed found foulard
Peso	Weight	3.3 kg
Altre info	Other info	/

DS.LL.05.03

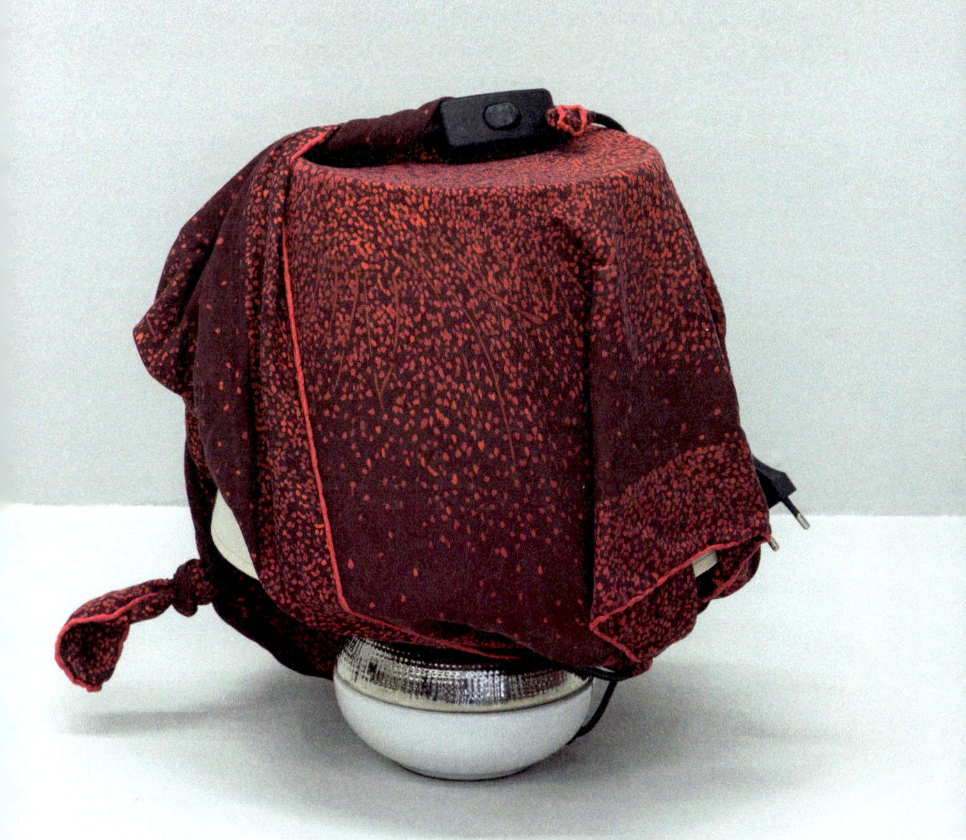

16/01/22#3, 2022

Un'abat-jour di recupero si trasfigura sotto la presenza di un foulard, anch'esso di recupero e tinto di rosso. La base della lampada sorregge una forma imprecisa, quasi organica, nascosta sotto la stoffa annodata. Il tessuto avvolge il corpo dell'oggetto con gesti stretti, evocando un senso di custodia e trasformazione. Il filo elettrico, invece di servire la funzione, si attorciglia insieme al foulard. Presa e interruttore affiorano come dettagli dimenticati, segnando l'inutilizzabilità dell'oggetto: reso inservibile proprio da ciò che lo protegge. L'insieme suggerisce un equilibrio tra funzione e finzione, tra cura e sabotaggio.

A found abat-jour is transformed by the presence of a foulard, also salvaged and dyed red. The lamp base supports an indistinct, almost organic shape hidden beneath the knotted fabric. The cloth wraps the body of the object with tight gestures, evoking a sense of protection and transformation. The electrical wire, instead of serving its function, twists together with the foulard. The plug and switch emerge as forgotten details, marking the object's unusability: rendered useless precisely by what protects it. The whole suggests a balance between function and fiction, care and sabotage.

Codice	Code	DS.LL.05.03

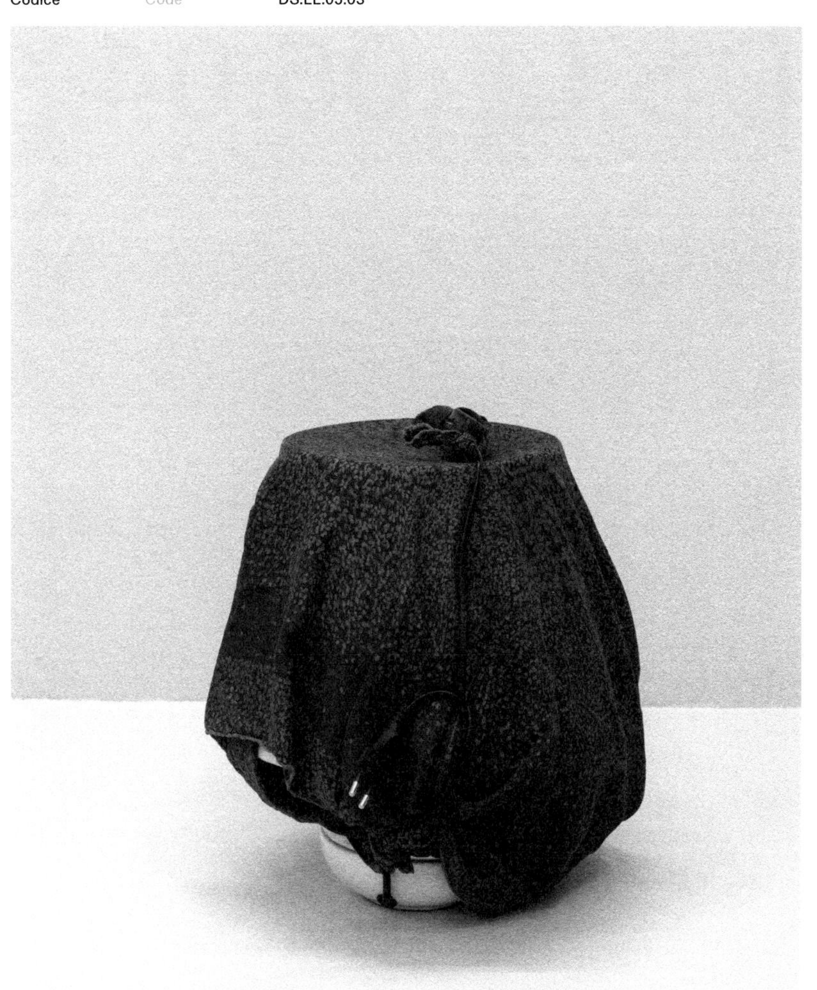

Anno	Years	2022
Dimensioni	Dimensions	32 × 29 × 29 cm
Materiali	Materials	Lampada di recupero, foulard tinto di recupero
		Found lamp, dyed found foulard
Peso	Weight	2.4 kg
Altre info	Other info	/

DS.LL.05.04

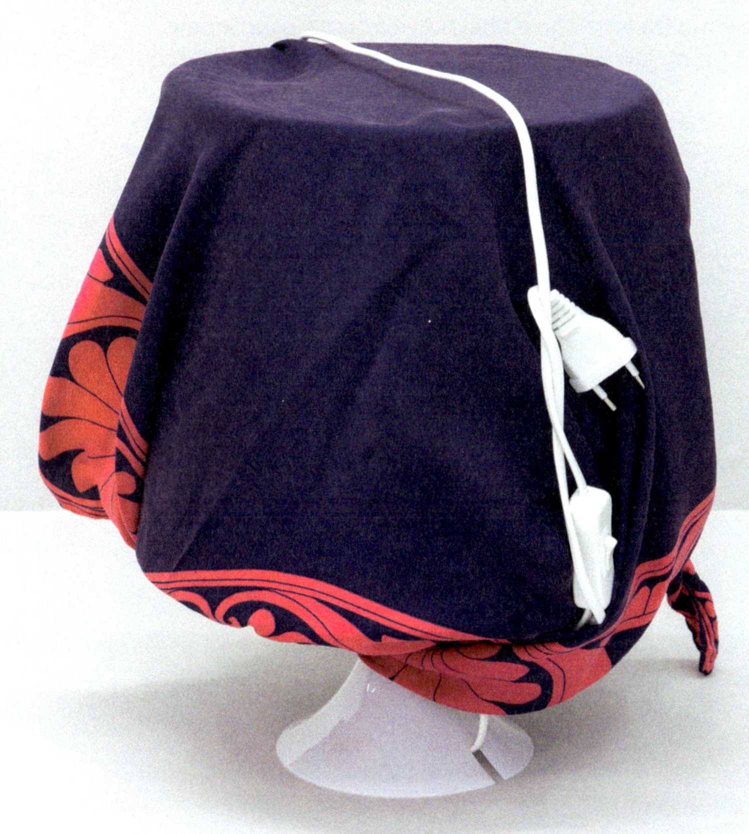

16/01/22#4, 2022

Un'abat-jour di recupero si trasfigura sotto la presenza di un foulard, anch'esso di recupero e tinto di rosso. La base della lampada sorregge una forma imprecisa, quasi organica, nascosta sotto la stoffa annodata. Il tessuto avvolge il corpo dell'oggetto con gesti stretti, evocando un senso di custodia e trasformazione. Il filo elettrico, invece di servire la funzione, si attorciglia insieme al foulard. Presa e interruttore affiorano come dettagli dimenticati, segnando l'inutilizzabilità dell'oggetto: reso inservibile proprio da ciò che lo protegge. L'insieme suggerisce un equilibrio tra funzione e finzione, tra cura e sabotaggio.

A found abat-jour is transformed by the presence of a foulard, also salvaged and dyed red. The lamp base supports an indistinct, almost organic shape hidden beneath the knotted fabric. The cloth wraps the body of the object with tight gestures, evoking a sense of protection and transformation. The electrical wire, instead of serving its function, twists together with the foulard. The plug and switch emerge as forgotten details, marking the object's unusability: rendered useless precisely by what protects it. The whole suggests a balance between function and fiction, care and sabotage.

Codice	Code	DS.LL.05.04

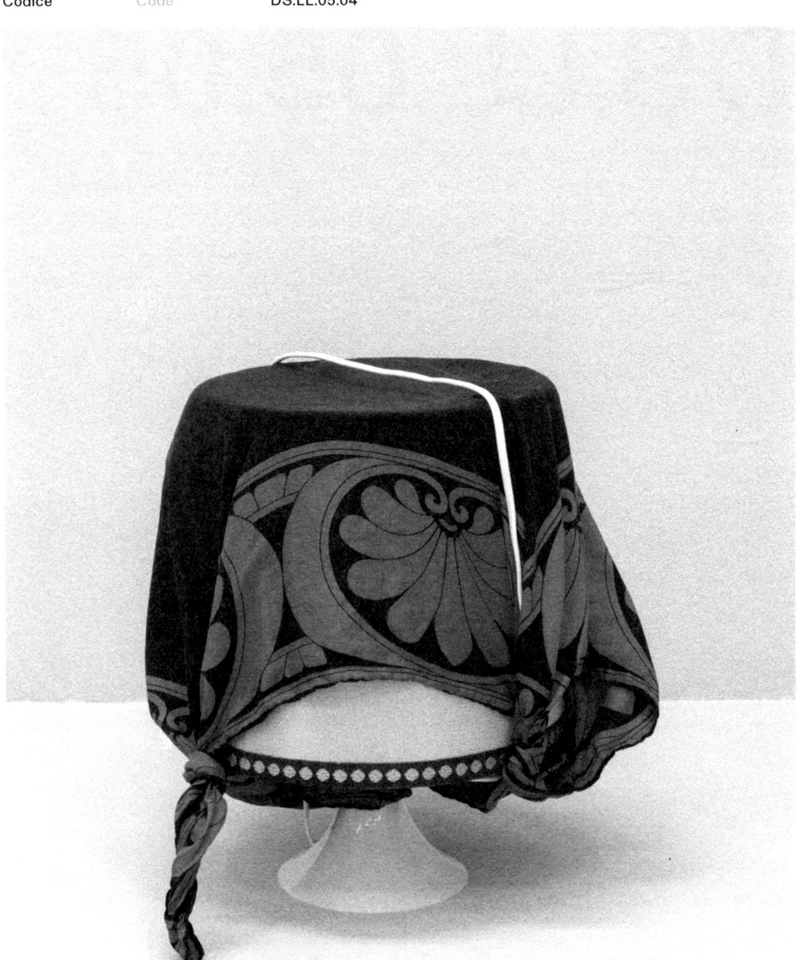

Anno	Years	2022
Dimensioni	Dimensions	34 × 26 × 26 cm
Materiali	Materials	Lampada di recupero, foulard tinto di recupero
		Found lamp, dyed found foulard
Peso	Weight	2.6 kg
Altre info	Other info	/

DS.LL.05.05

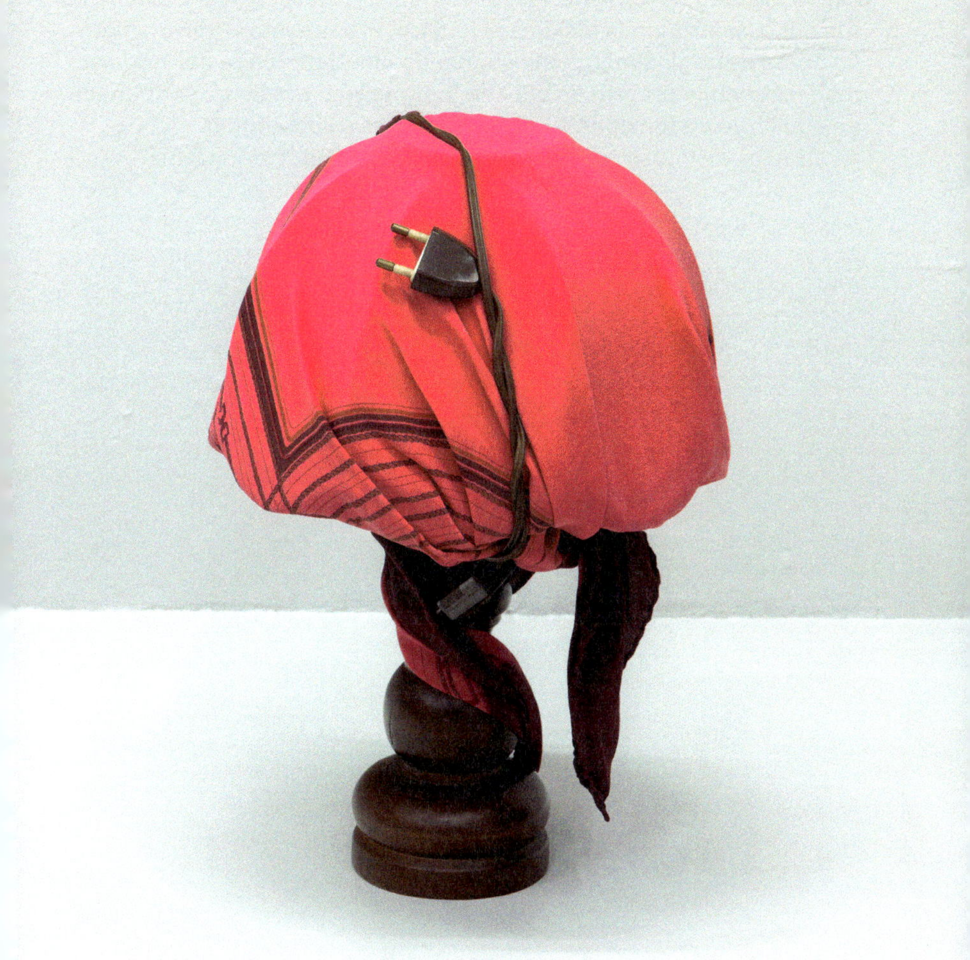

16/01/22#5, 2022

Un'abat-jour di recupero si trasfigura sotto la presenza di un foulard, anch'esso di recupero e tinto di rosso. La base della lampada sorregge una forma imprecisa, quasi organica, nascosta sotto la stoffa annodata. Il tessuto avvolge il corpo dell'oggetto con gesti stretti, evocando un senso di custodia e trasformazione. Il filo elettrico, invece di servire la funzione, si attorciglia insieme al foulard. Presa e interruttore affiorano come dettagli dimenticati, segnando l'inutilizzabilità dell'oggetto: reso inservibile proprio da ciò che lo protegge. L'insieme suggerisce un equilibrio tra funzione e finzione, tra cura e sabotaggio.

A found abat-jour is transformed by the presence of a foulard, also salvaged and dyed red. The lamp base supports an indistinct, almost organic shape hidden beneath the knotted fabric. The cloth wraps the body of the object with tight gestures, evoking a sense of protection and transformation. The electrical wire, instead of serving its function, twists together with the foulard. The plug and switch emerge as forgotten details, marking the object's unusability: rendered useless precisely by what protects it. The whole suggests a balance between function and fiction, care and sabotage.

Codice	Code	DS.LL.05.05

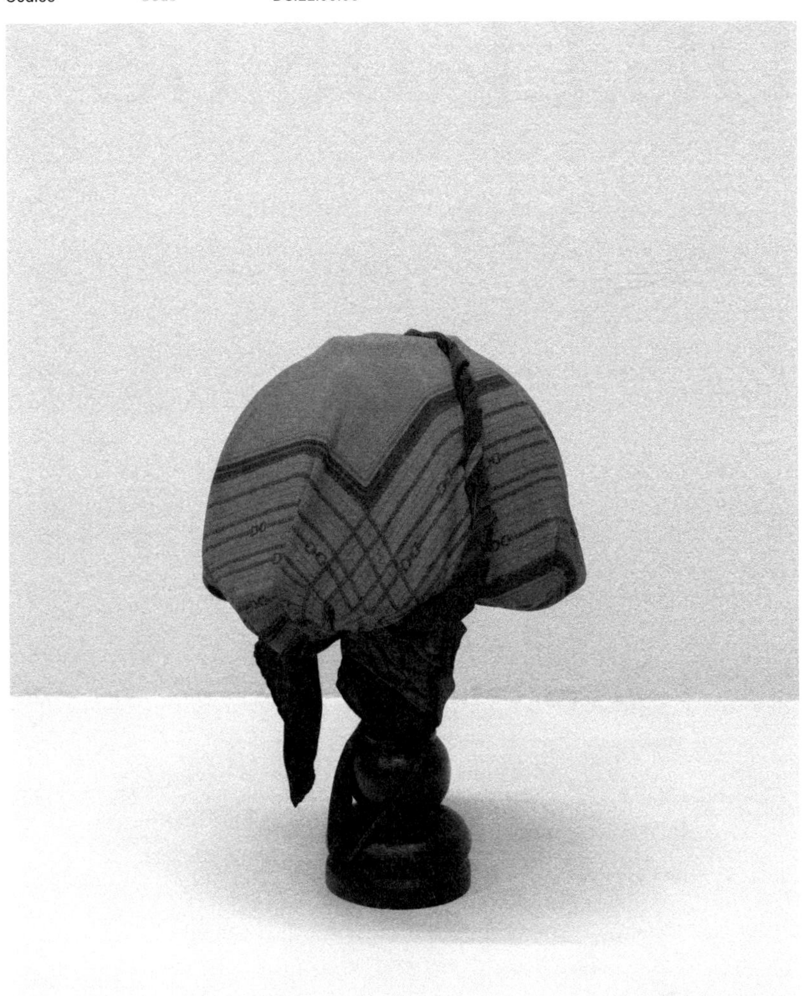

Anno	Years	2022
Dimensioni	Dimensions	37 × 26 × 26 cm
Materiali	Materials	Lampada di recupero, foulard tinto di recupero
		Found lamp, dyed found foulard
Peso	Weight	2.3 kg
Altre info	Other info	/

DS.LL.05.06

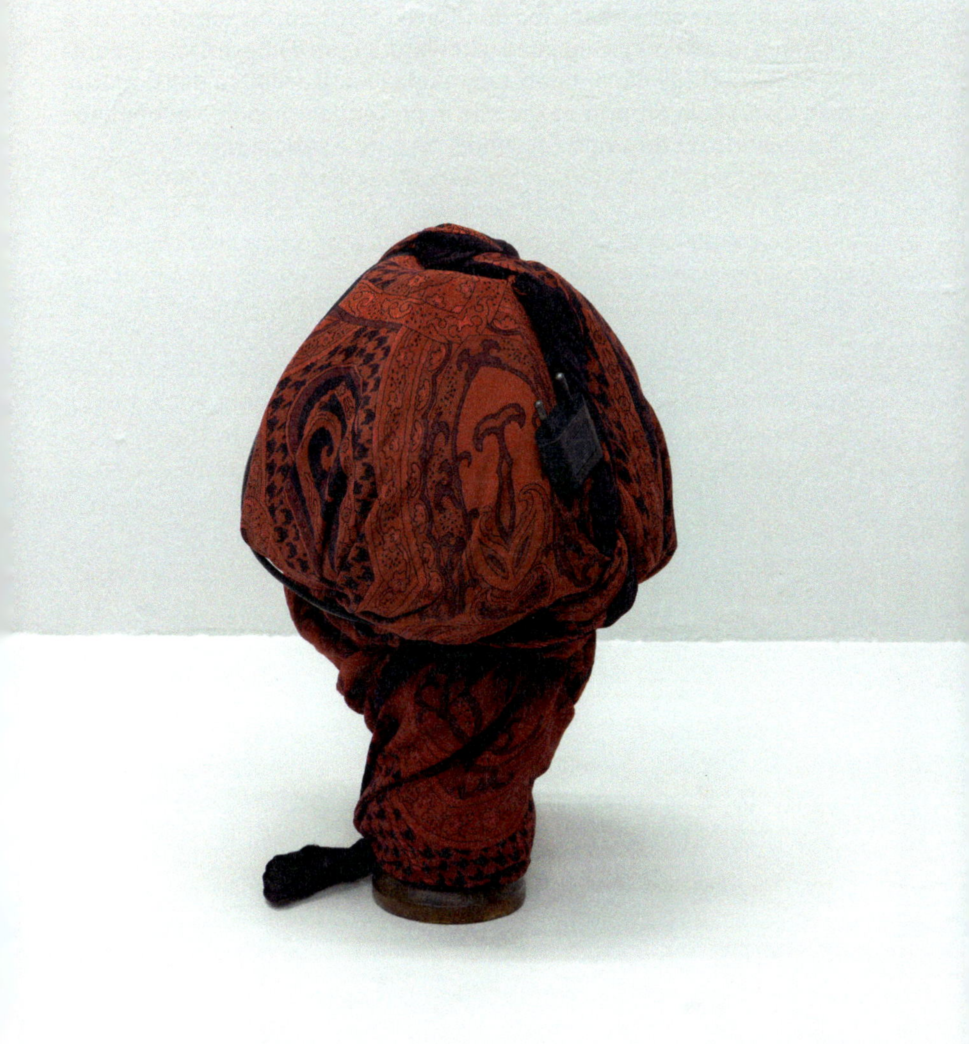

Un'abat-jour di recupero si trasfigura sotto la presenza di un foulard, anch'esso di recupero e tinto di rosso. La base della lampada sorregge una forma imprecisa, quasi organica, nascosta sotto la stoffa annodata. Il tessuto avvolge il corpo dell'oggetto con gesti stretti, evocando un senso di custodia e trasformazione. Il filo elettrico, invece di servire la funzione, si attorciglia insieme al foulard. Presa e interruttore affiorano come dettagli dimenticati, segnando l'inutilizzabilità dell'oggetto: reso inservibile proprio da ciò che lo protegge. L'insieme suggerisce un equilibrio tra funzione e finzione, tra cura e sabotaggio.

A found abat-jour is transformed by the presence of a foulard, also salvaged and dyed red. The lamp base supports an indistinct, almost organic shape hidden beneath the knotted fabric. The cloth wraps the body of the object with tight gestures, evoking a sense of protection and transformation. The electrical wire, instead of serving its function, twists together with the foulard. The plug and switch emerge as forgotten details, marking the object's unusability: rendered useless precisely by what protects it. The whole suggests a balance between function and fiction, care and sabotage.

Codice	Code	DS.LL.05.06

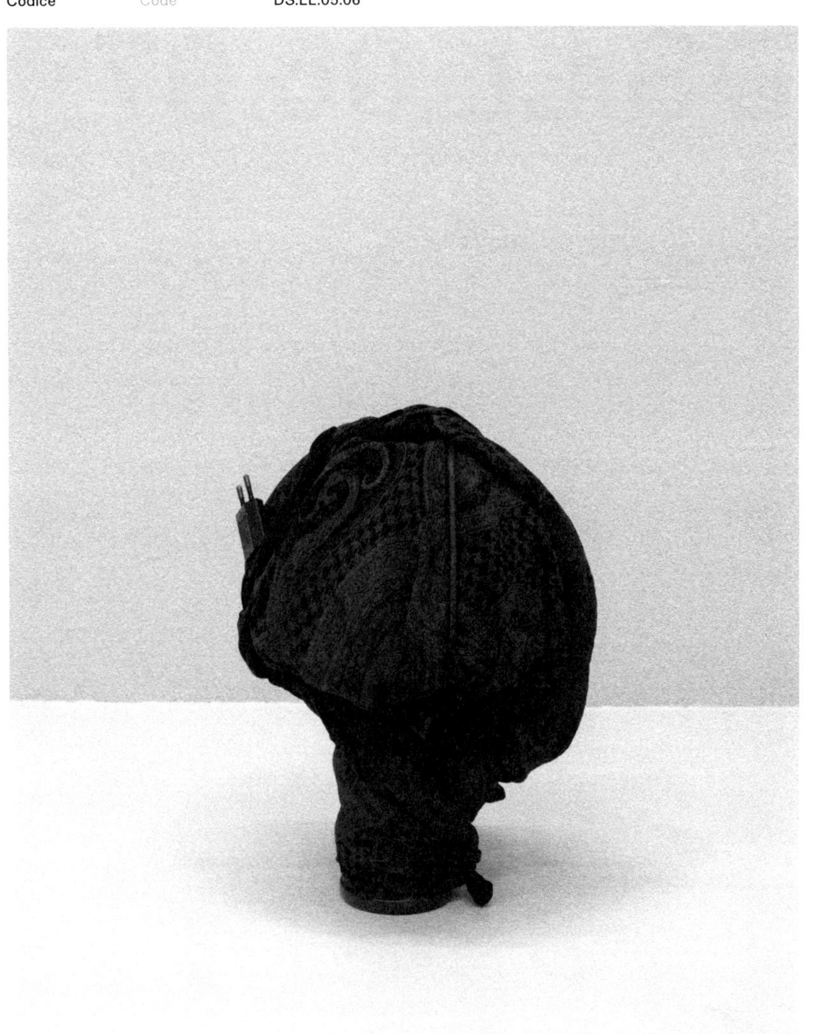

Anno	Years	2022
Dimensioni	Dimensions	33 × 19 × 19 cm
Materiali	Materials	Lampada di recupero, foulard tinto di recupero
		Found lamp, dyed found foulard
Peso	Weight	1.8 kg
Altre info	Other info	/

DS.LL.05.07

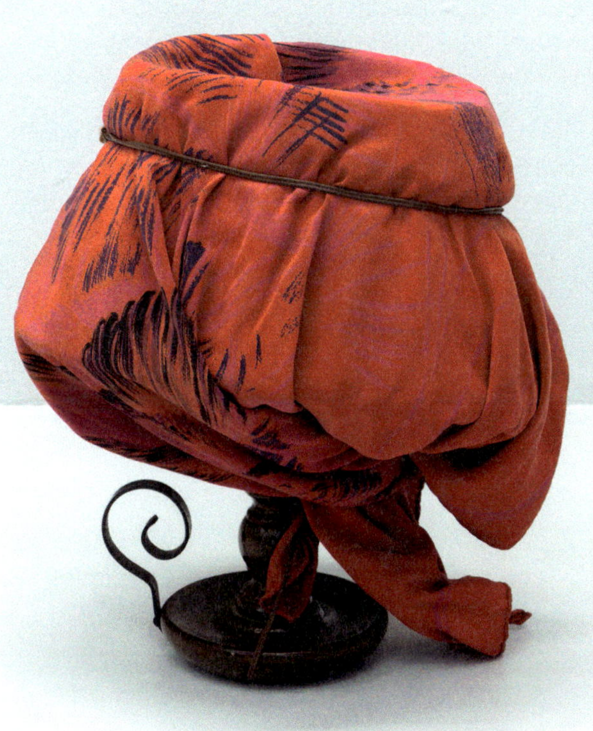

16/01/22#7, 2022

Un'abat-jour di recupero si trasfigura sotto la presenza di un foulard, anch'esso di recupero e tinto di rosso. La base della lampada sorregge una forma imprecisa, quasi organica, nascosta sotto la stoffa annodata. Il tessuto avvolge il corpo dell'oggetto con gesti stretti, evocando un senso di custodia e trasformazione. Il filo elettrico, invece di servire la funzione, si attorciglia insieme al foulard. Presa e interruttore affiorano come dettagli dimenticati, segnando l'inutilizzabilità dell'oggetto: reso inservibile proprio da ciò che lo protegge. L'insieme suggerisce un equilibrio tra funzione e finzione, tra cura e sabotaggio.

A found abat-jour is transformed by the presence of a foulard, also salvaged and dyed red. The lamp base supports an indistinct, almost organic shape hidden beneath the knotted fabric. The cloth wraps the body of the object with tight gestures, evoking a sense of protection and transformation. The electrical wire, instead of serving its function, twists together with the foulard. The plug and switch emerge as forgotten details, marking the object's unusability: rendered useless precisely by what protects it. The whole suggests a balance between function and fiction, care and sabotage.

Codice	Code	DS.LL.05.07

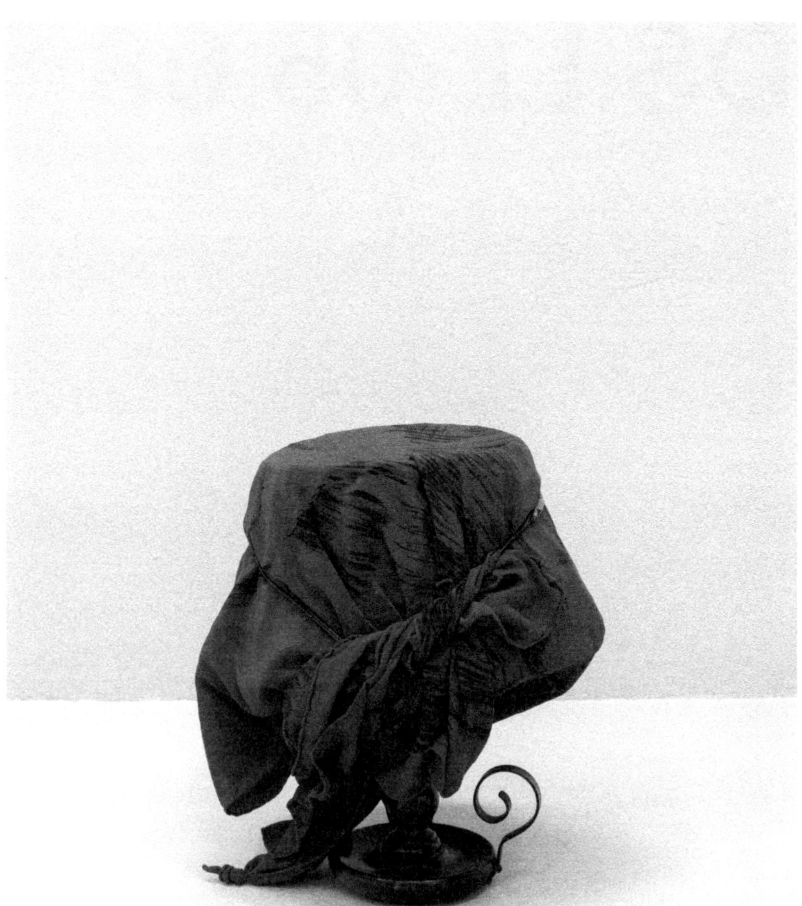

Anno	Years	2022
Dimensioni	Dimensions	30 × 28 × 28 cm
Materiali	Materials	Lampada di recupero, foulard tinto di recupero
		Found lamp, dyed found foulard
Peso	Weight	2.2 kg
Altre info	Other info	/

DS.LL.05.08

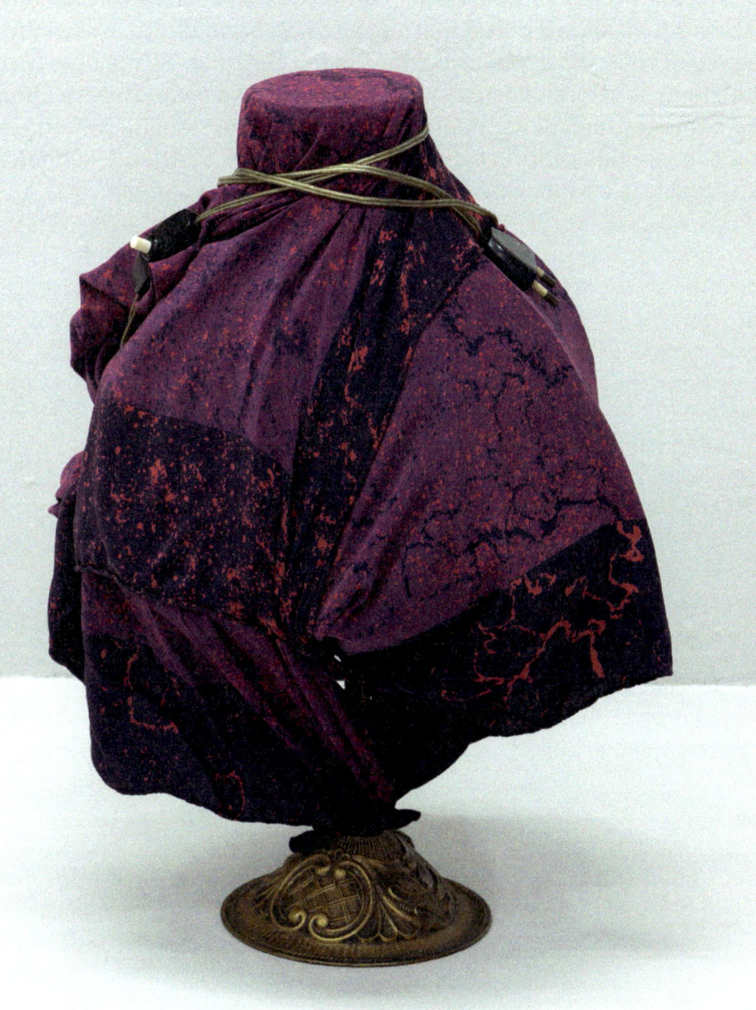

16/01/22#8, 2022

Un'abat-jour di recupero si trasfigura sotto la presenza di un foulard, anch'esso di recupero e tinto di rosso. La base della lampada sorregge una forma imprecisa, quasi organica, nascosta sotto la stoffa annodata. Il tessuto avvolge il corpo dell'oggetto con gesti stretti, evocando un senso di custodia e trasformazione. Il filo elettrico, invece di servire la funzione, si attorciglia insieme al foulard. Presa e interruttore affiorano come dettagli dimenticati, segnando l'inutilizzabilità dell'oggetto: reso inservibile proprio da ciò che lo protegge. L'insieme suggerisce un equilibrio tra funzione e finzione, tra cura e sabotaggio.

A found abat-jour is transformed by the presence of a foulard, also salvaged and dyed red. The lamp base supports an indistinct, almost organic shape hidden beneath the knotted fabric. The cloth wraps the body of the object with tight gestures, evoking a sense of protection and transformation. The electrical wire, instead of serving its function, twists together with the foulard. The plug and switch emerge as forgotten details, marking the object's unusability: rendered useless precisely by what protects it. The whole suggests a balance between function and fiction, care and sabotage.

Codice	Code	DS.LL.05.08

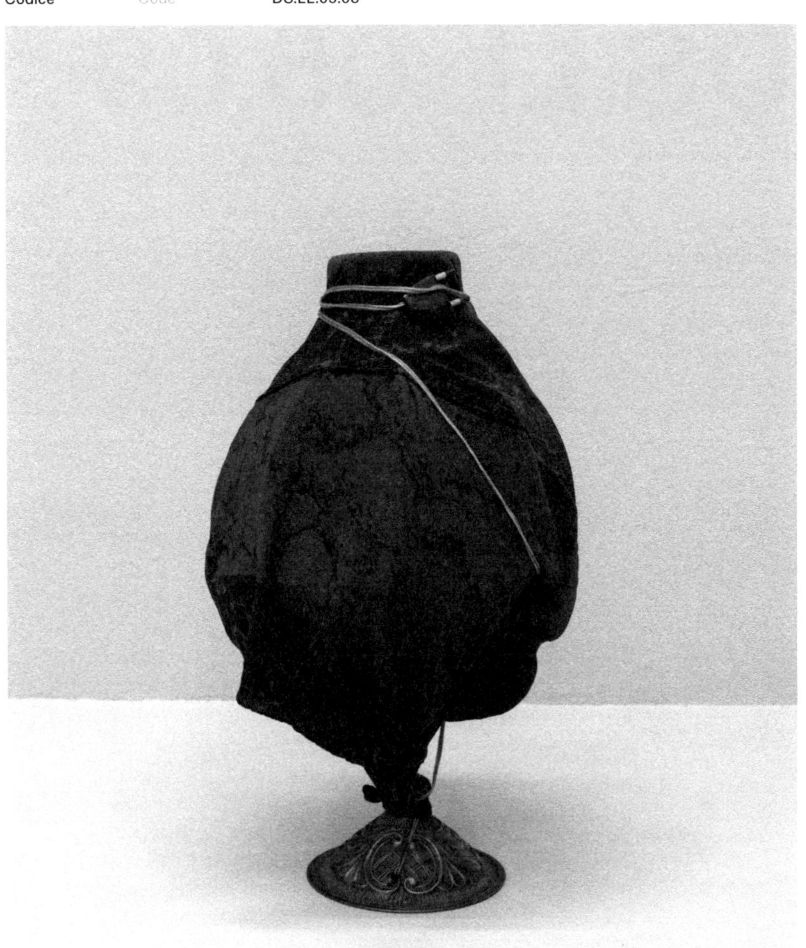

Anno	Years	2022
Dimensioni	Dimensions	44 × 32 × 32 cm
Materiali	Materials	Lampada di recupero, foulard tinto di recupero
		Found lamp, dyed found foulard
Peso	Weight	3 kg
Altre info	Other info	/

DS.LL.05.09

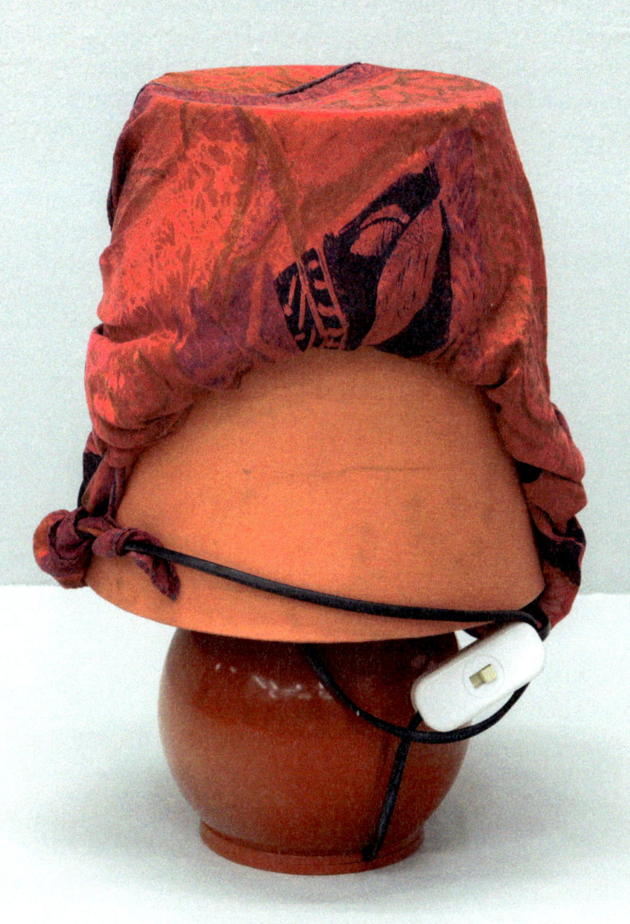

16/01/22#9, 2022

Un'abat-jour di recupero si trasfigura sotto la presenza di un foulard, anch'esso di recupero e tinto di rosso. La base della lampada sorregge una forma imprecisa, quasi organica, nascosta sotto la stoffa annodata. Il tessuto avvolge il corpo dell'oggetto con gesti stretti, evocando un senso di custodia e trasformazione. Il filo elettrico, invece di servire la funzione, si attorciglia insieme al foulard. Presa e interruttore affiorano come dettagli dimenticati, segnando l'inutilizzabilità dell'oggetto: reso inservibile proprio da ciò che lo protegge. L'insieme suggerisce un equilibrio tra funzione e finzione, tra cura e sabotaggio.

A found abat-jour is transformed by the presence of a foulard, also salvaged and dyed red. The lamp base supports an indistinct, almost organic shape hidden beneath the knotted fabric. The cloth wraps the body of the object with tight gestures, evoking a sense of protection and transformation. The electrical wire, instead of serving its function, twists together with the foulard. The plug and switch emerge as forgotten details, marking the object's unusability: rendered useless precisely by what protects it. The whole suggests a balance between function and fiction, care and sabotage.

Codice	Code	DS.LL.05.09

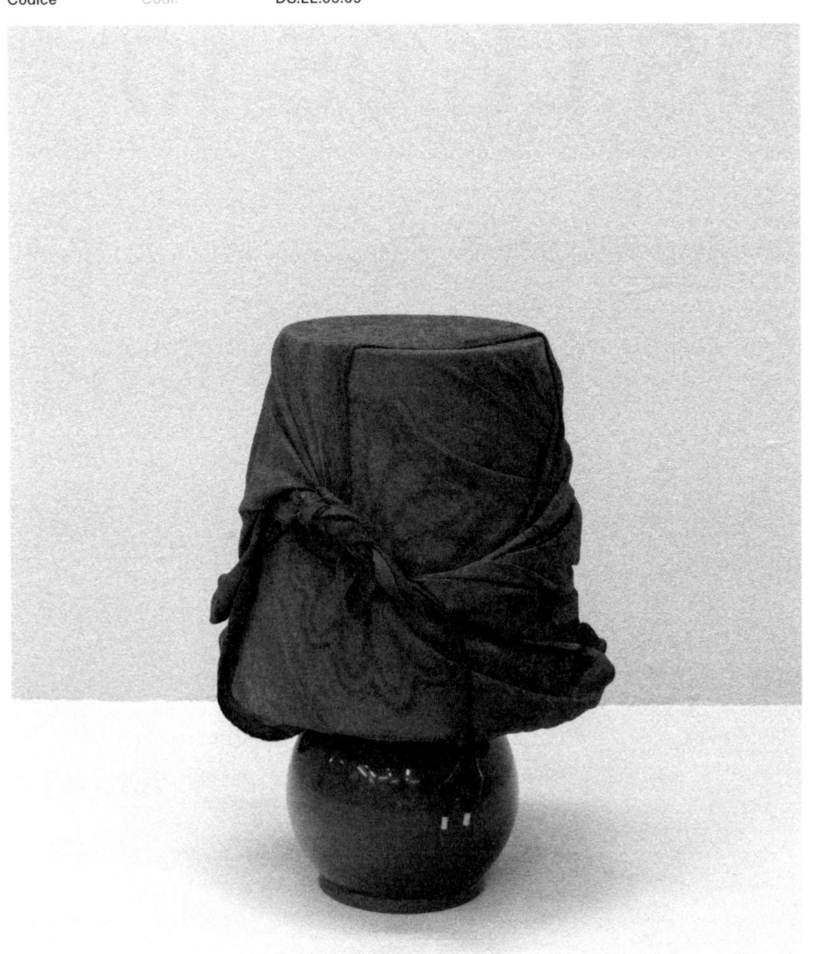

Anno	Years	2022
Dimensioni	Dimensions	37 × 22 × 22 cm
Materiali	Materials	Lampada di recupero, foulard tinto di recupero
		Found lamp, dyed found foulard
Peso	Weight	2.7 kg
Altre info	Other info	/

DS.LL.05.10

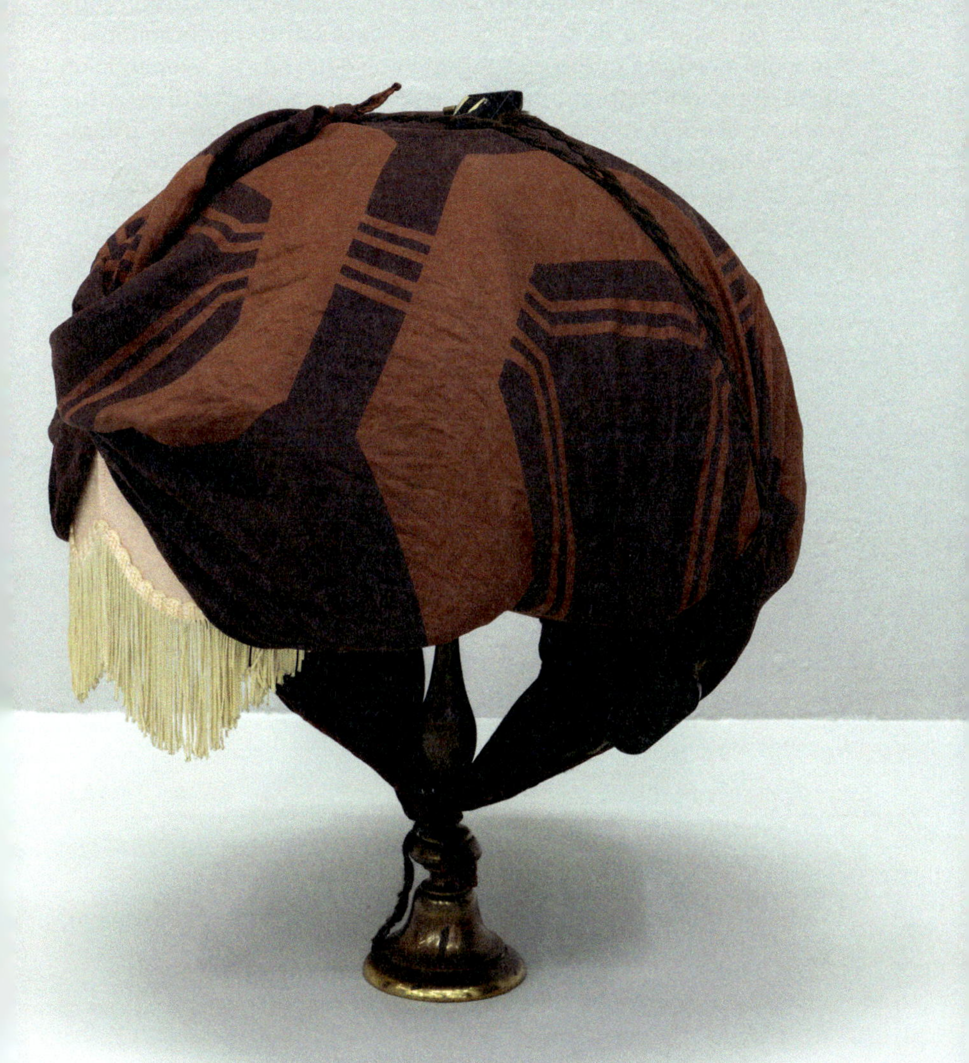

16/01/22#10, 2022

Un'abat-jour di recupero si trasfigura sotto la presenza di un foulard, anch'esso di recupero e tinto di rosso. La base della lampada sorregge una forma imprecisa, quasi organica, nascosta sotto la stoffa annodata. Il tessuto avvolge il corpo dell'oggetto con gesti stretti, evocando un senso di custodia e trasformazione. Il filo elettrico, invece di servire la funzione, si attorciglia insieme al foulard. Presa e interruttore affiorano come dettagli dimenticati, segnando l'inutilizzabilità dell'oggetto: reso inservibile proprio da ciò che lo protegge. L'insieme suggerisce un equilibrio tra funzione e finzione, tra cura e sabotaggio.

A found abat-jour is transformed by the presence of a foulard, also salvaged and dyed red. The lamp base supports an indistinct, almost organic shape hidden beneath the knotted fabric. The cloth wraps the body of the object with tight gestures, evoking a sense of protection and transformation. The electrical wire, instead of serving its function, twists together with the foulard. The plug and switch emerge as forgotten details, marking the object's unusability: rendered useless precisely by what protects it. The whole suggests a balance between function and fiction, care and sabotage.

Codice	Code	DS.LL.05.10

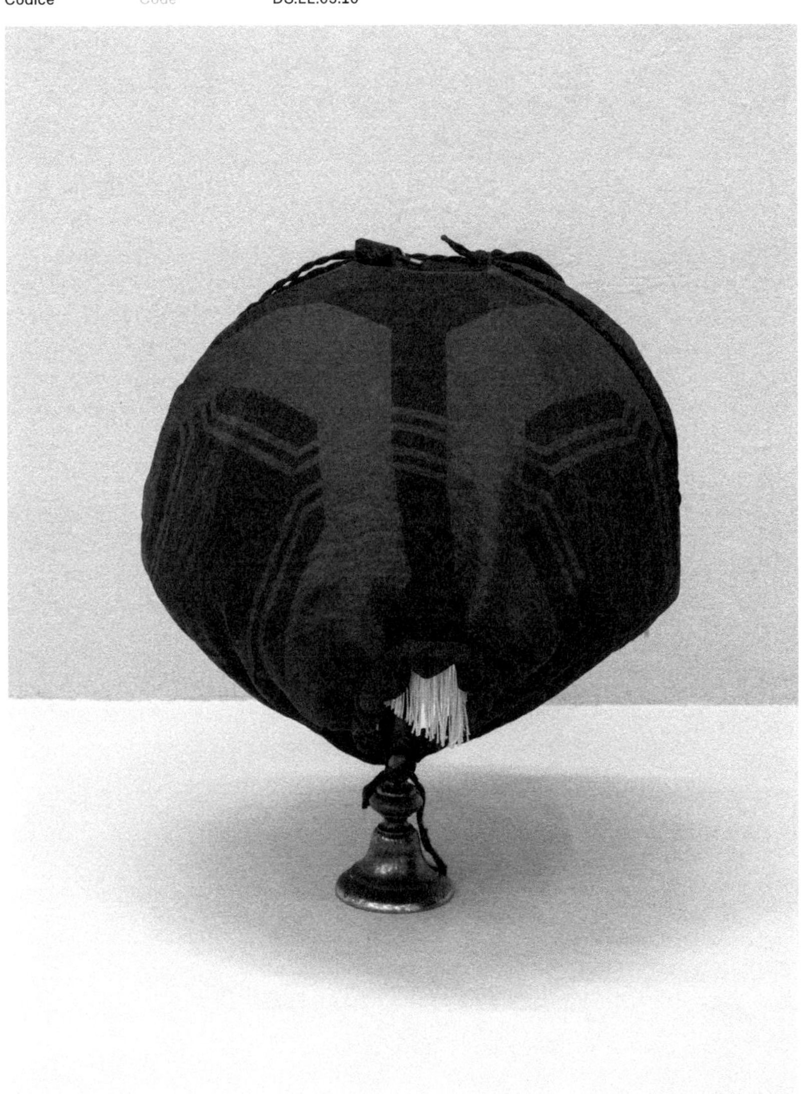

Anno	Years	2022
Dimensioni	Dimensions	42 × 42 × 42 cm
Materiali	Materials	Lampada di recupero, foulard tinto di recupero
		Found lamp, dyed found foulard
Peso	Weight	2.5 kg
Altre info	Other info	/

DS.LL.05.11

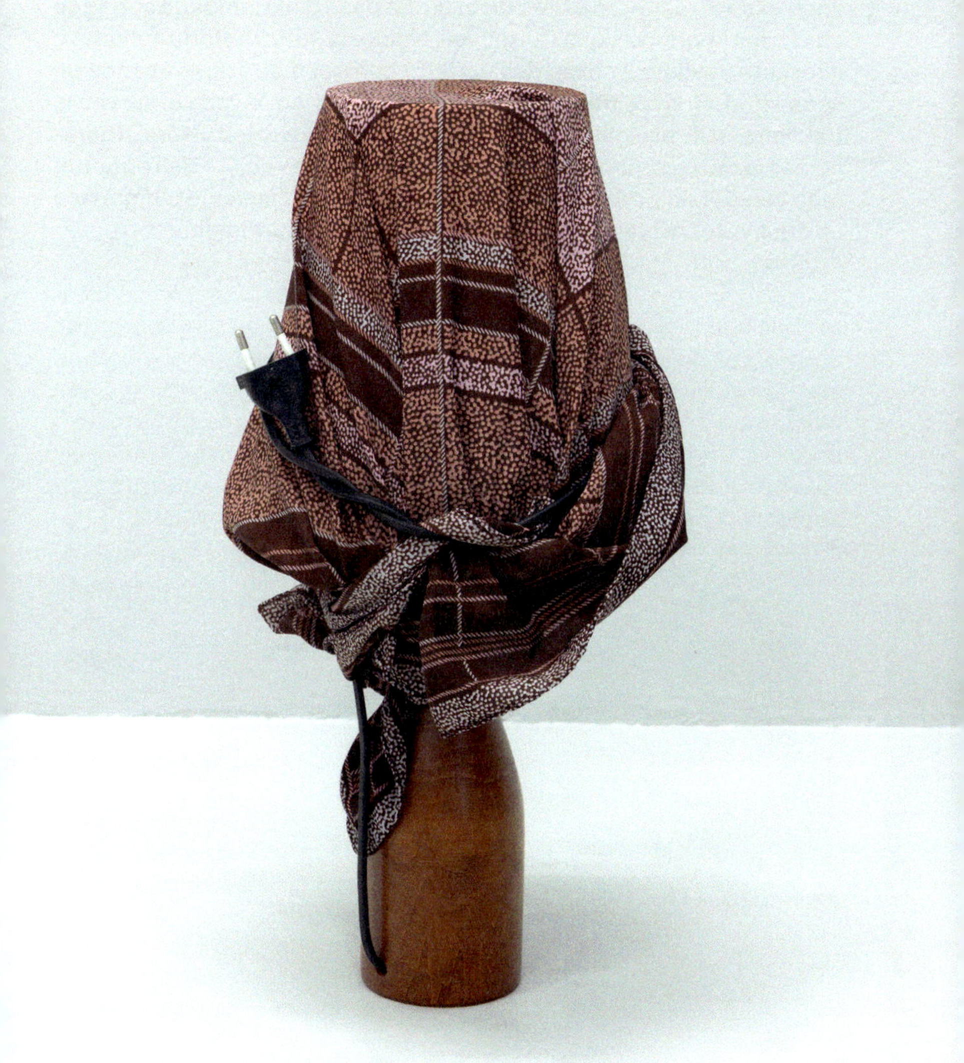

16/01/22#11, 2022

Un'abat-jour di recupero si trasfigura sotto la presenza di un foulard, anch'esso di recupero e tinto di rosso. La base della lampada sorregge una forma imprecisa, quasi organica, nascosta sotto la stoffa annodata. Il tessuto avvolge il corpo dell'oggetto con gesti stretti, evocando un senso di custodia e trasformazione. Il filo elettrico, invece di servire la funzione, si attorciglia insieme al foulard. Presa e interruttore affiorano come dettagli dimenticati, segnando l'inutilizzabilità dell'oggetto: reso inservibile proprio da ciò che lo protegge. L'insieme suggerisce un equilibrio tra funzione e finzione, tra cura e sabotaggio.

A found abat-jour is transformed by the presence of a foulard, also salvaged and dyed red. The lamp base supports an indistinct, almost organic shape hidden beneath the knotted fabric. The cloth wraps the body of the object with tight gestures, evoking a sense of protection and transformation. The electrical wire, instead of serving its function, twists together with the foulard. The plug and switch emerge as forgotten details, marking the object's unusability: rendered useless precisely by what protects it. The whole suggests a balance between function and fiction, care and sabotage.

<table>
<tr><td>Codice</td><td>Code</td><td>DS.LL.05.11</td></tr>
</table>

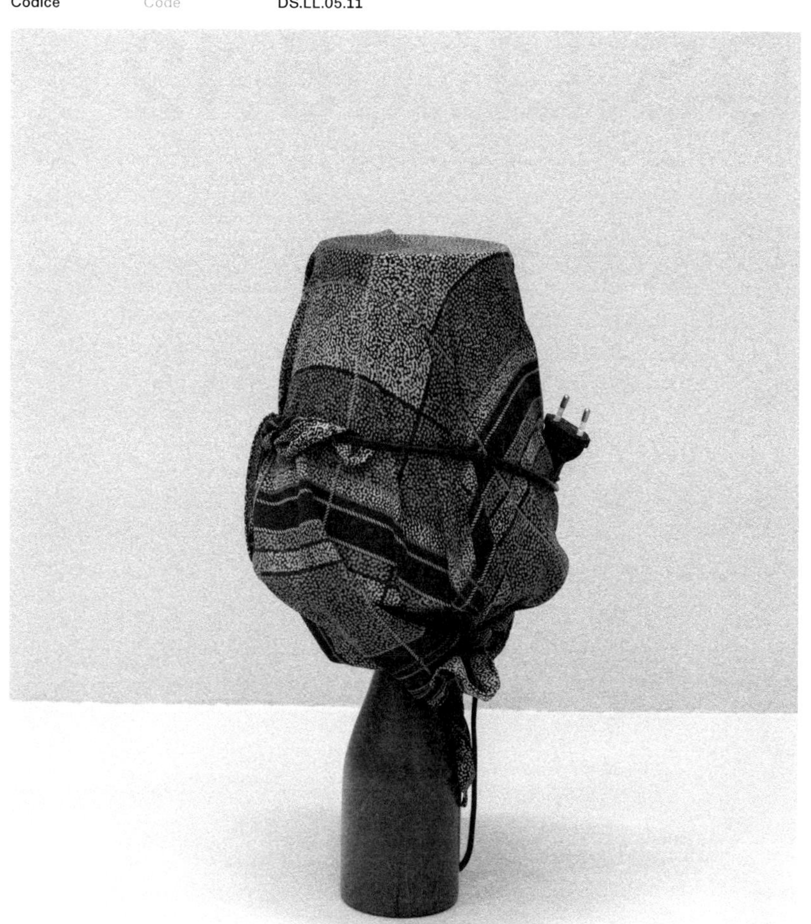

Anno	Years	2022
Dimensioni	Dimensions	43 × 22 × 22 cm
Materiali	Materials	Lampada di recupero, foulard tinto di recupero
		Found lamp, dyed found foulard
Peso	Weight	2.2 kg
Altre info	Other info	/

DS.LL.05.12

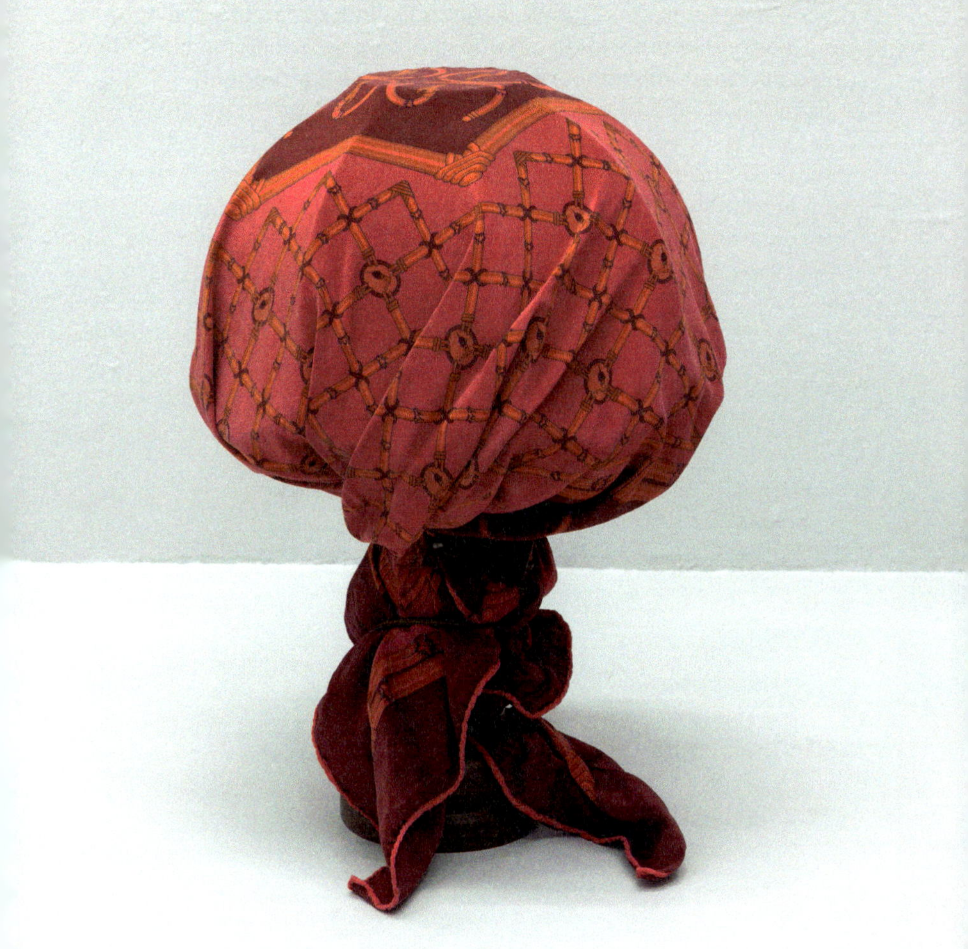

Un'abat-jour di recupero si trasfigura sotto la presenza di un foulard, anch'esso di recupero e tinto di rosso. La base della lampada sorregge una forma imprecisa, quasi organica, nascosta sotto la stoffa annodata. Il tessuto avvolge il corpo dell'oggetto con gesti stretti, evocando un senso di custodia e trasformazione. Il filo elettrico, invece di servire la funzione, si attorciglia insieme al foulard. Presa e interruttore affiorano come dettagli dimenticati, segnando l'inutilizzabilità dell'oggetto: reso inservibile proprio da ciò che lo protegge. L'insieme suggerisce un equilibrio tra funzione e finzione, tra cura e sabotaggio.

A found abat-jour is transformed by the presence of a foulard, also salvaged and dyed red. The lamp base supports an indistinct, almost organic shape hidden beneath the knotted fabric. The cloth wraps the body of the object with tight gestures, evoking a sense of protection and transformation. The electrical wire, instead of serving its function, twists together with the foulard. The plug and switch emerge as forgotten details, marking the object's unusability: rendered useless precisely by what protects it. The whole suggests a balance between function and fiction, care and sabotage.

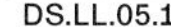

Codice	Code	DS.LL.05.12

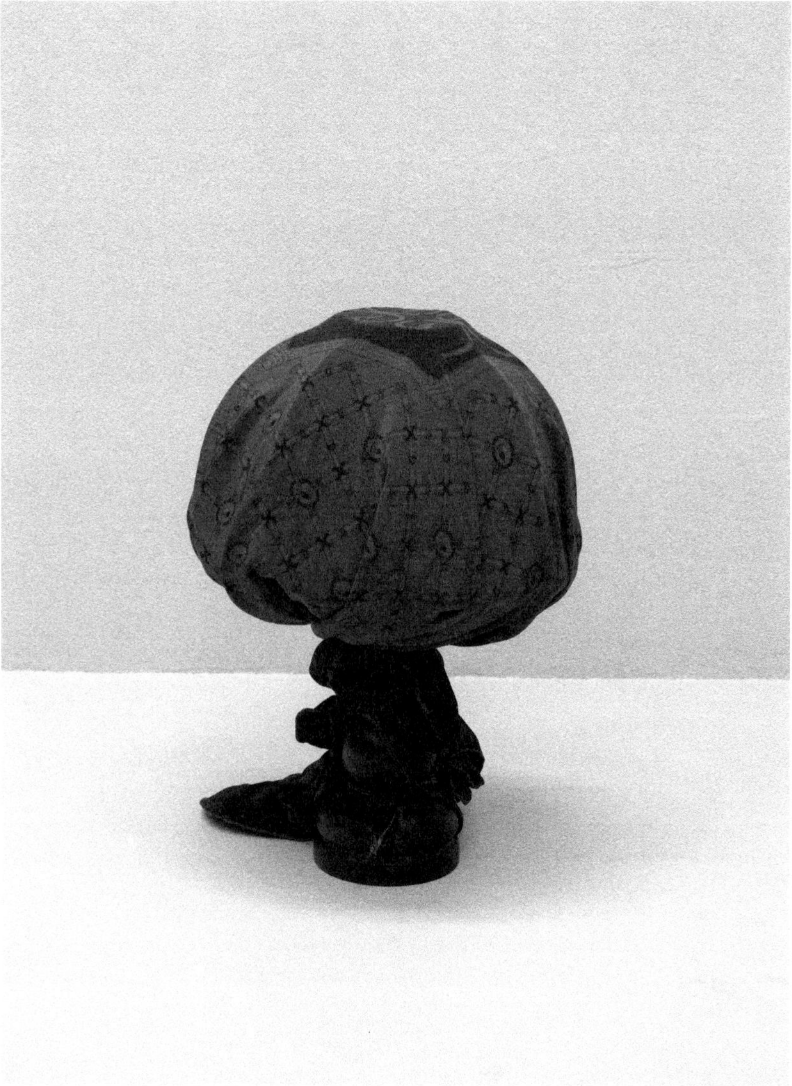

Anno	Years	2022
Dimensioni	Dimensions	36 × 29 × 29 cm
Materiali	Materials	Lampada di recupero, foulard tinto di recupero
		Found lamp, dyed found foulard
Peso	Weight	2.2 kg
Altre info	Other info	/

DS.LL.05.13

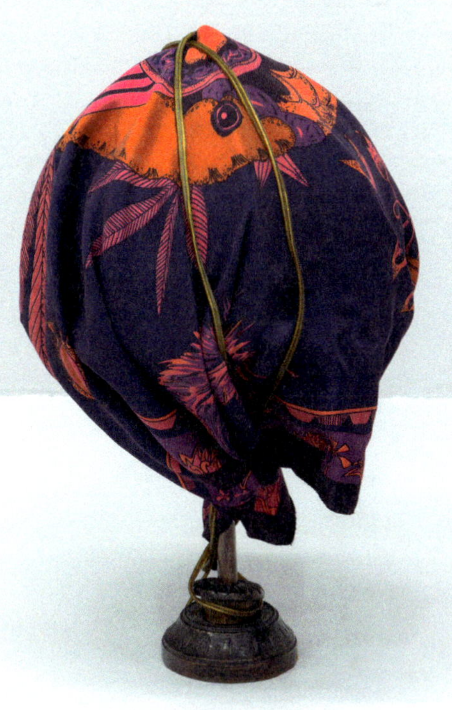

16/01/22#13, 2022

Un'abat-jour di recupero si trasfigura sotto la presenza di un foulard, anch'esso di recupero e tinto di rosso. La base della lampada sorregge una forma imprecisa, quasi organica, nascosta sotto la stoffa annodata. Il tessuto avvolge il corpo dell'oggetto con gesti stretti, evocando un senso di custodia e trasformazione. Il filo elettrico, invece di servire la funzione, si attorciglia insieme al foulard. Presa e interruttore affiorano come dettagli dimenticati, segnando l'inutilizzabilità dell'oggetto: reso inservibile proprio da ciò che lo protegge. L'insieme suggerisce un equilibrio tra funzione e finzione, tra cura e sabotaggio.

A found abat-jour is transformed by the presence of a foulard, also salvaged and dyed red. The lamp base supports an indistinct, almost organic shape hidden beneath the knotted fabric. The cloth wraps the body of the object with tight gestures, evoking a sense of protection and transformation. The electrical wire, instead of serving its function, twists together with the foulard. The plug and switch emerge as forgotten details, marking the object's unusability: rendered useless precisely by what protects it. The whole suggests a balance between function and fiction, care and sabotage.

Codice	Code	DS.LL.05.13

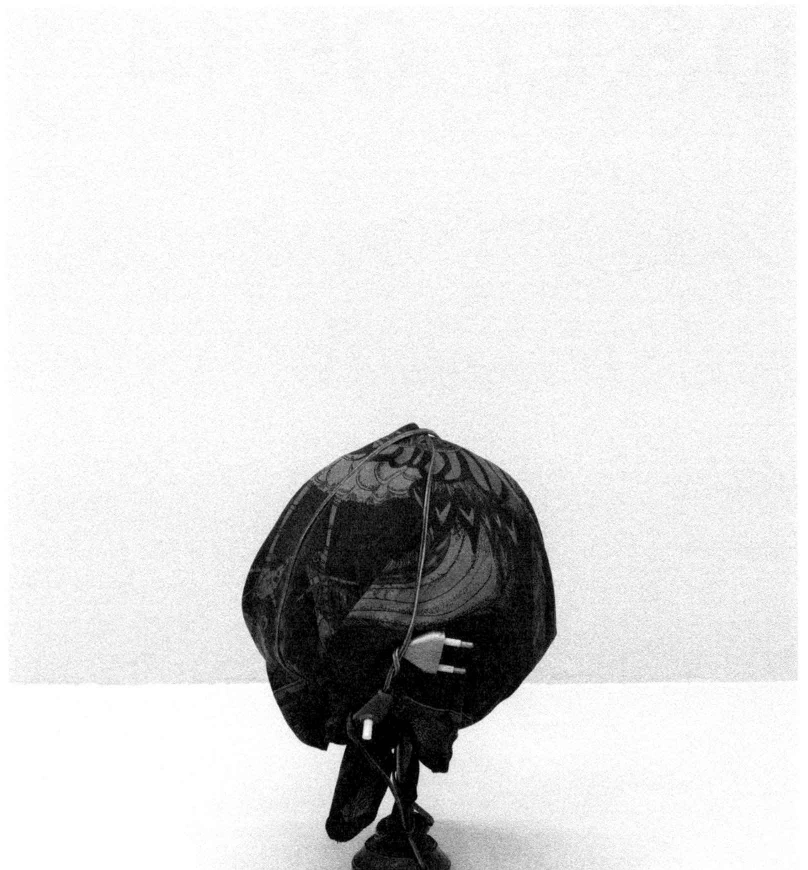

Anno	Years	2022
Dimensioni	Dimensions	31 × 26 × 26 cm
Materiali	Materials	Lampada di recupero, foulard tinto di recupero
		Found lamp, dyed found foulard
Peso	Weight	2.3 kg
Altre info	Other info	/

DS.LL.05.14

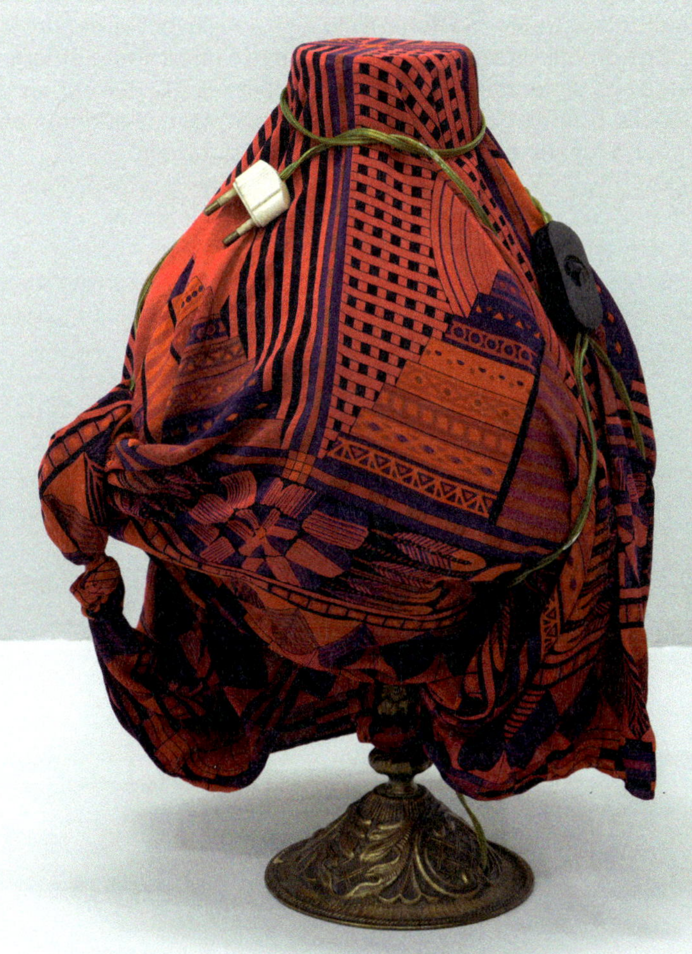

16/01/22#14, 2022

Un'abat-jour di recupero si trasfigura sotto la presenza di un foulard, anch'esso di recupero e tinto di rosso. La base della lampada sorregge una forma imprecisa, quasi organica, nascosta sotto la stoffa annodata. Il tessuto avvolge il corpo dell'oggetto con gesti stretti, evocando un senso di custodia e trasformazione. Il filo elettrico, invece di servire la funzione, si attorciglia insieme al foulard. Presa e interruttore affiorano come dettagli dimenticati, segnando l'inutilizzabilità dell'oggetto: reso inservibile proprio da ciò che lo protegge. L'insieme suggerisce un equilibrio tra funzione e finzione, tra cura e sabotaggio.

A found abat-jour is transformed by the presence of a foulard, also salvaged and dyed red. The lamp base supports an indistinct, almost organic shape hidden beneath the knotted fabric. The cloth wraps the body of the object with tight gestures, evoking a sense of protection and transformation. The electrical wire, instead of serving its function, twists together with the foulard. The plug and switch emerge as forgotten details, marking the object's unusability: rendered useless precisely by what protects it. The whole suggests a balance between function and fiction, care and sabotage.

Codice	Code	DS.LL.05.14

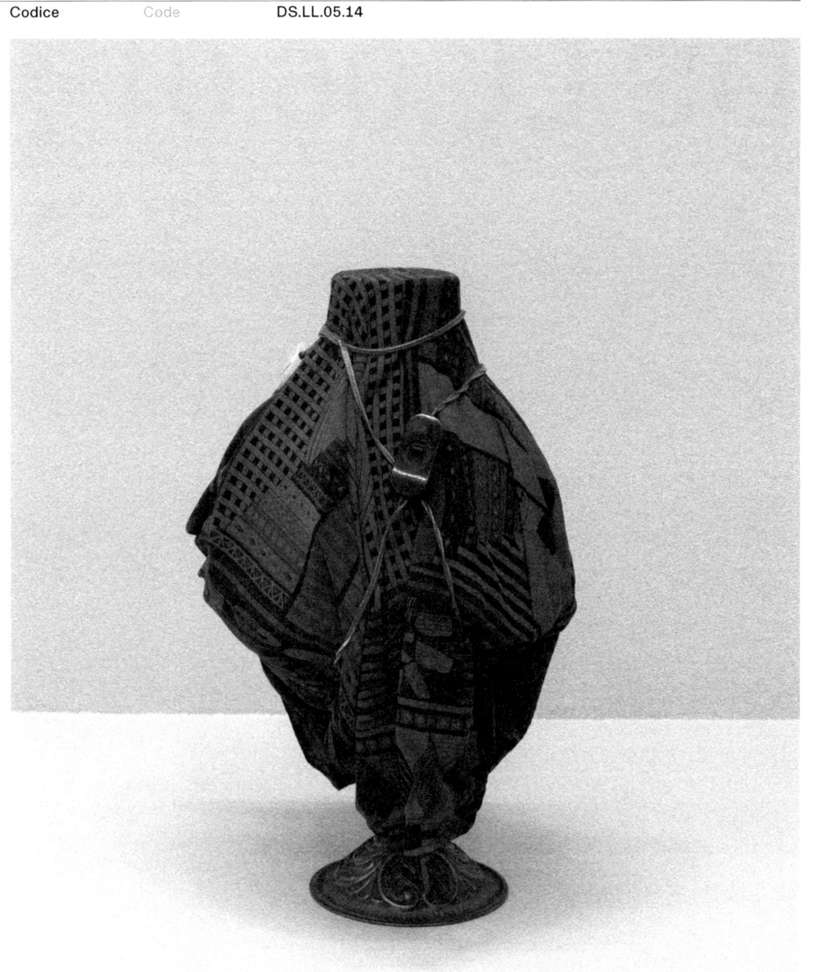

Anno	Years	2022
Dimensioni	Dimensions	42 × 30 × 30 cm
Materiali	Materials	Lampada di recupero, foulard tinto di recupero
		Found lamp, dyed found foulard
Peso	Weight	2.7 kg
Altre info	Other info	/

DS.LL.06.01

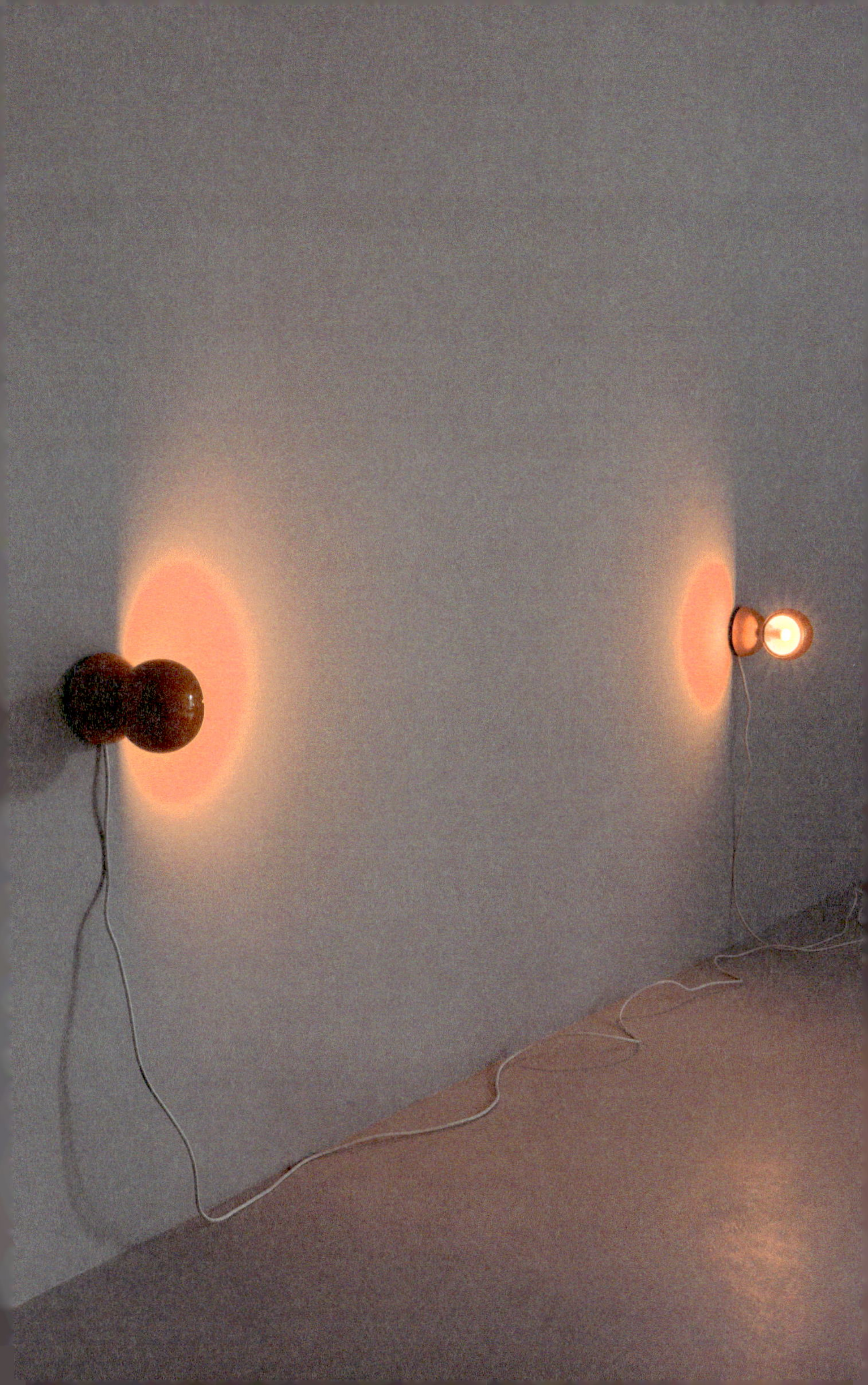

The Guy Next Door (Bedroom), 2020

Due lampade *Eclisse* di Vico Magistretti, con i loro piccoli corpi sferici in metallo rosso, sono installate all'altezza e alla distanza tipica dei comodini ai lati di un letto, ma per una volta non illuminano lo spazio per la lettura: si guardano tra di loro, in un silenzioso dialogo di luce. Dai loro schermi regolabili si diffonde una calda aureola che si apre sul muro, creando due morbide macchie luminose che sembrano respirare all'unisono. I cavi elettrici bianchi scendono sinuosi verso terra, tracciano curve lievi sul pavimento e si incontrano in un intreccio casuale. Così il design funzionale si fa racconto, la parete si trasforma in scena teatrale, e il semplice atto di illuminare diventa un gesto intimo, sospeso tra complicità e poesia.

Two *Eclisse* lamps by Vico Magistretti, with their small spherical bodies in red metal, are installed at the height and distance typical of bedside lamps, but, for once, they don't light the space for reading: they face each other, engaged in a silent dialogue of light. From their adjustable shades, a warm halo spreads across the wall, creating two soft glowing patches that seem to breathe in unison. The white electric cables descend sinuously to the ground, tracing gentle curves on the floor and meeting in a casual tangle. Thus, functional design becomes a tale, the wall is transformed into a theatrical stage, and the simple act of lighting turns into an intimate gesture, suspended between complicity and poetry.

Codice	Code	DS.LL.06.01

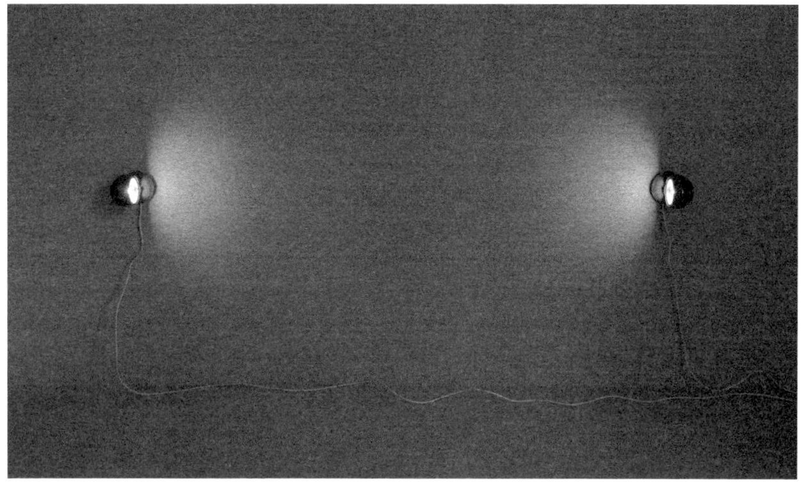

Anno	Years	2020
Dimensioni	Dimensions	Dimensoni variabili
		Variable dimensions
Materiali	Materials	Lampade, cavi e spine elettriche
		Lamps, electrical cords and plugs
Peso	Weight	2.9 kg
Altre info	Other info	/

DS.LL.07.01

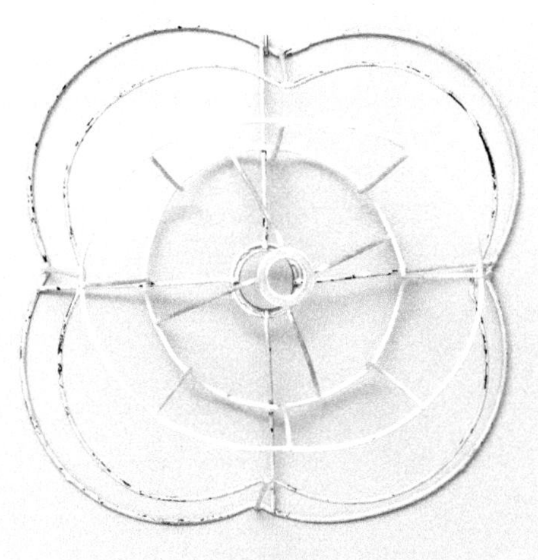

Lamp Shades I, 2023

Strutture metalliche, una dentro l'altra, tracciano una forma sospesa sulla parete. Sono scheletri di paralumi trovati, privati del tessuto che un tempo filtrava la luce. Resta solo l'ossatura, essenziale e leggera, come una gabbia aperta alla visione. La composizione suggerisce una funzione ormai svanita, ma non del tutto dimenticata. Come un dispositivo per trattenere o forse captare la luce, l'oggetto conserva l'eco di ciò che era: non illumina più, ma evoca un barlume assente. Così, ciò che prima proteggeva ora espone, trasformando una funzione perduta in una fragile presenza sospesa tra memoria e invenzione.

Metal structures, one inside the other, trace a suspended shape on the wall. They are skeletons of found lampshades, stripped of the fabric that once filtered the light. Only the framework remains, essential and light, like a cage open to view. The composition suggests a function now vanished, but not entirely forgotten. Like a device meant to hold or perhaps capture light, the object retains the echo of what it once was: it no longer illuminates, but evokes an absent glimmer. Thus, what used to protect now exposes, transforming a lost function into a fragile presence suspended between memory and invention.

Codice	Code	DS.LL.07.01

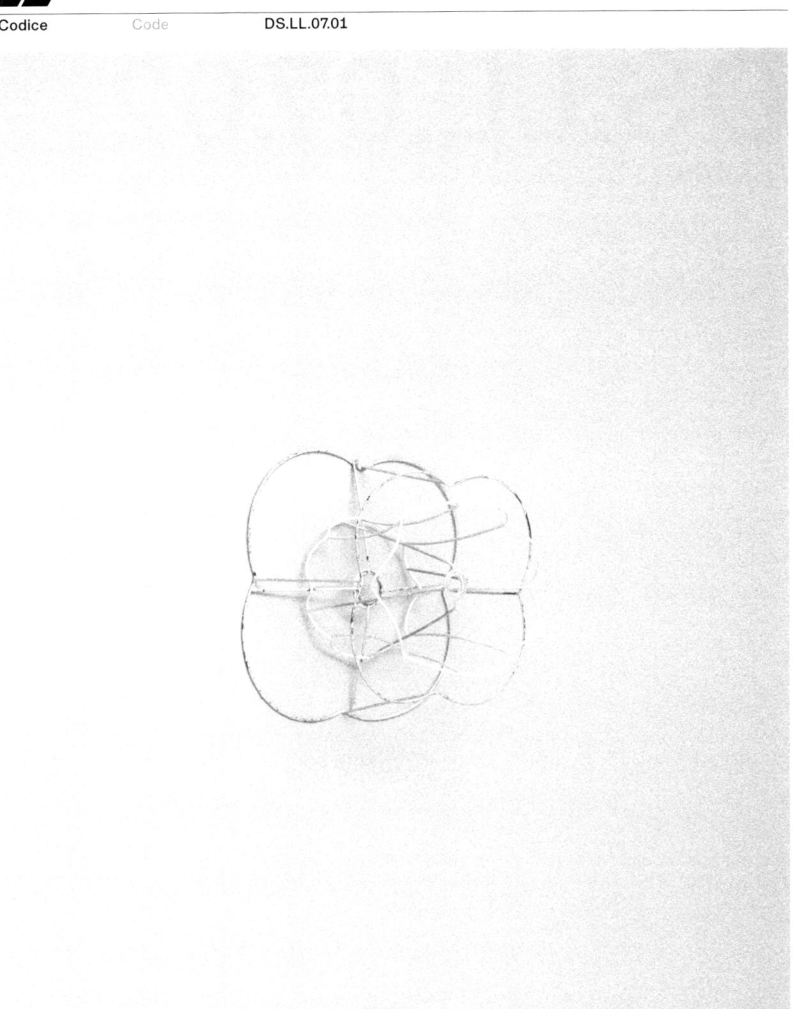

Anno	Years	2023
Dimensioni	Dimensions	33 × 34 × 30 cm
Materiali	Materials	Paralumi in ferro, fascette di plastica
		Iron lampshades, plastic ties
Peso	Weight	0.5 kg
Altre info	Other info	/

DS.LL.07.02

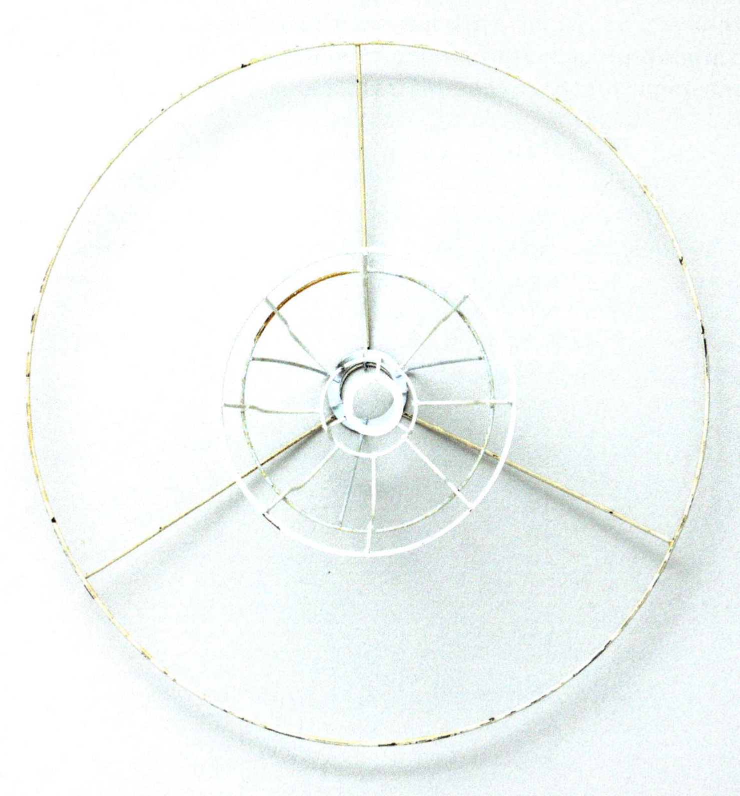

Lamp Shades II, 2023

Strutture metalliche, una dentro l'altra, tracciano una forma sospesa sulla parete. Sono scheletri di paralumi trovati, privati del tessuto che un tempo filtrava la luce. Resta solo l'ossatura, essenziale e leggera, come una gabbia aperta alla visione. La composizione suggerisce una funzione ormai svanita, ma non del tutto dimenticata. Come un dispositivo per trattenere o forse captare la luce, l'oggetto conserva l'eco di ciò che era: non illumina più, ma evoca un barlume assente. Così, ciò che prima proteggeva ora espone, trasformando una funzione perduta in una fragile presenza sospesa tra memoria e invenzione.

Metal structures, one inside the other, trace a suspended shape on the wall. They are skeletons of found lampshades, stripped of the fabric that once filtered the light. Only the framework remains, essential and light, like a cage open to view. The composition suggests a function now vanished, but not entirely forgotten. Like a device meant to hold or perhaps capture light, the object retains the echo of what it once was: it no longer illuminates, but evokes an absent glimmer. Thus, what used to protect now exposes, transforming a lost function into a fragile presence suspended between memory and invention.

Codice	Code	DS.LL.07.02

Anno	Years	2023
Dimensioni	Dimensions	50 × 50 × 25 cm
Materiali	Materials	**Paralumi in ferro, fascette di plastica**
		Iron lampshades, plastic ties
Peso	Weight	0.5 kg
Altre info	Other info	/

DS.LL.07.03

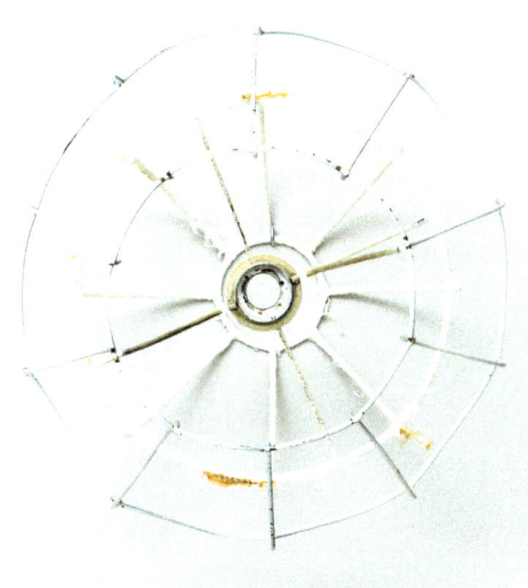

Lamp Shades III, 2025

Strutture metalliche, una dentro l'altra, tracciano una forma sospesa sulla parete. Sono scheletri di paralumi trovati, privati del tessuto che un tempo filtrava la luce. Resta solo l'ossatura, essenziale e leggera, come una gabbia aperta alla visione. La composizione suggerisce una funzione ormai svanita, ma non del tutto dimenticata. Come un dispositivo per trattenere o forse captare la luce, l'oggetto conserva l'eco di ciò che era: non illumina più, ma evoca un barlume assente. Così, ciò che prima proteggeva ora espone, trasformando una funzione perduta in una fragile presenza sospesa tra memoria e invenzione.

Metal structures, one inside the other, trace a suspended shape on the wall. They are skeletons of found lampshades, stripped of the fabric that once filtered the light. Only the framework remains, essential and light, like a cage open to view. The composition suggests a function now vanished, but not entirely forgotten. Like a device meant to hold or perhaps capture light, the object retains the echo of what it once was: it no longer illuminates, but evokes an absent glimmer. Thus, what used to protect now exposes, transforming a lost function into a fragile presence suspended between memory and invention.

Codice	Code	DS.LL.07.03

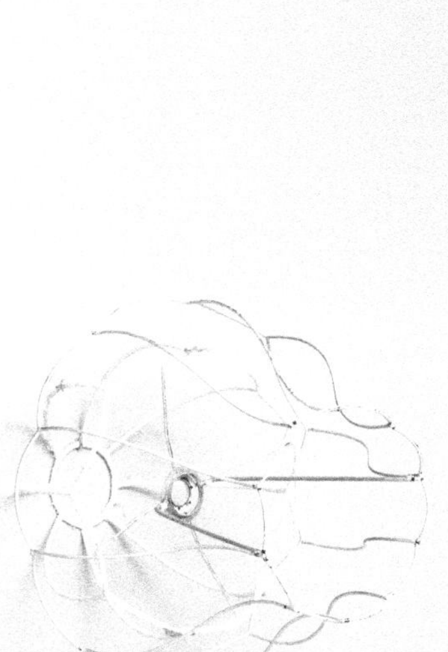

Anno	Years	2025
Dimensioni	Dimensions	31 × 35 × 31 cm
Materiali	Materials	Paralumi in ferro, fascette di plastica
		Iron lampshades, plastic ties
Peso	Weight	0.6 kg
Altre info	Other info	/

DS.LL.07.04

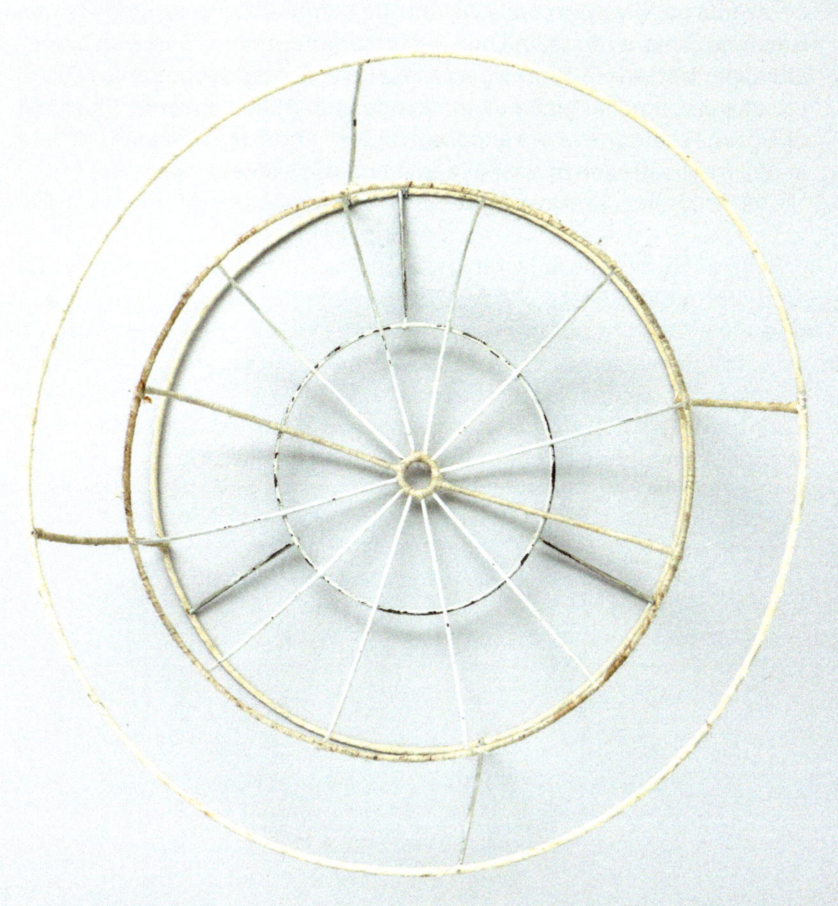

Lamp Shades IV, 2025

Strutture metalliche, una dentro l'altra, tracciano una forma sospesa sulla parete. Sono scheletri di paralumi trovati, privati del tessuto che un tempo filtrava la luce. Resta solo l'ossatura, essenziale e leggera, come una gabbia aperta alla visione. La composizione suggerisce una funzione ormai svanita, ma non del tutto dimenticata. Come un dispositivo per trattenere o forse captare la luce, l'oggetto conserva l'eco di ciò che era: non illumina più, ma evoca un barlume assente. Così, ciò che prima proteggeva ora espone, trasformando una funzione perduta in una fragile presenza sospesa tra memoria e invenzione.

Metal structures, one inside the other, trace a suspended shape on the wall. They are skeletons of found lampshades, stripped of the fabric that once filtered the light. Only the framework remains, essential and light, like a cage open to view. The composition suggests a function now vanished, but not entirely forgotten. Like a device meant to hold or perhaps capture light, the object retains the echo of what it once was: it no longer illuminates, but evokes an absent glimmer. Thus, what used to protect now exposes, transforming a lost function into a fragile presence suspended between memory and invention.

Codice	Code	DS.LL.07.04

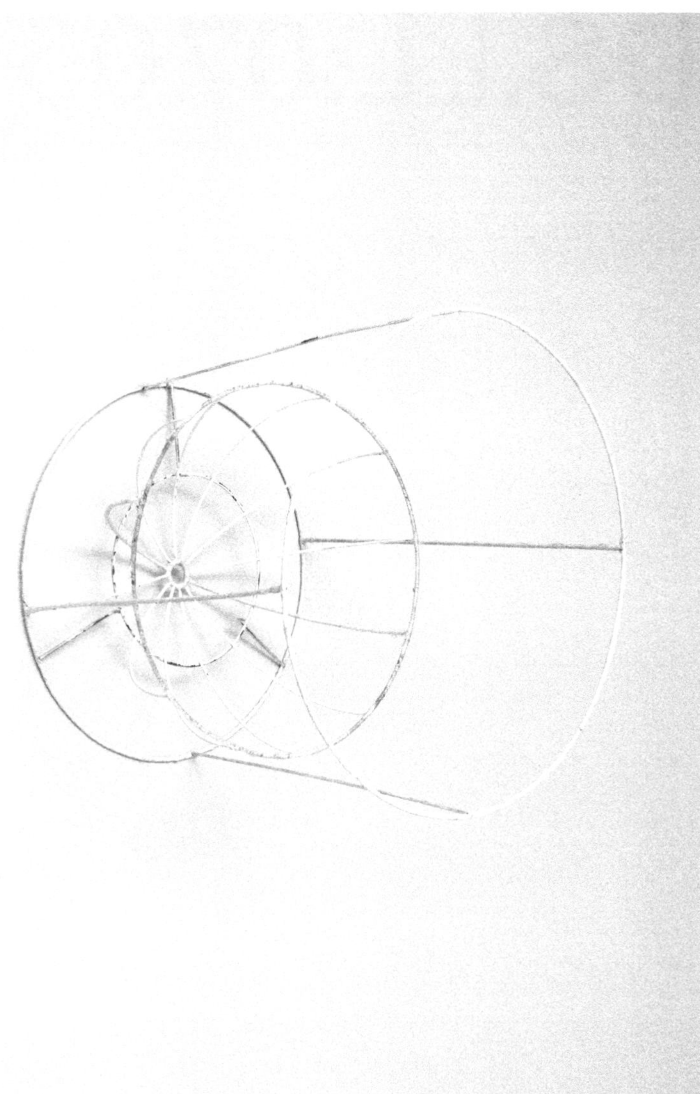

Anno	Years	2025
Dimensioni	Dimensions	47 × 50 × 47 cm
Materiali	Materials	Paralumi in ferro, fascette di plastica
		Iron lampshades, plastic ties
Peso	Weight	0.8 kg
Altre info	Other info	/

DS.LL.07.05

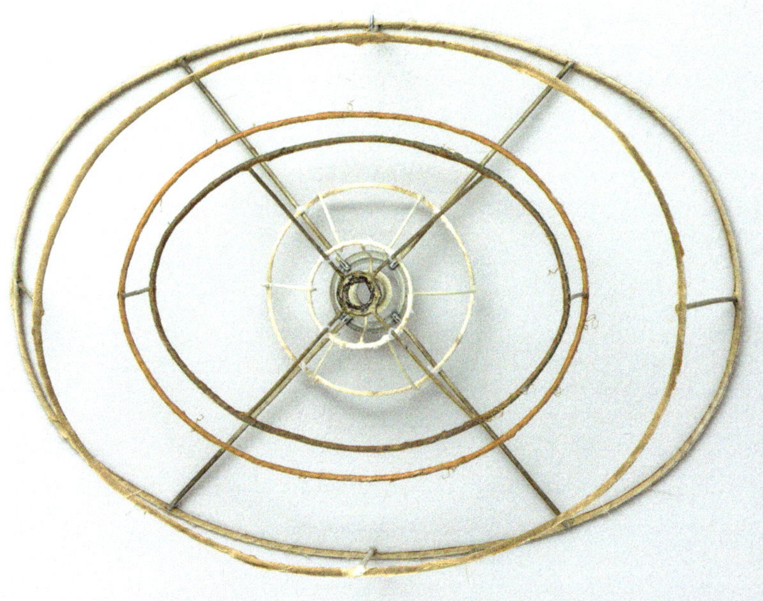

Lamp Shades V, 2025

Strutture metalliche, una dentro l'altra, tracciano una forma sospesa sulla parete. Sono scheletri di paralumi trovati, privati del tessuto che un tempo filtrava la luce. Resta solo l'ossatura, essenziale e leggera, come una gabbia aperta alla visione. La composizione suggerisce una funzione ormai svanita, ma non del tutto dimenticata. Come un dispositivo per trattenere o forse captare la luce, l'oggetto conserva l'eco di ciò che era: non illumina più, ma evoca un barlume assente. Così, ciò che prima proteggeva ora espone, trasformando una funzione perduta in una fragile presenza sospesa tra memoria e invenzione.

Metal structures, one inside the other, trace a suspended shape on the wall. They are skeletons of found lampshades, stripped of the fabric that once filtered the light. Only the framework remains, essential and light, like a cage open to view. The composition suggests a function now vanished, but not entirely forgotten. Like a device meant to hold or perhaps capture light, the object retains the echo of what it once was: it no longer illuminates, but evokes an absent glimmer. Thus, what used to protect now exposes, transforming a lost function into a fragile presence suspended between memory and invention.

Codice	Code	DS.LL.07.05

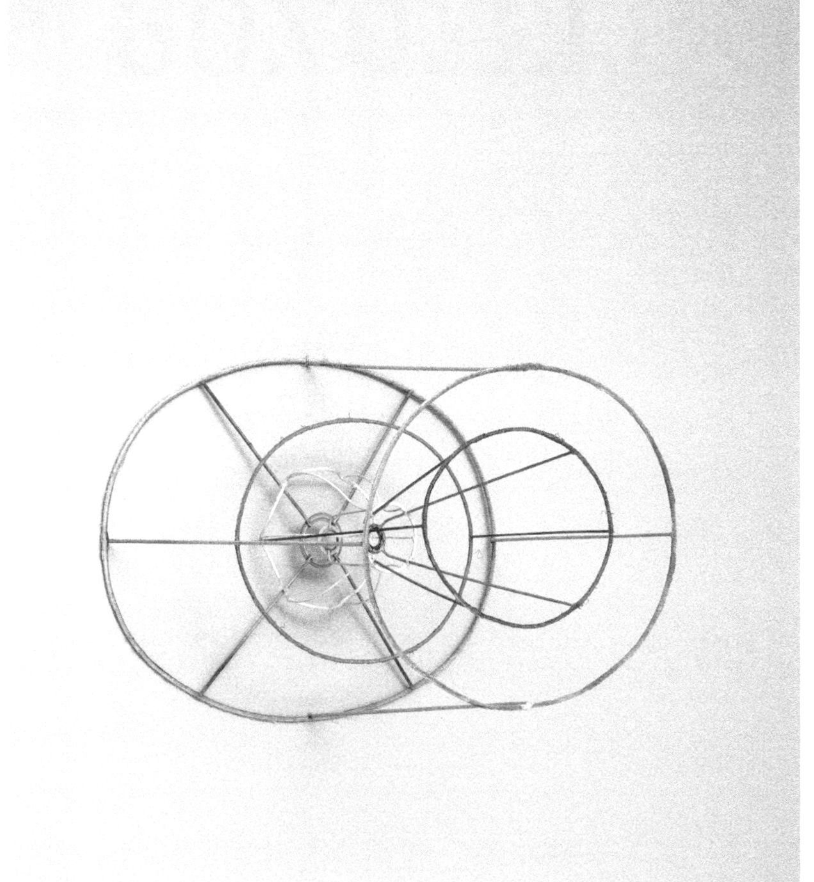

Anno	Years	2025
Dimensioni	Dimensions	42 × 38 × 40 cm
Materiali	Materials	Paralumi in ferro, fascette di plastica
		Iron lampshades, plastic ties
Peso	Weight	0.8 kg
Altre info	Other info	/

DS.LL.07.06

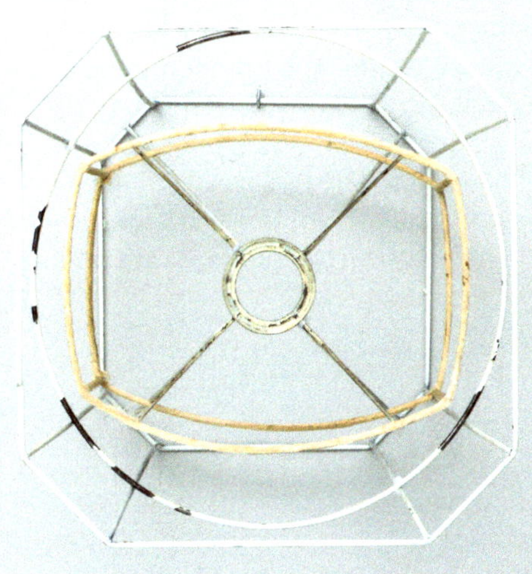

Lamp Shades VI, 2025

Strutture metalliche, una dentro l'altra, tracciano una forma sospesa sulla parete. Sono scheletri di paralumi trovati, privati del tessuto che un tempo filtrava la luce. Resta solo l'ossatura, essenziale e leggera, come una gabbia aperta alla visione. La composizione suggerisce una funzione ormai svanita, ma non del tutto dimenticata. Come un dispositivo per trattenere o forse captare la luce, l'oggetto conserva l'eco di ciò che era: non illumina più, ma evoca un barlume assente. Così, ciò che prima proteggeva ora espone, trasformando una funzione perduta in una fragile presenza sospesa tra memoria e invenzione.

Metal structures, one inside the other, trace a suspended shape on the wall. They are skeletons of found lampshades, stripped of the fabric that once filtered the light. Only the framework remains, essential and light, like a cage open to view. The composition suggests a function now vanished, but not entirely forgotten. Like a device meant to hold or perhaps capture light, the object retains the echo of what it once was: it no longer illuminates, but evokes an absent glimmer. Thus, what used to protect now exposes, transforming a lost function into a fragile presence suspended between memory and invention.

Codice	Code	DS.LL.07.06

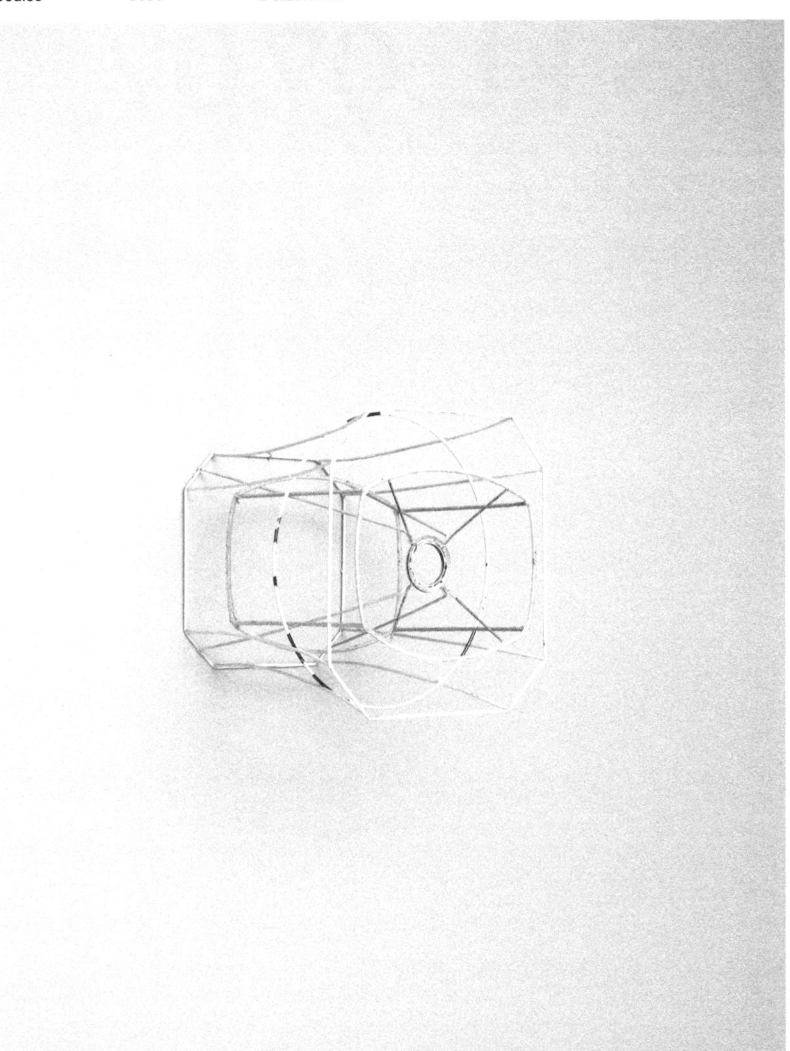

Anno	Years	2025
Dimensioni	Dimensions	31 × 31 × 31 cm
Materiali	Materials	**Paralumi in ferro, fascette di plastica**
		Iron lampshades, plastic ties
Peso	Weight	0.7 kg
Altre info	Other info	/

DS.LL.07.07

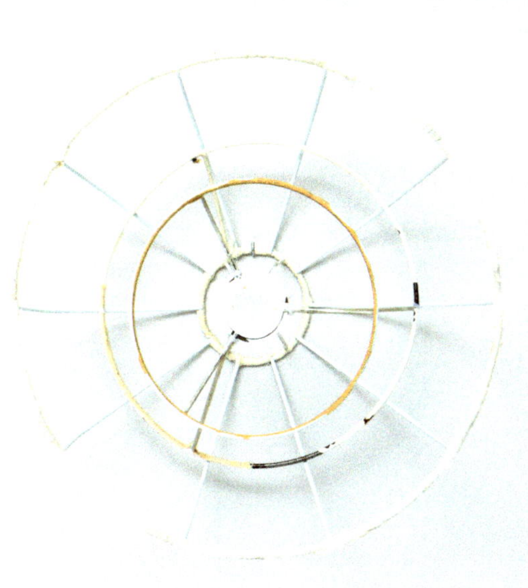

Lamp Shades VII, 2025

Strutture metalliche, una dentro l'altra, tracciano una forma sospesa sulla parete. Sono scheletri di paralumi trovati, privati del tessuto che un tempo filtrava la luce. Resta solo l'ossatura, essenziale e leggera, come una gabbia aperta alla visione. La composizione suggerisce una funzione ormai svanita, ma non del tutto dimenticata. Come un dispositivo per trattenere o forse captare la luce, l'oggetto conserva l'eco di ciò che era: non illumina più, ma evoca un barlume assente. Così, ciò che prima proteggeva ora espone, trasformando una funzione perduta in una fragile presenza sospesa tra memoria e invenzione.

Metal structures, one inside the other, trace a suspended shape on the wall. They are skeletons of found lampshades, stripped of the fabric that once filtered the light. Only the framework remains, essential and light, like a cage open to view. The composition suggests a function now vanished, but not entirely forgotten. Like a device meant to hold or perhaps capture light, the object retains the echo of what it once was: it no longer illuminates, but evokes an absent glimmer. Thus, what used to protect now exposes, transforming a lost function into a fragile presence suspended between memory and invention.

Codice	Code	DS.LL.07.07

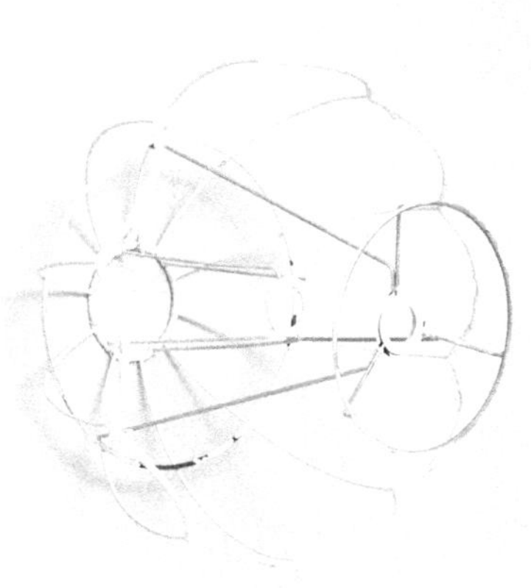

Anno	Years	2025
Dimensioni	Dimensions	31 × 35 × 31 cm
Materiali	Materials	Paralumi in ferro, fascette di plastica
		Iron lampshades, plastic ties
Peso	Weight	0.6 kg
Altre info	Other info	/

DS.LL.07.08

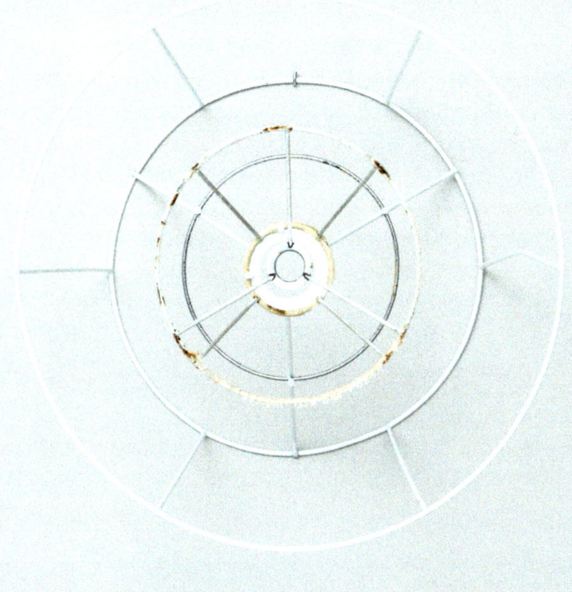

Lamp Shades VIII, 2025

Strutture metalliche, una dentro l'altra, tracciano una forma sospesa sulla parete. Sono scheletri di paralumi trovati, privati del tessuto che un tempo filtrava la luce. Resta solo l'ossatura, essenziale e leggera, come una gabbia aperta alla visione. La composizione suggerisce una funzione ormai svanita, ma non del tutto dimenticata. Come un dispositivo per trattenere o forse captare la luce, l'oggetto conserva l'eco di ciò che era: non illumina più, ma evoca un barlume assente. Così, ciò che prima proteggeva ora espone, trasformando una funzione perduta in una fragile presenza sospesa tra memoria e invenzione.

Metal structures, one inside the other, trace a suspended shape on the wall. They are skeletons of found lampshades, stripped of the fabric that once filtered the light. Only the framework remains, essential and light, like a cage open to view. The composition suggests a function now vanished, but not entirely forgotten. Like a device meant to hold or perhaps capture light, the object retains the echo of what it once was: it no longer illuminates, but evokes an absent glimmer. Thus, what used to protect now exposes, transforming a lost function into a fragile presence suspended between memory and invention.

Codice	Code	**DS.LL.07.08**

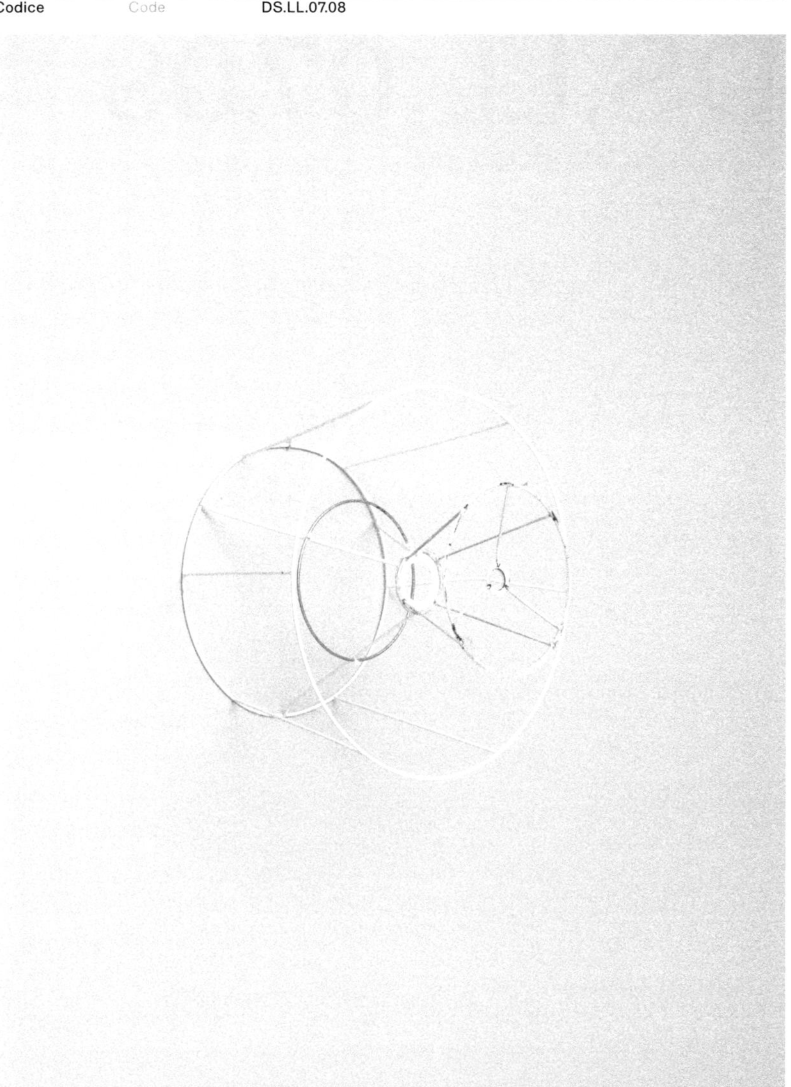

Anno	Years	**2025**
Dimensioni	Dimensions	**40 × 34 × 40 cm**
Materiali	Materials	**Paralumi in ferro, fascette di plastica**
		Iron lampshades, plastic ties
Peso	Weight	**0.6 kg**
Altre info	Other info	**/**

DS.LL.07.09

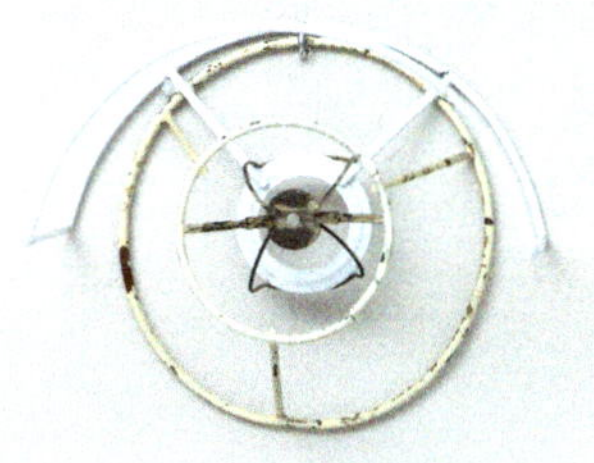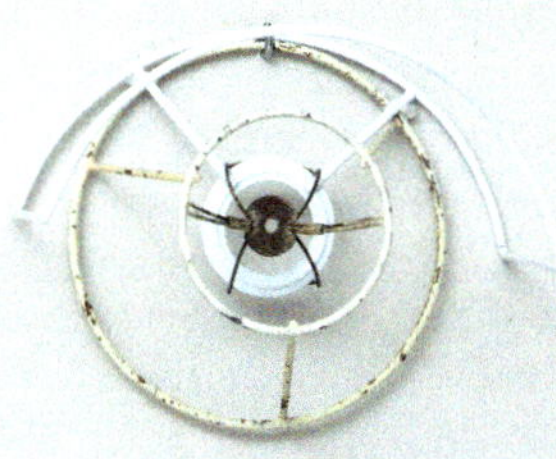

Lamp-Shady, 2023

Strutture metalliche, una dentro l'altra, tracciano una forma sospesa sulla parete. Sono scheletri di paralumi trovati, privati del tessuto che un tempo filtrava la luce. Resta solo l'ossatura, essenziale e leggera, come una gabbia aperta alla visione. La composizione suggerisce una funzione ormai svanita, ma non del tutto dimenticata. Come un dispositivo per trattenere o forse captare la luce, l'oggetto conserva l'eco di ciò che era: non illumina più, ma evoca un barlume assente. Così, ciò che prima proteggeva ora espone, trasformando una funzione perduta in una fragile presenza sospesa tra memoria e invenzione.

Metal structures, one inside the other, trace a suspended shape on the wall. They are skeletons of found lampshades, stripped of the fabric that once filtered the light. Only the framework remains, essential and light, like a cage open to view. The composition suggests a function now vanished, but not entirely forgotten. Like a device meant to hold or perhaps capture light, the object retains the echo of what it once was: it no longer illuminates, but evokes an absent glimmer. Thus, what used to protect now exposes, transforming a lost function into a fragile presence suspended between memory and invention.

Codice	Code	DS.LL.07.09

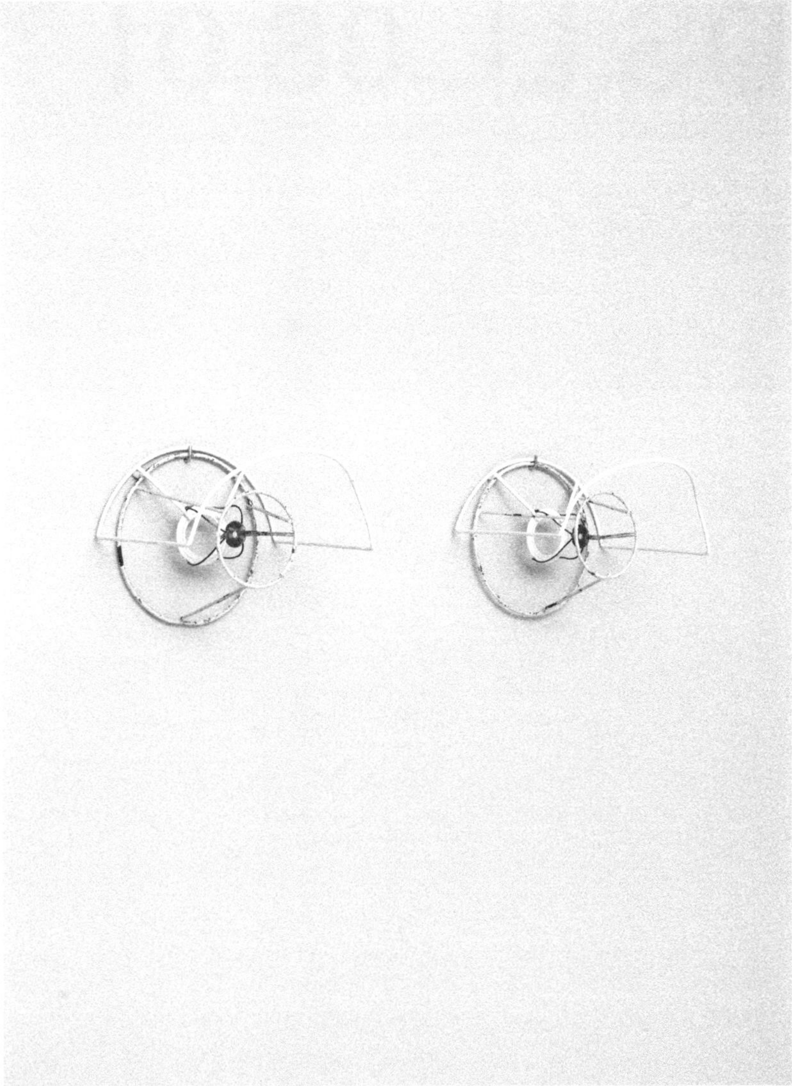

Anno	Years	2023
Dimensioni	Dimensions	70 × 13 × 17 cm
Materiali	Materials	Paralumi in ferro, fascette di plastica
		Iron lampshades, plastic ties
Peso	Weight	0.7 kg
Altre info	Other info	/

DS.LL.08.01

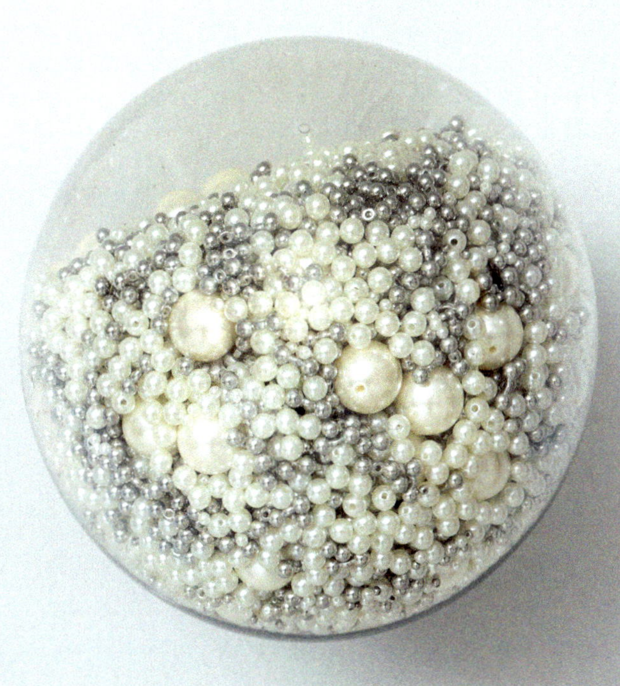

Neck-Laced #2, 2025

Una plafoniera da esterni è trasformata in contenitore opaco di luce potenziale. Al posto della lampadina, la sfera trasparente è colmata da perle sintetiche di varia misura e tonalità, originariamente destinate a diventare collane. La materia riflettente simula una sorgente luminosa, ma senza emettere nulla. L'oggetto resta acceso solo nell'immaginazione, carico ma disinnescato, come una promessa congelata. Così, la luce diventa ornamento, spostata dal piano funzionale a quello simbolico, tra decorazione e illusione.

An outdoor ceiling light is transformed into an opaque container of potential light. In place of the bulb, the transparent globe is filled with synthetic pearls of varying sizes and shades, originally intended to become necklaces. The reflective material mimics a light source, but without emitting anything. The object remains lit only in the imagination, charged but defused, like a frozen promise. Thus, light becomes ornament, shifted from the functional to the symbolic realm, between decoration and illusion.

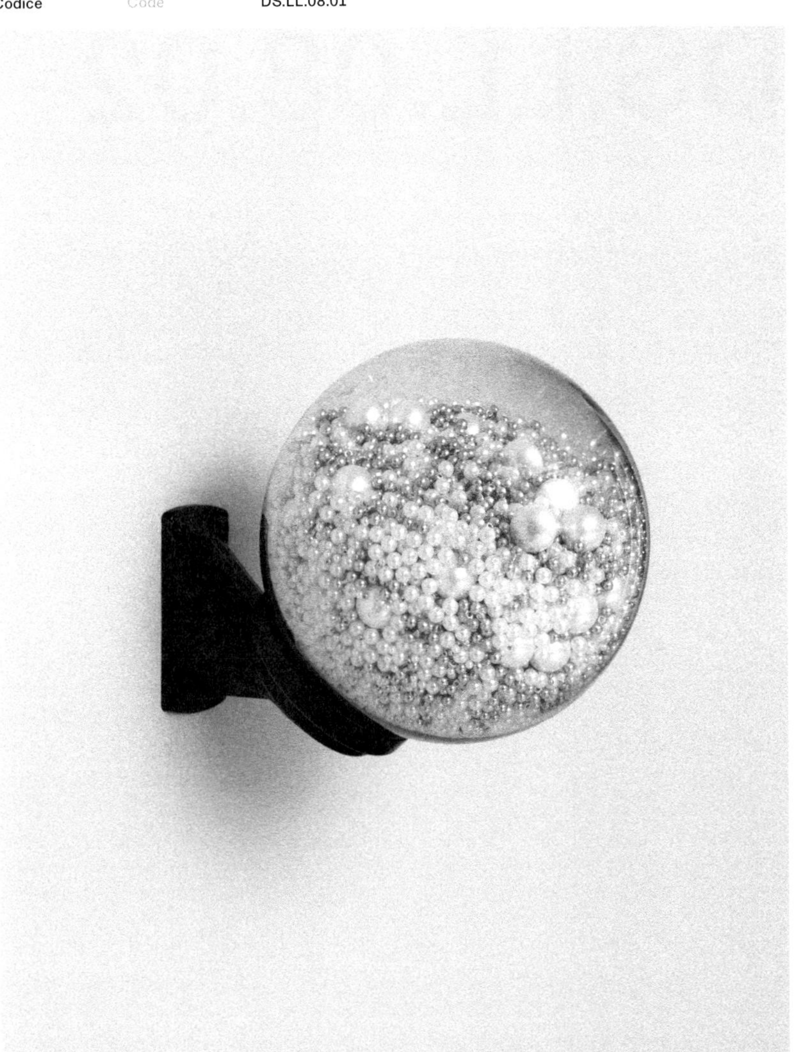

Codice	Code	DS.LL.08.01

Anno	Years	2025
Dimensioni	Dimensions	26 × 20 × 20 cm
Materiali	Materials	Portalampada in plexiglass, perle in plastica
		Plexiglass lamp holder, plastic pearls
Peso	Weight	2.6 kg
Altre info	Other info	/

DS.LL.08.02

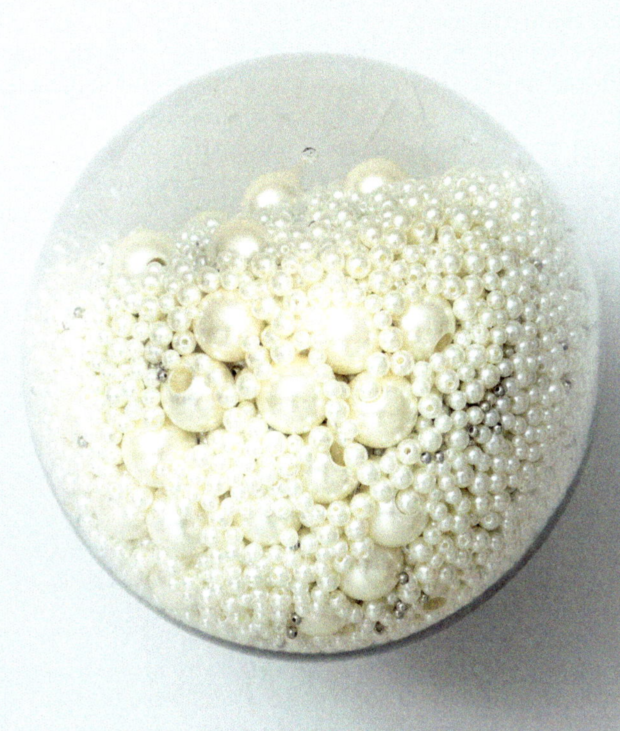

Neck-Laced #3, 2025

Una plafoniera da esterni è trasformata in contenitore opaco di luce potenziale. Al posto della lampadina, la sfera trasparente è colmata da perle sintetiche di varia misura e tonalità, originariamente destinate a diventare collane. La materia riflettente simula una sorgente luminosa, ma senza emettere nulla. L'oggetto resta acceso solo nell'immaginazione, carico ma disinnescato, come una promessa congelata. Così, la luce diventa ornamento, spostata dal piano funzionale a quello simbolico, tra decorazione e illusione.

An outdoor ceiling light is transformed into an opaque container of potential light. In place of the bulb, the transparent globe is filled with synthetic pearls of varying sizes and shades, originally intended to become necklaces. The reflective material mimics a light source, but without emitting anything. The object remains lit only in the imagination, charged but defused, like a frozen promise. Thus, light becomes ornament, shifted from the functional to the symbolic realm, between decoration and illusion.

Codice	Code	DS.LL.08.02

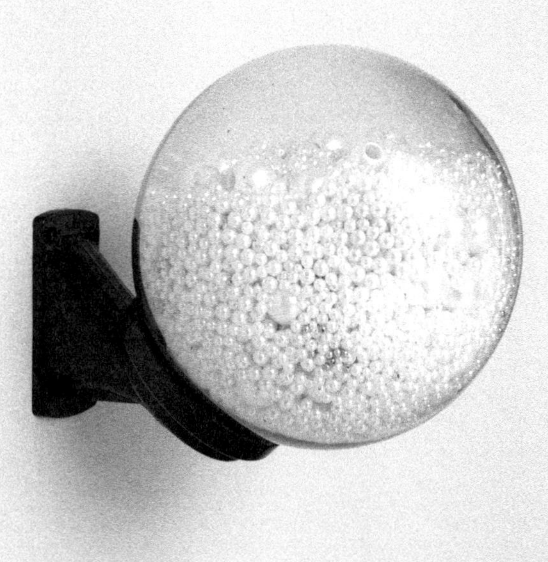

Anno	Years	2025
Dimensioni	Dimensions	26 × 20 × 20 cm
Materiali	Materials	Portalampada in plexiglass, perle in plastica
		Plexiglass lamp holder, plastic pearls
Peso	Weight	3.1 kg
Altre info	Other info	/

DS.LL.08.03

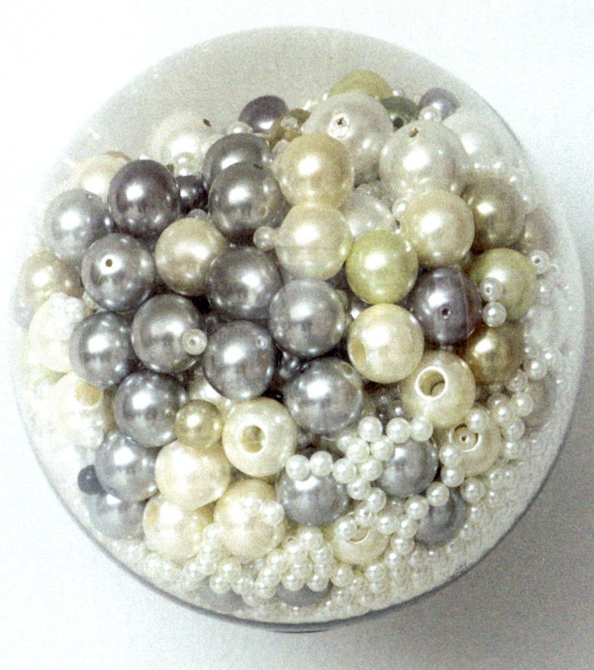

Neck-Laced #4, 2025

Una plafoniera da esterni è trasformata in contenitore opaco di luce potenziale. Al posto della lampadina, la sfera trasparente è colmata da perle sintetiche di varia misura e tonalità, originariamente destinate a diventare collane. La materia riflettente simula una sorgente luminosa, ma senza emettere nulla. L'oggetto resta acceso solo nell'immaginazione, carico ma disinnescato, come una promessa congelata. Così, la luce diventa ornamento, spostata dal piano funzionale a quello simbolico, tra decorazione e illusione.

An outdoor ceiling light is transformed into an opaque container of potential light. In place of the bulb, the transparent globe is filled with synthetic pearls of varying sizes and shades, originally intended to become necklaces. The reflective material mimics a light source, but without emitting anything. The object remains lit only in the imagination, charged but defused, like a frozen promise. Thus, light becomes ornament, shifted from the functional to the symbolic realm, between decoration and illusion.

Codice	Code	DS.LL.08.03

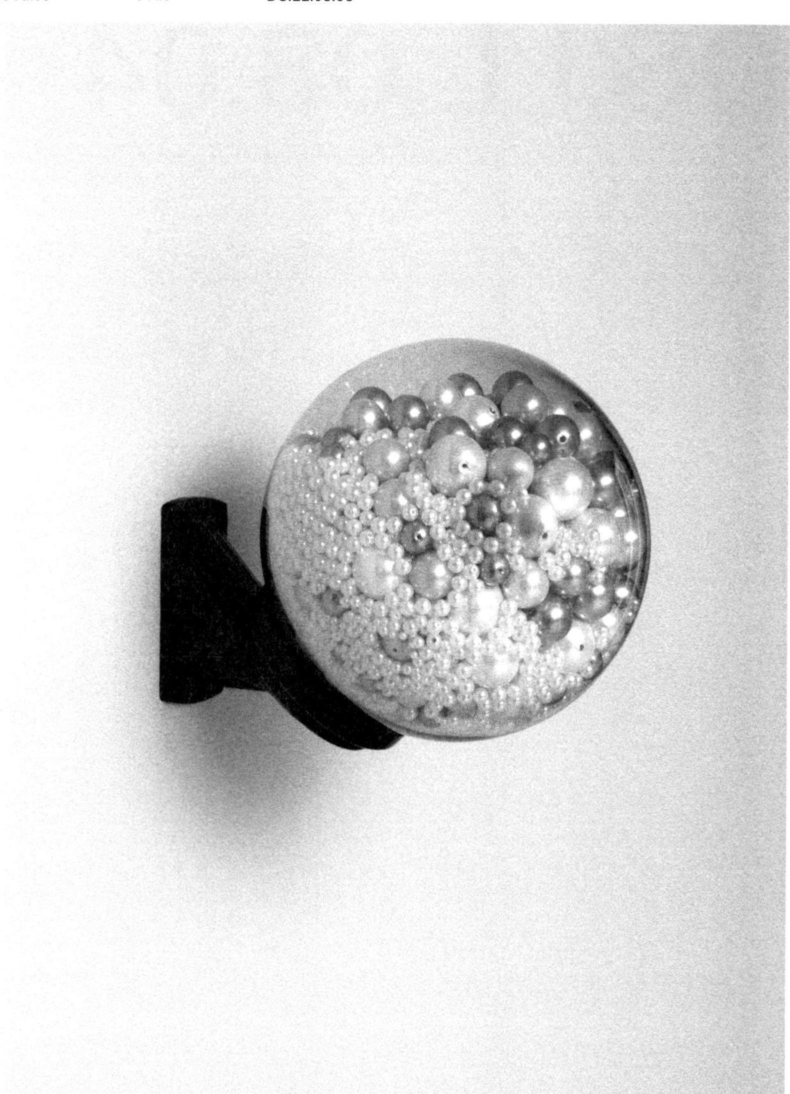

Anno	Years	2025
Dimensioni	Dimensions	26 × 20 × 20 cm
Materiali	Materials	Portalampada in plexiglass, perle in plastica
		Plexiglass lamp holder, plastic pearls
Peso	Weight	3.5 kg
Altre info	Other info	/

DS.LL.08.04

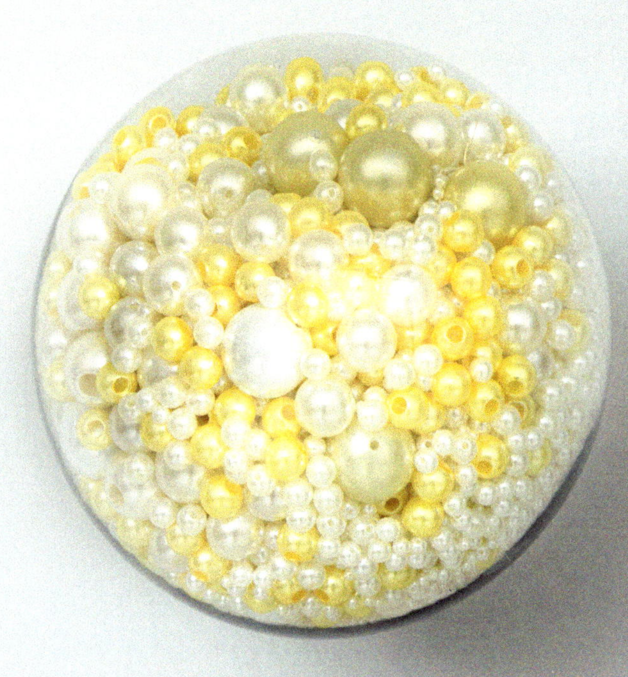

Neck-Laced #5, 2025

Una plafoniera da esterni è trasformata in contenitore opaco di luce potenziale. Al posto della lampadina, la sfera trasparente è colmata da perle sintetiche di varia misura e tonalità, originariamente destinate a diventare collane. La materia riflettente simula una sorgente luminosa, ma senza emettere nulla. L'oggetto resta acceso solo nell'immaginazione, carico ma disinnescato, come una promessa congelata. Così, la luce diventa ornamento, spostata dal piano funzionale a quello simbolico, tra decorazione e illusione.

An outdoor ceiling light is transformed into an opaque container of potential light. In place of the bulb, the transparent globe is filled with synthetic pearls of varying sizes and shades, originally intended to become necklaces. The reflective material mimics a light source, but without emitting anything. The object remains lit only in the imagination, charged but defused, like a frozen promise. Thus, light becomes ornament, shifted from the functional to the symbolic realm, between decoration and illusion.

Codice	Code	DS.LL.08.04

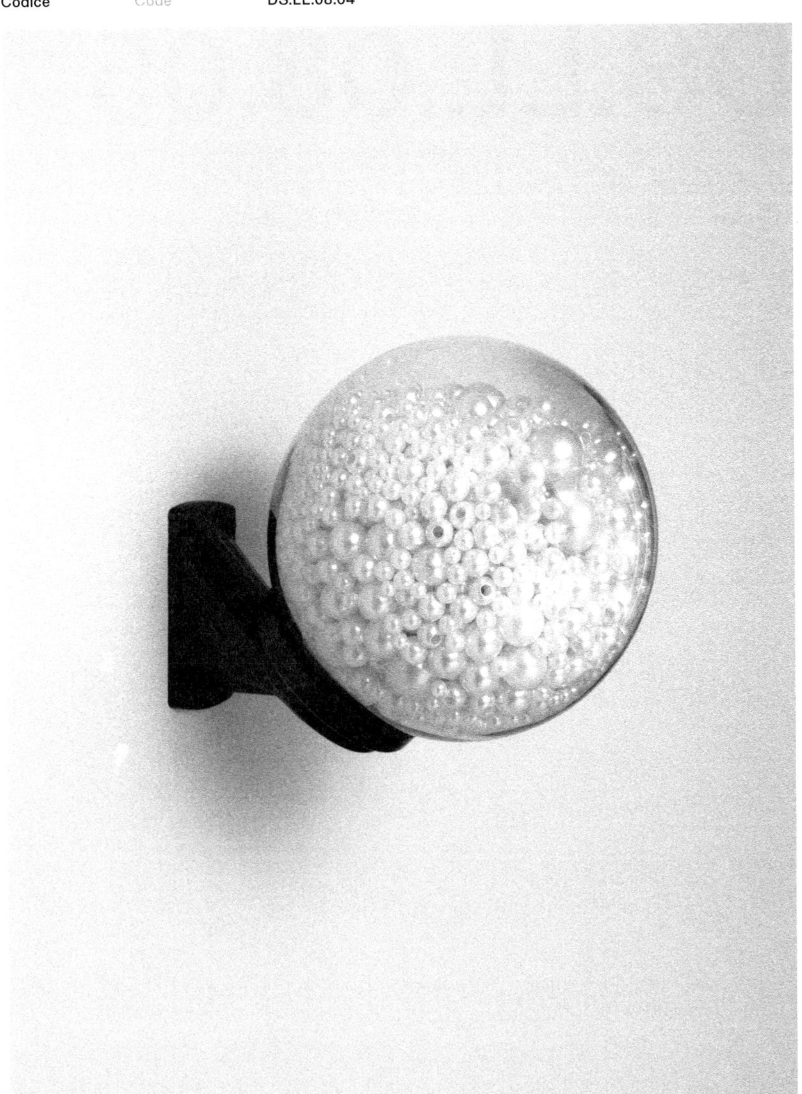

Anno	Years	2025
Dimensioni	Dimensions	26 × 20 × 20 cm
Materiali	Materials	Portalampada in plexiglass, perle in plastica
		Plexiglass lamp holder, plastic pearls
Peso	Weight	3.7 kg
Altre info	Other info	/

DS.LL.08.05

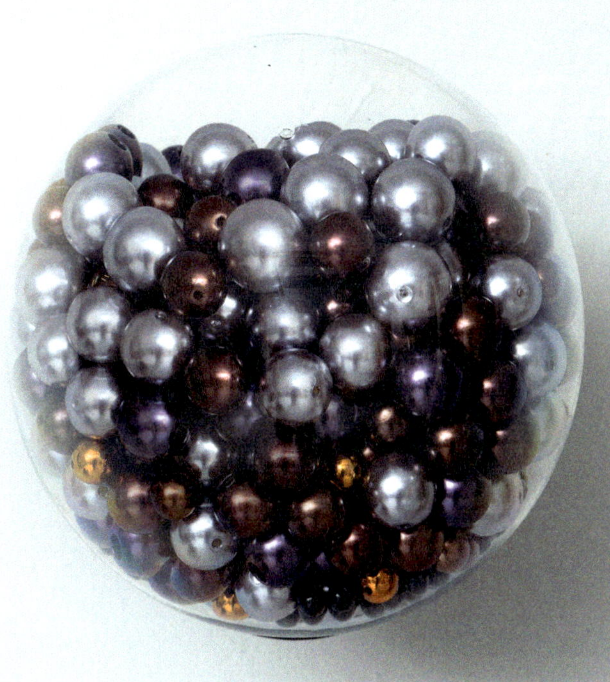

Neck-Laced #8, 2025

Una plafoniera da esterni è trasformata in contenitore opaco di luce potenziale. Al posto della lampadina, la sfera trasparente è colmata da perle sintetiche di varia misura e tonalità, originariamente destinate a diventare collane. La materia riflettente simula una sorgente luminosa, ma senza emettere nulla. L'oggetto resta acceso solo nell'immaginazione, carico ma disinnescato, come una promessa congelata. Così, la luce diventa ornamento, spostata dal piano funzionale a quello simbolico, tra decorazione e illusione.

An outdoor ceiling light is transformed into an opaque container of potential light. In place of the bulb, the transparent globe is filled with synthetic pearls of varying sizes and shades, originally intended to become necklaces. The reflective material mimics a light source, but without emitting anything. The object remains lit only in the imagination, charged but defused, like a frozen promise. Thus, light becomes ornament, shifted from the functional to the symbolic realm, between decoration and illusion.

Codice	Code	DS.LL.08.05

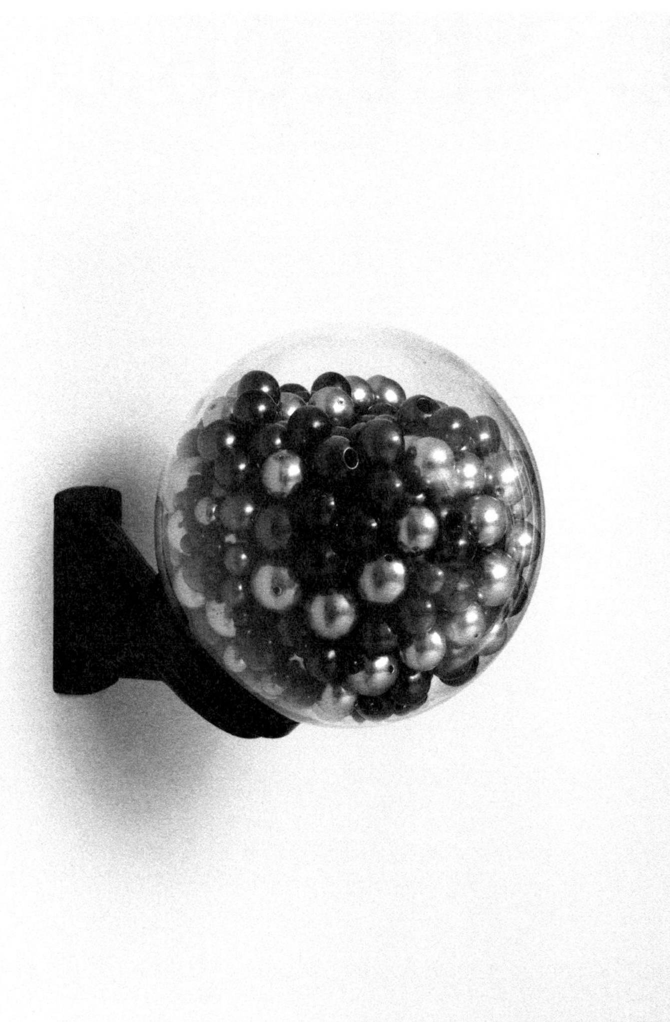

Anno	Years	2025
Dimensioni	Dimensions	26 × 20 × 20 cm
Materiali	Materials	Portalampada in plexiglass, perle in plastica
		Plexiglass lamp holder, plastic pearls
Peso	Weight	2.8 kg
Altre info	Other info	/

DS.LL.08.06

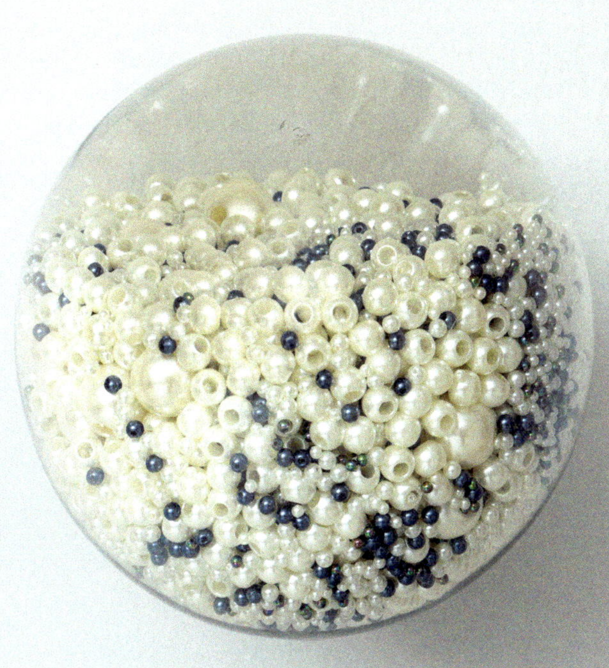

Neck-Laced #9, 2024

Una plafoniera da esterni è trasformata in contenitore opaco di luce potenziale. Al posto della lampadina, la sfera trasparente è colmata da perle sintetiche di varia misura e tonalità, originariamente destinate a diventare collane. La materia riflettente simula una sorgente luminosa, ma senza emettere nulla. L'oggetto resta acceso solo nell'immaginazione, carico ma disinnescato, come una promessa congelata. Così, la luce diventa ornamento, spostata dal piano funzionale a quello simbolico, tra decorazione e illusione.

An outdoor ceiling light is transformed into an opaque container of potential light. In place of the bulb, the transparent globe is filled with synthetic pearls of varying sizes and shades, originally intended to become necklaces. The reflective material mimics a light source, but without emitting anything. The object remains lit only in the imagination, charged but defused, like a frozen promise. Thus, light becomes ornament, shifted from the functional to the symbolic realm, between decoration and illusion.

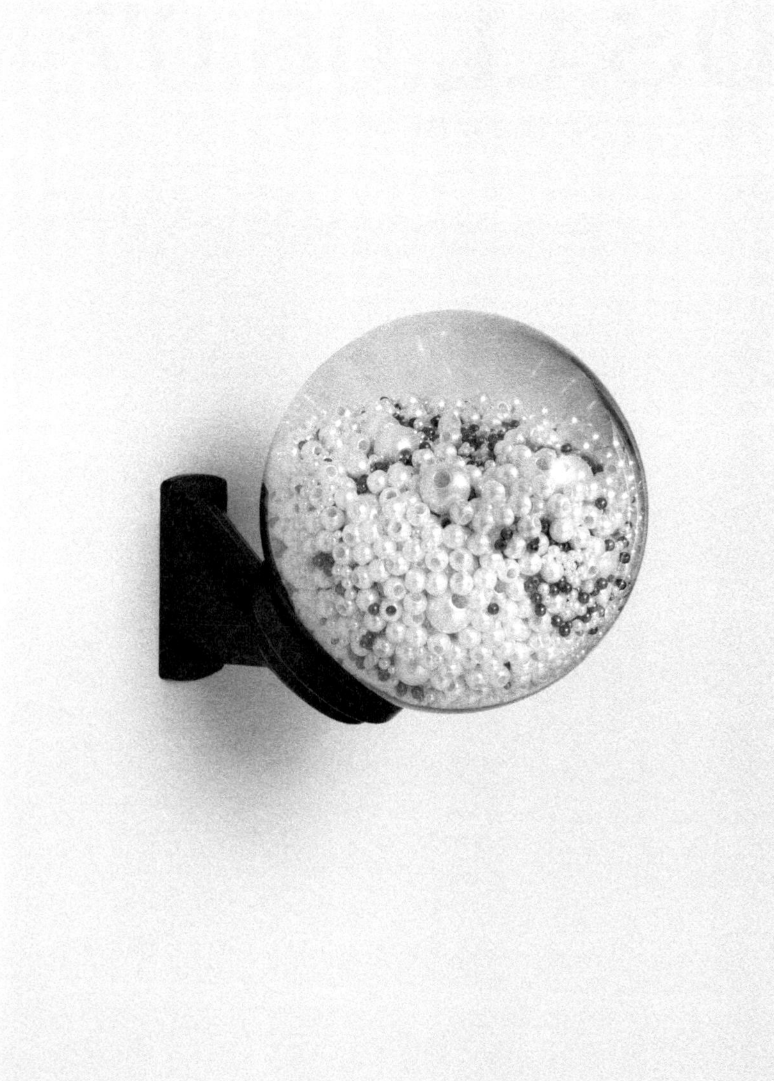

Codice	Code	DS.LL.08.06

207

Anno	Years	2024
Dimensioni	Dimensions	26 × 20 × 20 cm
Materiali	Materials	**Portalampada in plexiglass, perle in plastica**
		Plexiglass lamp holder, plastic pearls
Peso	Weight	2.6 kg
Altre info	Other info	/

DS.LL.08.07

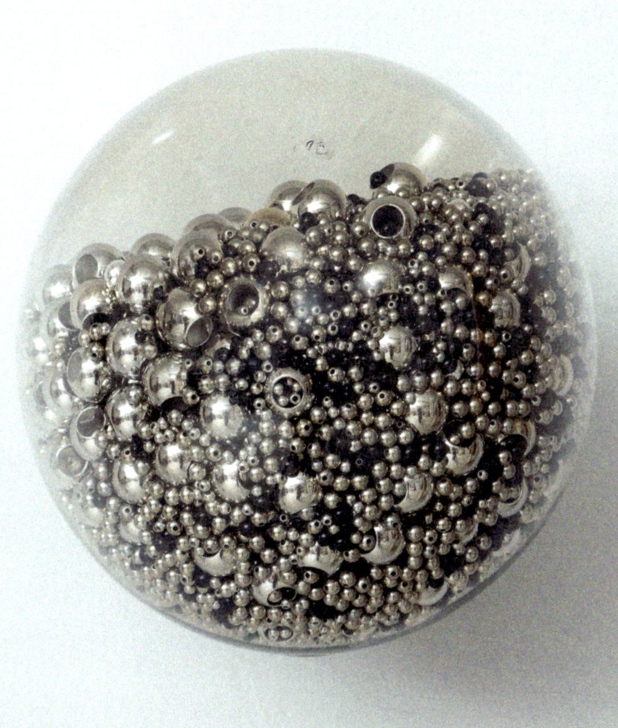

Neck-Laced #10, 2024

Una plafoniera da esterni è trasformata in contenitore opaco di luce potenziale. Al posto della lampadina, la sfera trasparente è colmata da perle sintetiche di varia misura e tonalità, originariamente destinate a diventare collane. La materia riflettente simula una sorgente luminosa, ma senza emettere nulla. L'oggetto resta acceso solo nell'immaginazione, carico ma disinnescato, come una promessa congelata. Così, la luce diventa ornamento, spostata dal piano funzionale a quello simbolico, tra decorazione e illusione.

An outdoor ceiling light is transformed into an opaque container of potential light. In place of the bulb, the transparent globe is filled with synthetic pearls of varying sizes and shades, originally intended to become necklaces. The reflective material mimics a light source, but without emitting anything. The object remains lit only in the imagination, charged but defused, like a frozen promise. Thus, light becomes ornament, shifted from the functional to the symbolic realm, between decoration and illusion.

Codice	Code	DS.LL.08.07

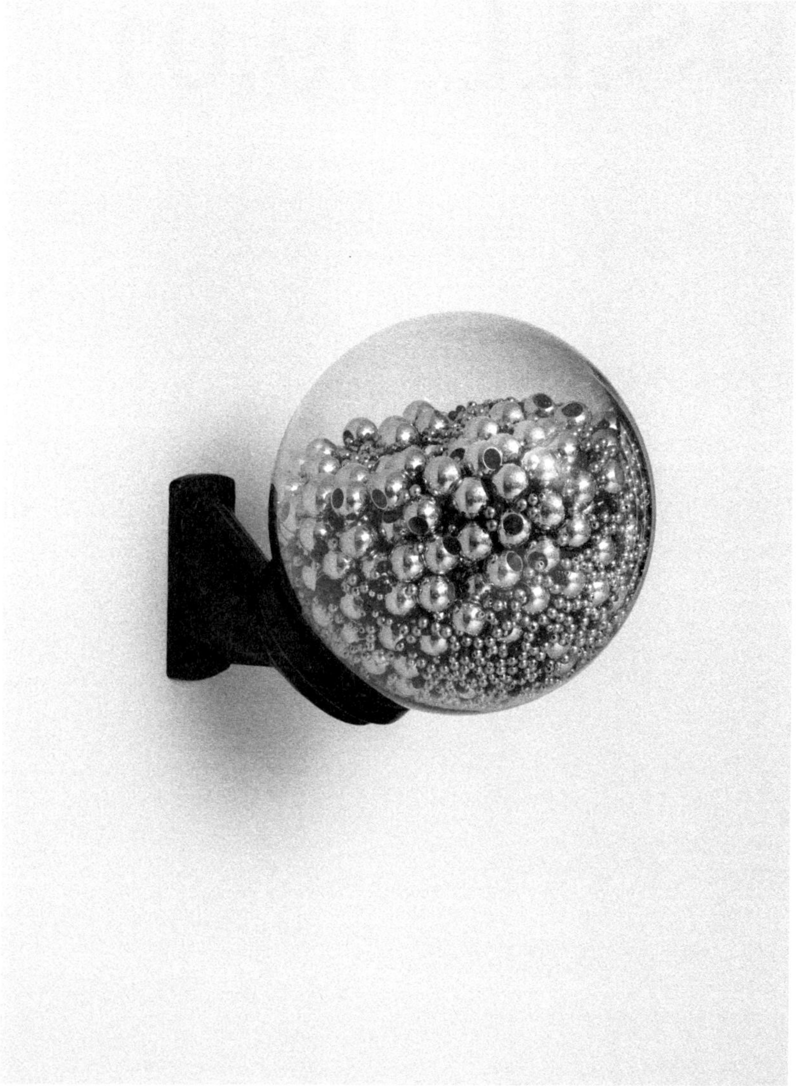

Anno	Years	2024
Dimensioni	Dimensions	26 × 20 × 20 cm
Materiali	Materials	Portalampada in plexiglass, perle in plastica
		Plexiglass lamp holder, plastic pearls
Peso	Weight	2.5 kg
Altre info	Other info	/

DS.LL.09.01

Flamboyant Led, 2025

Una veneziana si avvolge attorno a un pannello LED rettangolare fino a bloccarsi in una posizione definitiva. La luce emerge filtrata, compressa, come costretta a farsi strada tra le lamelle. Non è più un dispositivo per schermare, né uno per illuminare: è entrata in corto tra due gesti opposti. Come uno sguardo schermato, l'intervento evoca una soglia: uno spazio in cui la luce passa, ma solo per induzione, trasformando una barriera in superficie sensibile. Un dispositivo bloccato in un'azione incompiuta, che trasforma la costrizione in una nuova possibilità percettiva.

A Venetian blind wraps around a rectangular LED panel until it locks into a final position. The light emerges filtered, compressed, as if forced to make its way through the slats. It is no longer a device for shielding, nor one for lighting: it short-circuits between two opposing gestures. Like a shielded gaze, the piece evokes a threshold: a space where light filters, but only by induction, turning a barrier into a sensitive surface. A device fixed in an unfinished action, transforming constraint into a new perceptual possibility.

Codice	Code	DS.LL.09.01

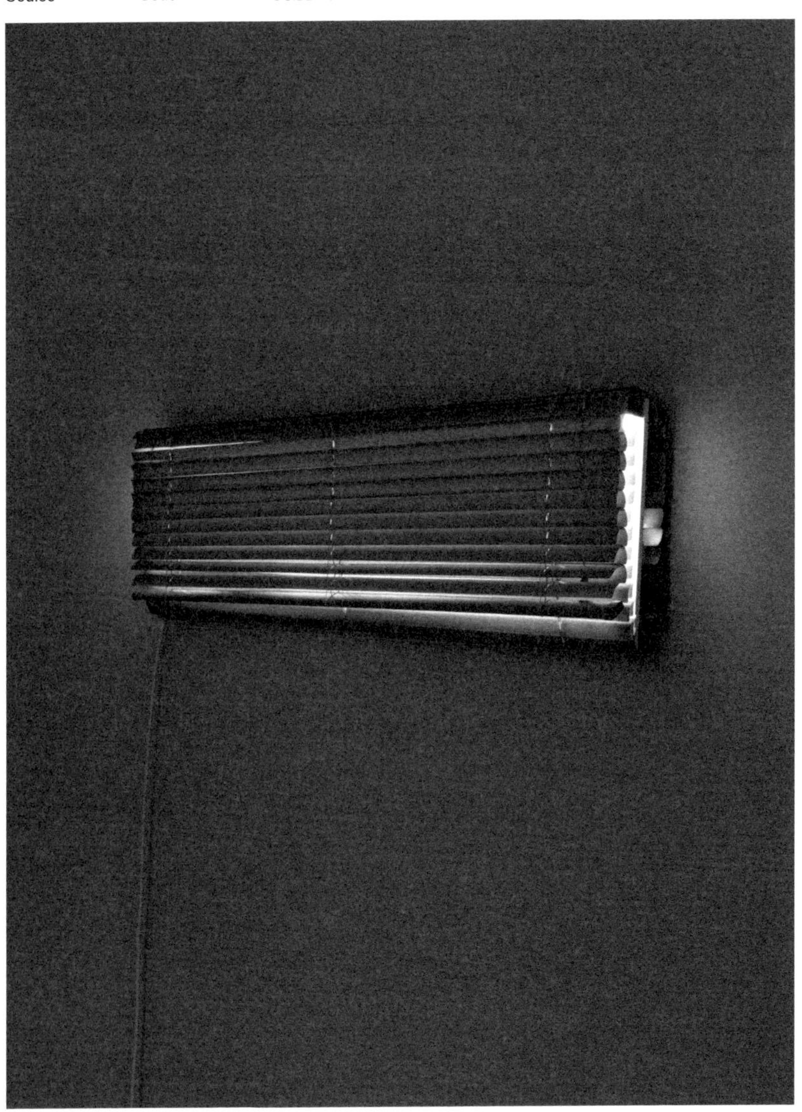

Anno	Years	2025
Dimensioni	Dimensions	31 × 120 × 10 cm
Materiali	Materials	Pannello a LED, tende veneziane in PVC, cavo, presa elettrica
		Led panel, PVC venetian blinds, cable, electric plug
Peso	Weight	2.9 kg
Altre info	Other info	/

DS.LL.09.02

Uplifted Led, 2025

Una veneziana si avvolge attorno a un pannello LED rettangolare fino a bloccarsi in una posizione definitiva. La luce emerge filtrata, compressa, come costretta a farsi strada tra le lamelle. Non è più un dispositivo per schermare, né uno per illuminare: è entrata in corto tra due gesti opposti. Come uno sguardo schermato, l'intervento evoca una soglia: uno spazio in cui la luce passa, ma solo per induzione, trasformando una barriera in superficie sensibile. Un dispositivo bloccato in un'azione incompiuta, che trasforma la costrizione in una nuova possibilità percettiva.

A Venetian blind wraps around a rectangular LED panel until it locks into a final position. The light emerges filtered, compressed, as if forced to make its way through the slats. It is no longer a device for shielding, nor one for lighting: it short-circuits between two opposing gestures. Like a shielded gaze, the piece evokes a threshold: a space where light filters, but only by induction, turning a barrier into a sensitive surface. A device fixed in an unfinished action, transforming constraint into a new perceptual possibility.

Codice	Code	DS.LL.09.02

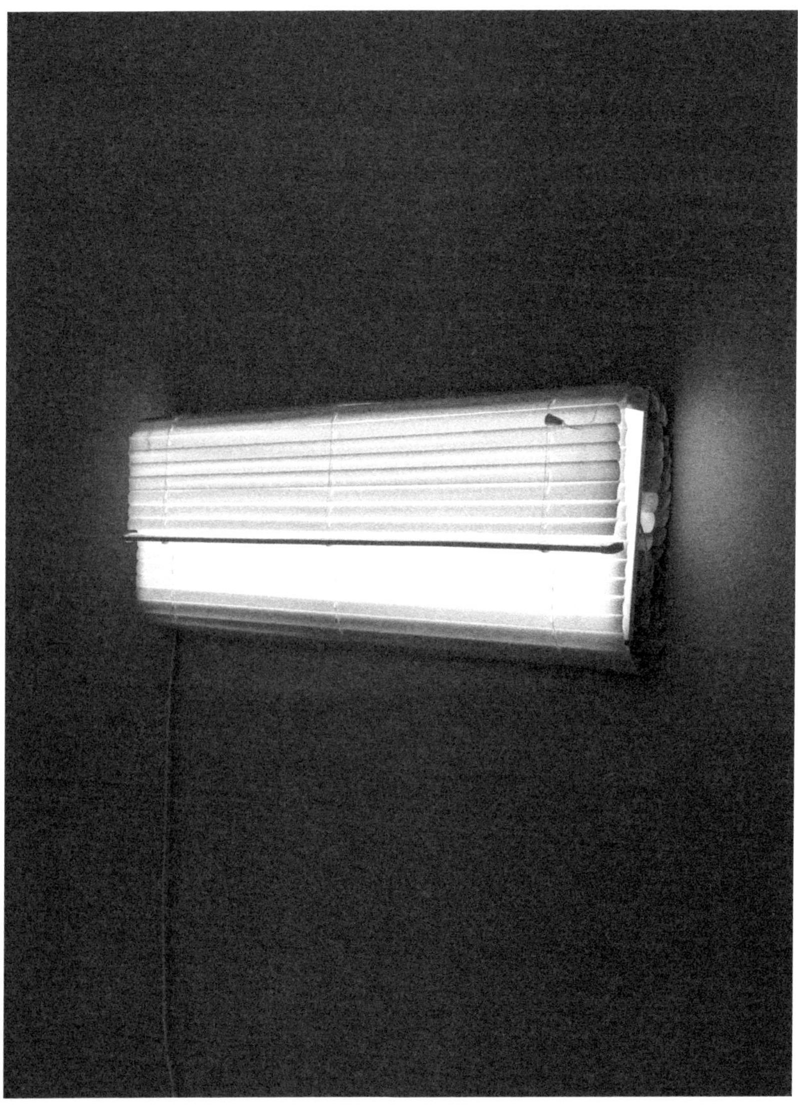

Anno	Years	2025
Dimensioni	Dimensions	31 × 120 × 10 cm
Materiali	Materials	Pannello a LED, tende veneziane in PVC, cavo, presa elettrica
		LED panel, PVC venetian blinds, cable, electric plug
Peso	Weight	2.9 kg
Altre info	Other info	/

DS.LL.09.03

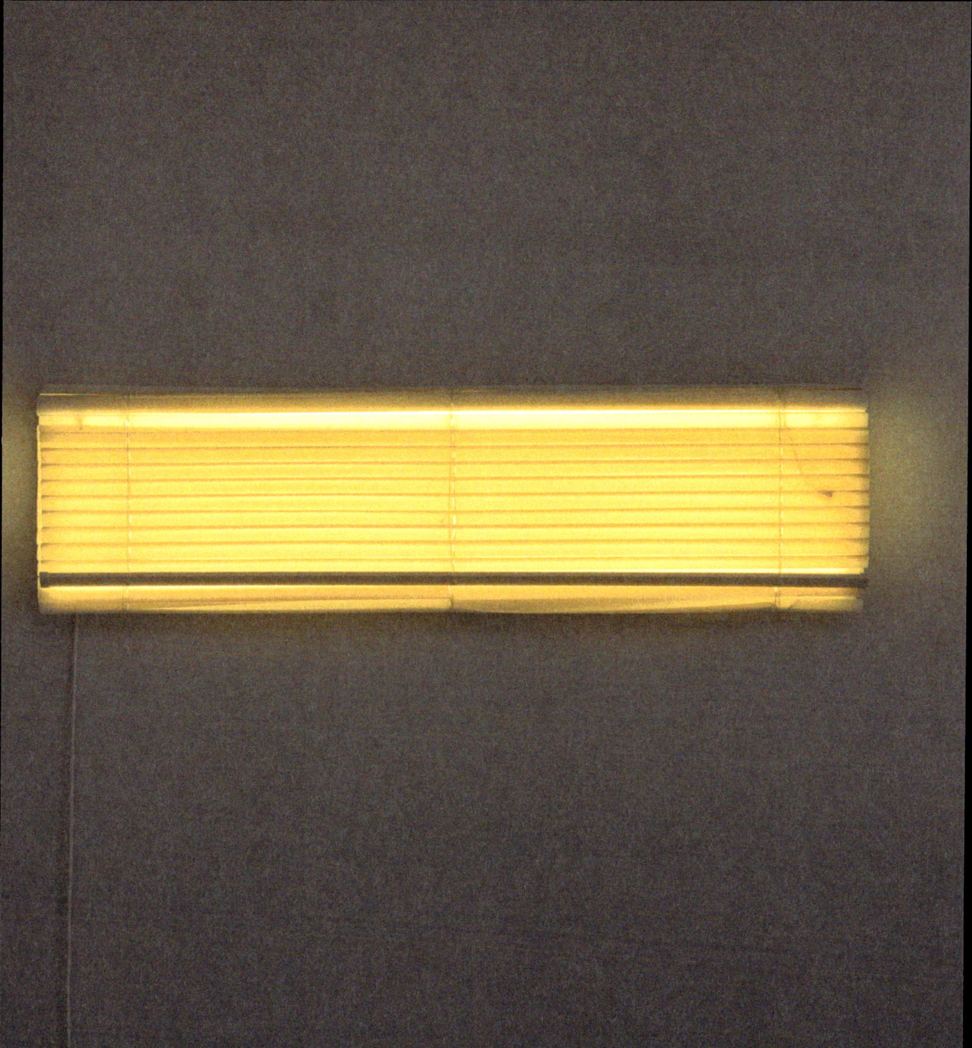

Cocky Led, 2025

Una veneziana si avvolge attorno a un pannello LED rettangolare fino a bloccarsi in una posizione definitiva. La luce emerge filtrata, compressa, come costretta a farsi strada tra le lamelle. Non è più un dispositivo per schermare, né uno per illuminare: è entrata in corto tra due gesti opposti. Come uno sguardo schermato, l'intervento evoca una soglia: uno spazio in cui la luce passa, ma solo per induzione, trasformando una barriera in superficie sensibile. Un dispositivo bloccato in un'azione incompiuta, che trasforma la costrizione in una nuova possibilità percettiva.

A Venetian blind wraps around a rectangular LED panel until it locks into a final position. The light emerges filtered, compressed, as if forced to make its way through the slats. It is no longer a device for shielding, nor one for lighting: it short-circuits between two opposing gestures. Like a shielded gaze, the piece evokes a threshold: a space where light filters, but only by induction, turning a barrier into a sensitive surface. A device fixed in an unfinished action, transforming constraint into a new perceptual possibility.

Codice	Code	DS.LL.09.03

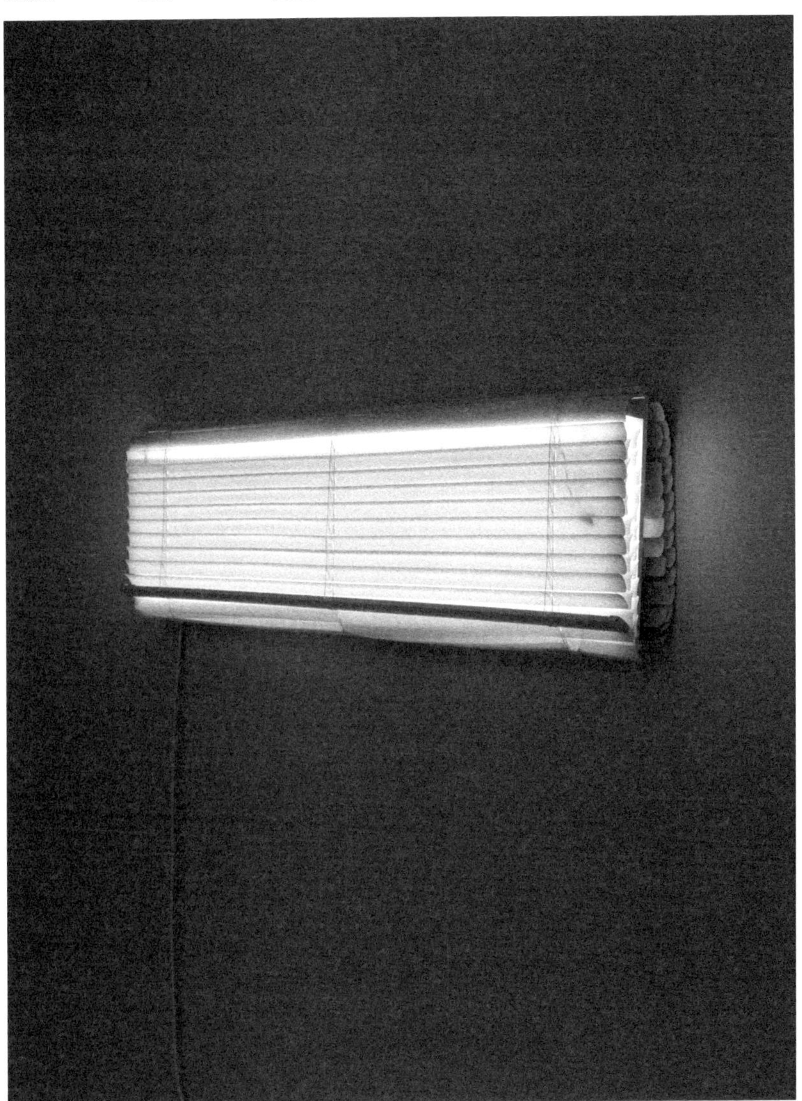

Anno	Years	2025
Dimensioni	Dimensions	31 × 120 × 10 cm
Materiali	Materials	Pannello a LED, tende veneziane in PVC, cavo, presa elettrica
		LED panel, PVC venetian blinds, cable, electric plug
Peso	Weight	2.9 kg
Altre info	Other info	/

DS.LL.09.04

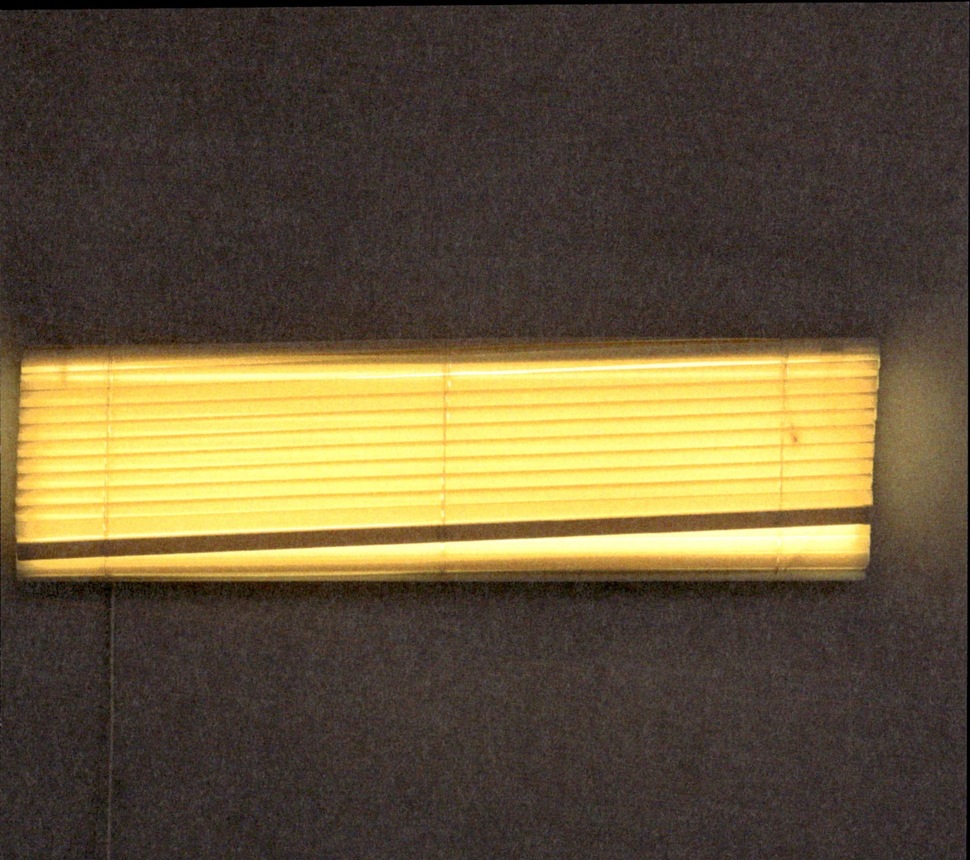

Self-confident Led, 2025

Una veneziana si avvolge attorno a un pannello LED rettangolare fino a bloccarsi in una posizione definitiva. La luce emerge filtrata, compressa, come costretta a farsi strada tra le lamelle. Non è più un dispositivo per schermare, né uno per illuminare: è entrata in corto tra due gesti opposti. Come uno sguardo schermato, l'intervento evoca una soglia: uno spazio in cui la luce passa, ma solo per induzione, trasformando una barriera in superficie sensibile. Un dispositivo bloccato in un'azione incompiuta, che trasforma la costrizione in una nuova possibilità percettiva.

A Venetian blind wraps around a rectangular LED panel until it locks into a final position. The light emerges filtered, compressed, as if forced to make its way through the slats. It is no longer a device for shielding, nor one for lighting: it short-circuits between two opposing gestures. Like a shielded gaze, the piece evokes a threshold: a space where light filters, but only by induction, turning a barrier into a sensitive surface. A device fixed in an unfinished action, transforming constraint into a new perceptual possibility.

Codice	Code	DS.LL.09.04

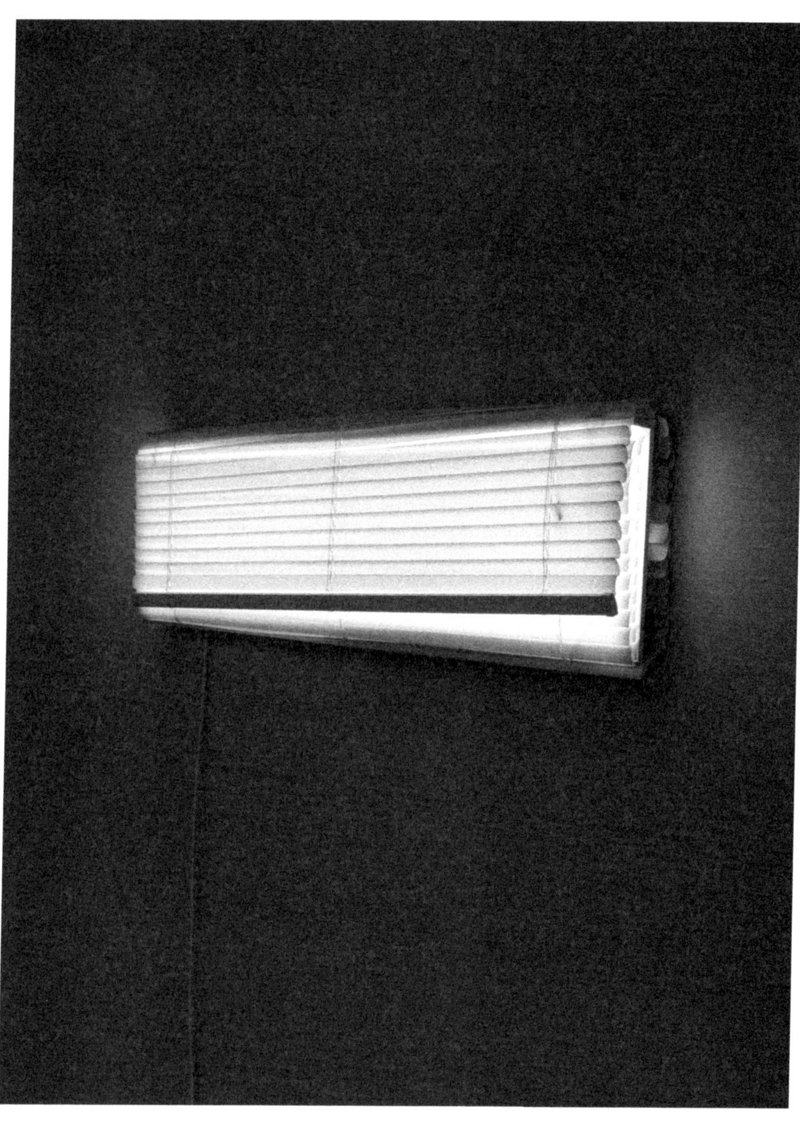

Anno	Years	2025
Dimensioni	Dimensions	31 × 120 × 10 cm
Materiali	Materials	Pannello a LED, tende veneziane in PVC, cavo, presa elettrica
		LED panel, PVC venetian blinds, cable, electric plug
Peso	Weight	2.9 kg
Altre info	Other info	/

DS.LL.10.01

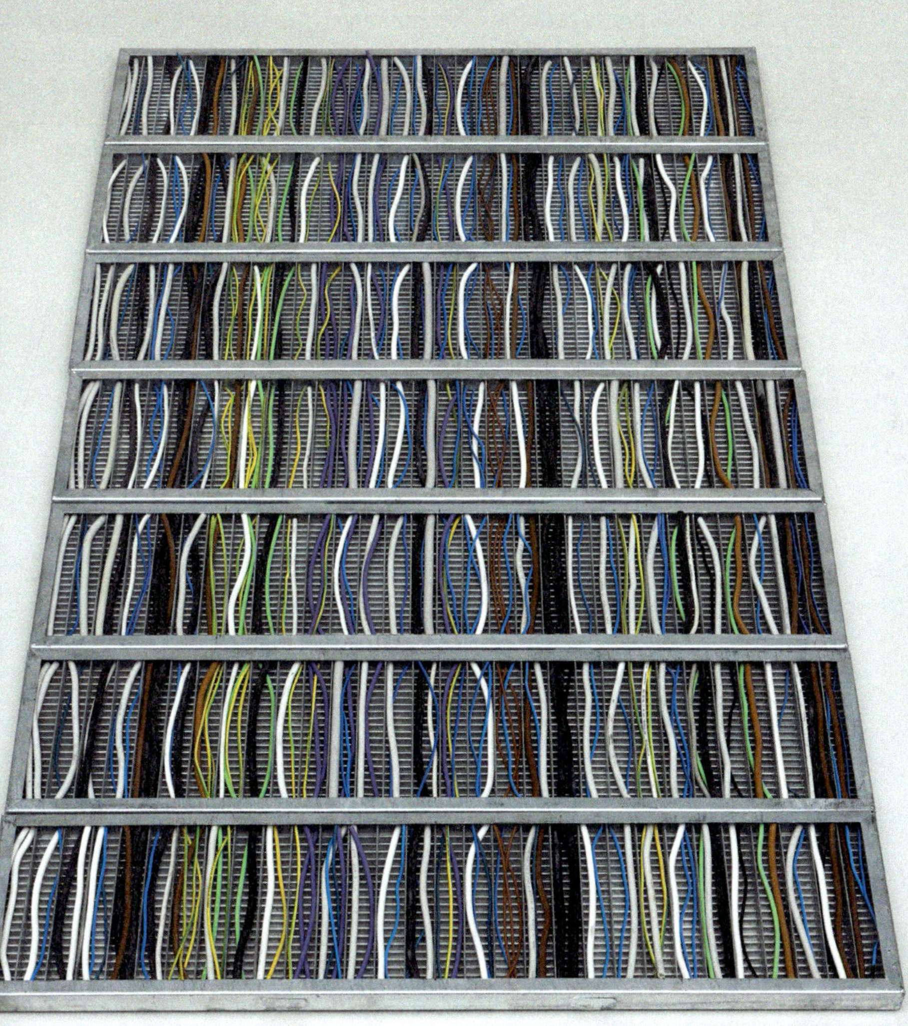

Electrician's Carpet, 2025

Griglie industriali da pavimento sono disposte a formare un tappeto da interno, rigido e discontinuo. Al loro interno si intrecciano spezzoni di cavi elettrici usati, tagliati con precisione per inserirsi tra le fessure metalliche. L'elemento tecnico e funzionale si fa tessitura: il passaggio si trasforma in superficie, il flusso in intreccio. L'ordine, solo in apparenza razionale, rivela un gesto quasi artigianale, come se qualcuno avesse voluto ricamare sull'infrastruttura urbana. Il pavimento diventa immagine, e la rete si carica di tensione visiva, compressa tra funzione e decorazione.

Industrial floor grates are arranged to create an indoor rug, rigid and discontinuous. Inside them, segments of used electrical cables are interwoven, cut precisely to fit between the metal slats. The technical, functional element becomes texture: transition turns into surface, flow into weave. The order—rational in appearance only—reveals an almost artisanal gesture, as if someone had tried to embroider on the urban infrastructure. The floor becomes image, and the grid is charged with visual tension, compressed between function and decoration.

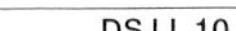

Codice	Code	DS.LL.10.01

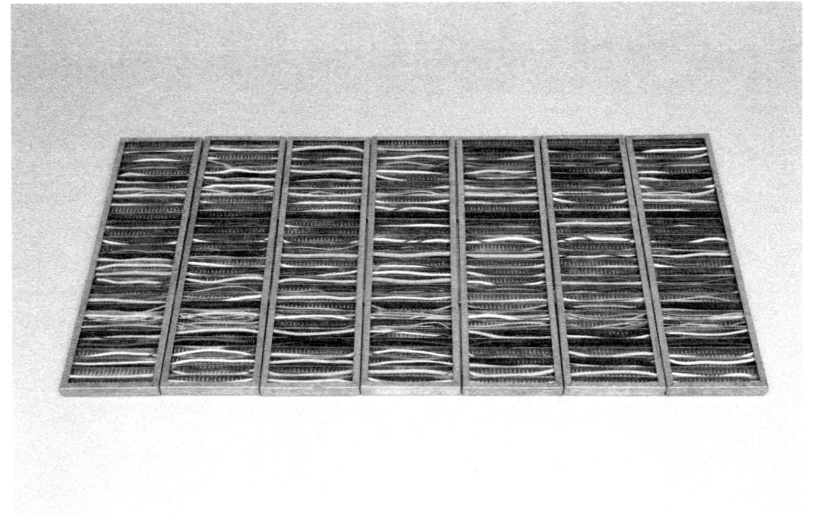

Anno	Years	2025
Dimensioni	Dimensions	175 × 100 × 3 cm
Materiali	Materials	Griglia calpestabile, cavi elettrici di recupero
		Walking grill, found electrical cables
Peso	Weight	59.7 kg
Altre info	Other info	/

DS.LL.11.01

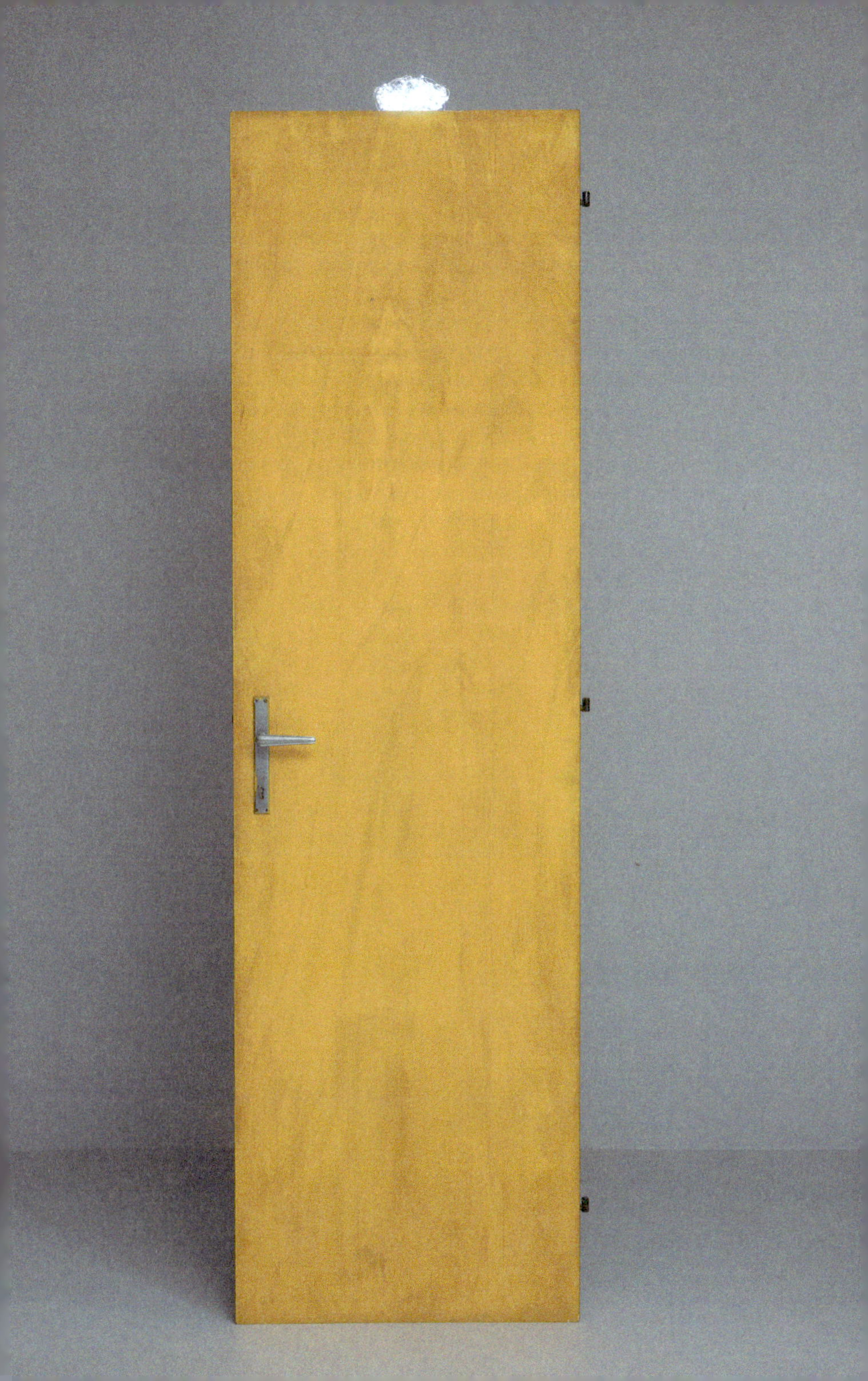

The nest rests on top of all quests, 2025

Due porte accostate, una bianca e una gialla, formano un unico corpo asimmetrico, bloccato in apertura. La prima, con vetri lavorati e maniglia dorata, proviene chiaramente da un interno borghese: un ambiente domestico, curato, dove l'estetica ha un ruolo preciso. L'altra, in legno grezzo verniciato di giallo, è una porta da laboratorio, funzionale e anonima, pensata più per l'uso che per la forma. Sopra, come appoggiato in equilibrio precario, un piccolo nido luminoso fatto di lucine intrecciate emette una luce fredda e tremolante. L'incontro tra questi elementi genera una soglia instabile: non si entra né si esce, ma si resta sospesi tra due mondi. Il nido introduce una dimensione intima e fragile, che contrasta con la solidità dell'infrastruttura, come un pensiero effimero incastrato in un varco fuori luogo.

Two doors placed side by side, one white and one yellow, form a single asymmetrical body, locked in an opening. The first, with etched glass and a golden handle, clearly comes from a bourgeois interior: a polished domestic space, where aesthetics play a precise role. The other, in raw wood painted yellow, is a lab door, functional and anonymous, designed more for use than for form. Above them, as if resting in a precarious balance, a small luminous nest made of interwoven string lights emits a cold, flickering glow. The encounter between these elements creates an unstable threshold: one does not enter or exit, but remains suspended between two worlds. The nest introduces an intimate and fragile dimension that contrasts with the solidity of the infrastructure, like an ephemeral thought stuck into a misplaced gap.

Codice	Code	DS.LL.11.01

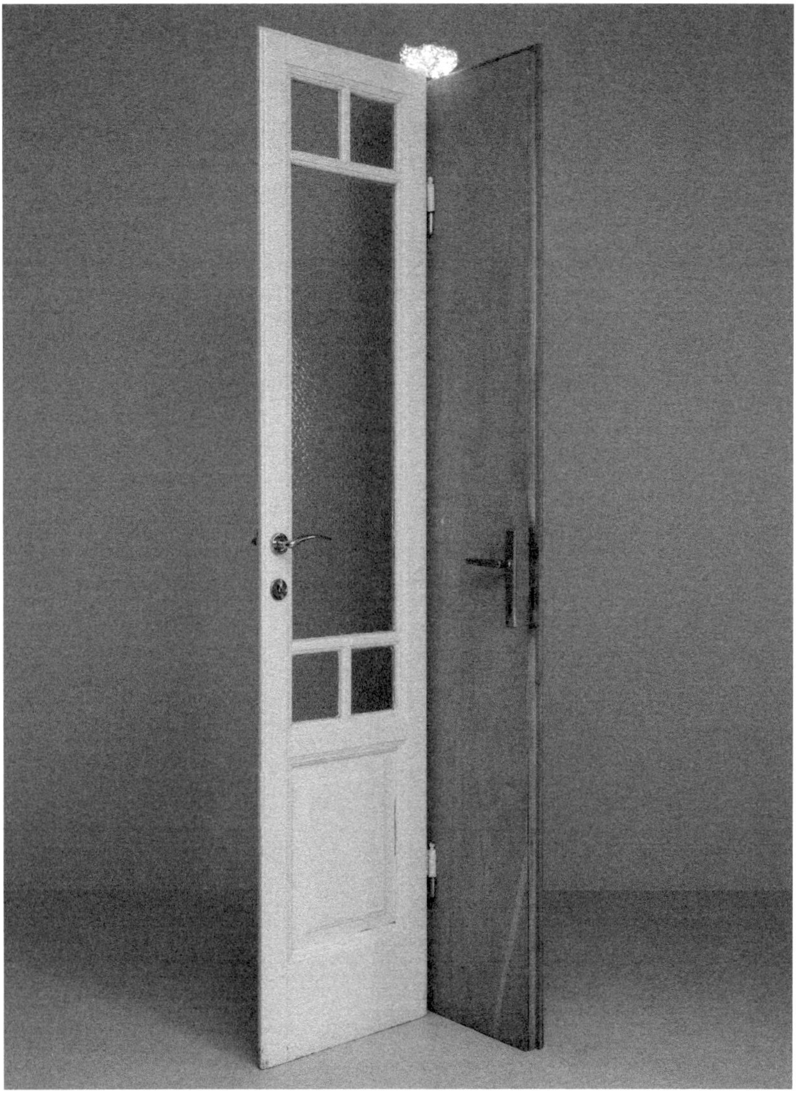

Anno	Years	2025
Dimensioni	Dimensions	65 × 58 × 218 cm
Materiali	Materials	Porte di recupero, luci a LED
		Found doors, LED string lights
Peso	Weight	51 kg
Altre info	Other info	/

DS.LL.12.01

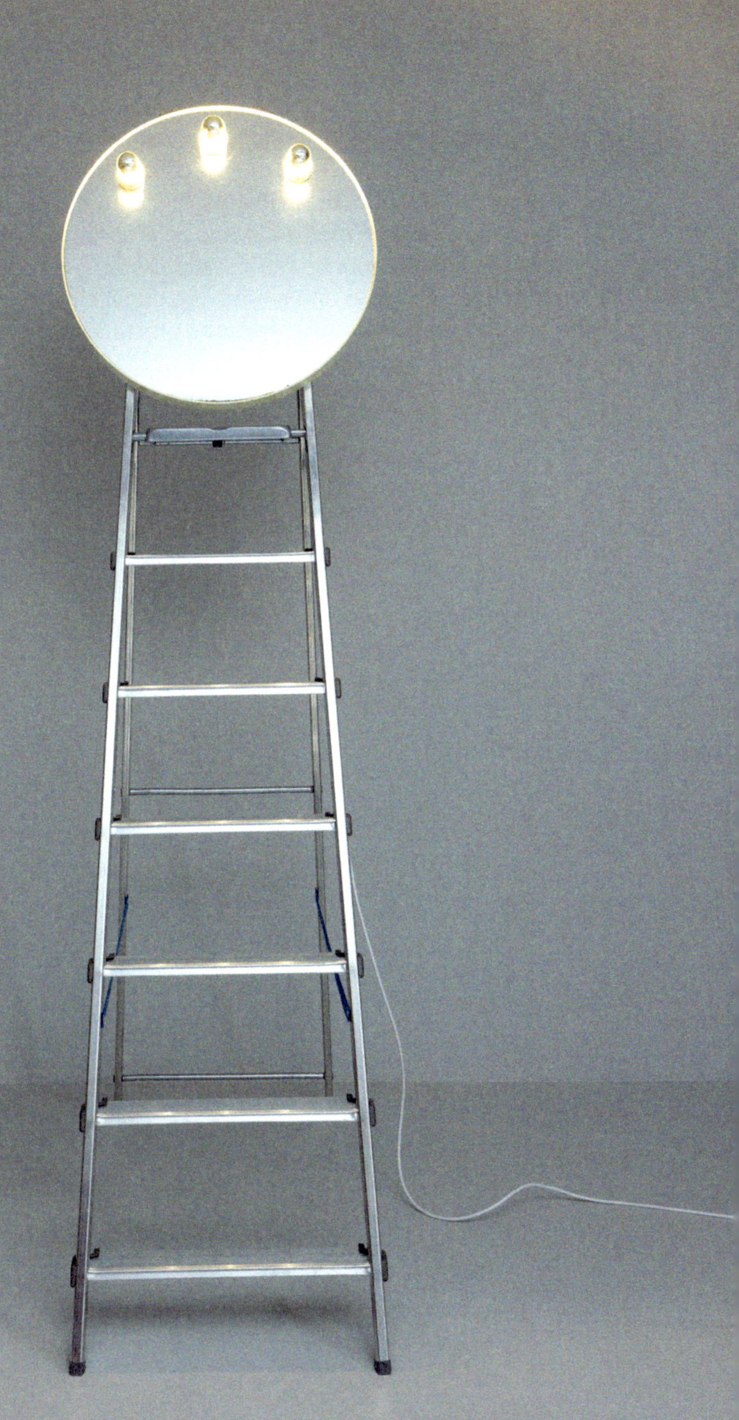

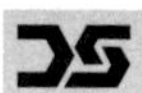

Rising, falling, looking for the sun, 2025

Uno specchio rotondo da bagno, incorniciato da tre lampadine accese, è appoggiato in cima a una scala da lavoro in alluminio. Sollevato come un disco luminoso, evoca il sole e la luna, sospeso tra luce artificiale e simbolismo naturale. La luce, invece di illuminare un volto, proietta il suo sguardo nel vuoto, mentre lo specchio osserva senza essere osservato. La scala diventa un piedistallo precario per questa presenza domestica e cosmica, in una scena che oscilla tra intimità e distanza, tra attesa e assenza di scena, aprendo una finestra immaginaria verso un altrove silenzioso.

A round bathroom mirror, framed by three lit bulbs, is placed at the top of an aluminum work ladder. Raised like a glowing disc, it evokes the sun and the moon, suspended between artificial light and natural symbolism. The light, instead of illuminating a face, casts its gaze into emptiness, while the mirror looks without being looked at. The ladder becomes a precarious pedestal for this domestic and cosmic presence, in a scene that oscillates between intimacy and distance, between anticipation and stage absence, opening an imaginary window to a silent elsewhere.

ƆS

Codice	Code	DS.LL.12.01

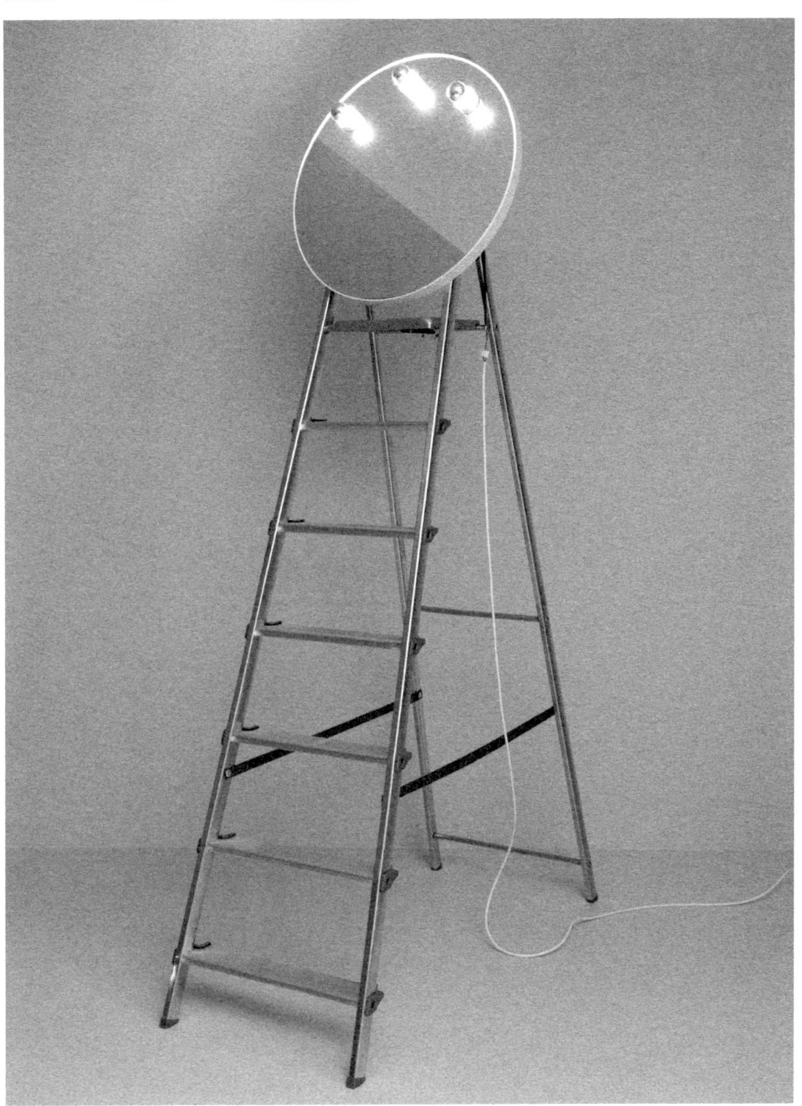

Anno	Years	2025
Dimensioni	Dimensions	60 × 124 × 211 cm
Materiali	Materials	Specchio con luci di recupero, scala in alluminio, cavo, spina elettrica
		Found mirror with lights, aluminium ladder, cable, electric plug
Peso	Weight	12.8 kg
Altre info	Other info	/

DS.LL.12.02

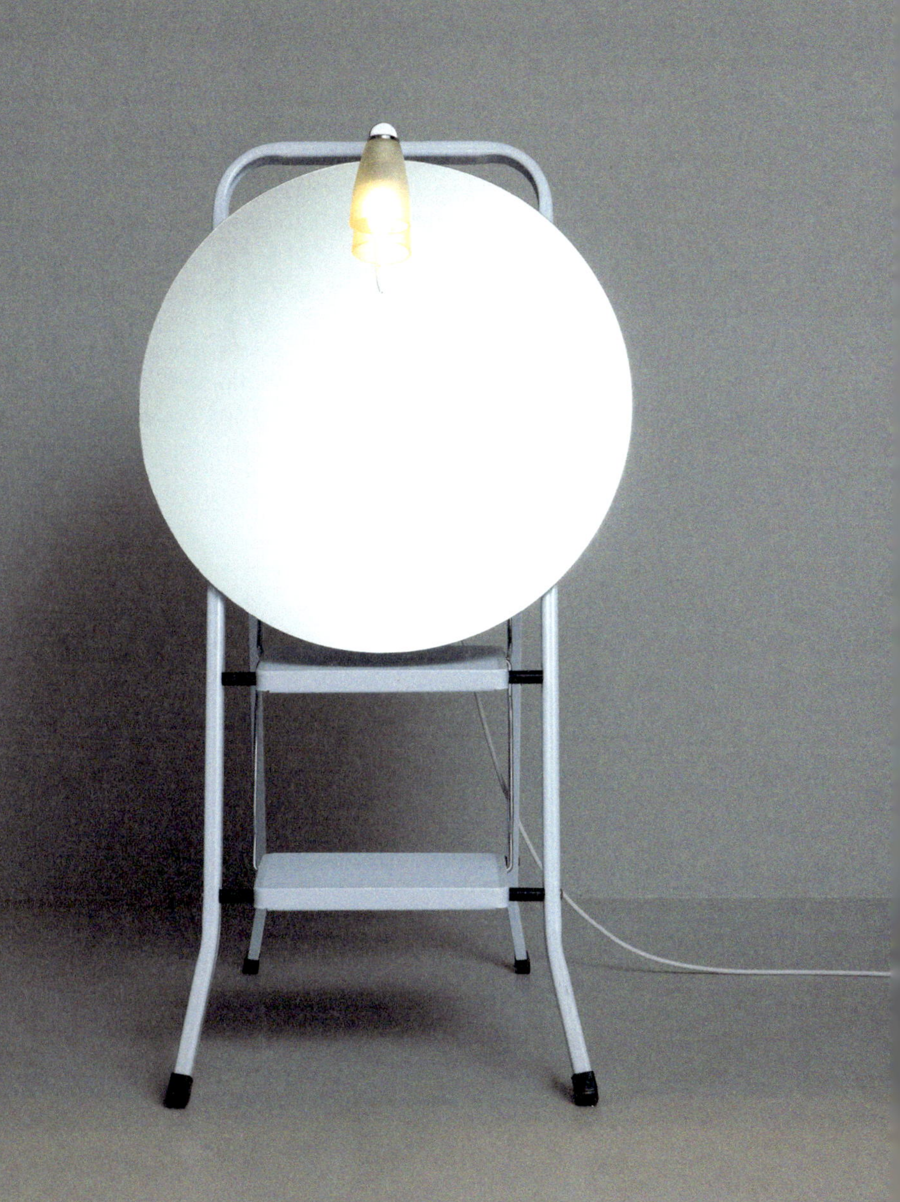

Rising, falling, looking for the moon, 2025

Una piccola scala pieghevole a tre gradini, in metallo bianco e pensata per l'uso domestico, accoglie uno specchio da bagno sottile, che sembra quasi fluttuare, in bilico tra oggetto tecnico e presenza scultorea. Una piccola lampadina a forma di fiammella, schermata da un paralume in vetro sabbiato, si colloca in sommità come un timido segnale luminoso, riflettendosi sulla superficie specchiante e raddoppiando il suo debole bagliore. Il cavo elettrico si snoda dietro i pioli, percorre l'altezza della struttura e si distende a terra, tracciando una linea sottile, quasi distratta.

A small three-step folding ladder, made of white metal and designed for domestic use, houses a thin bathroom mirror that seems almost to float, hovering between technical object and sculptural presence. A small flame-shaped bulb, shielded by a frosted glass shade, is placed on the top as a timid light signal, reflecting in the mirror's surface and doubling its faint glow. The electric cable winds behind the rungs, runs along the structure's height, and stretches out on the floor, drawing a fine, almost distracted line.

DS

Codice	Code	DS.LL.12.02

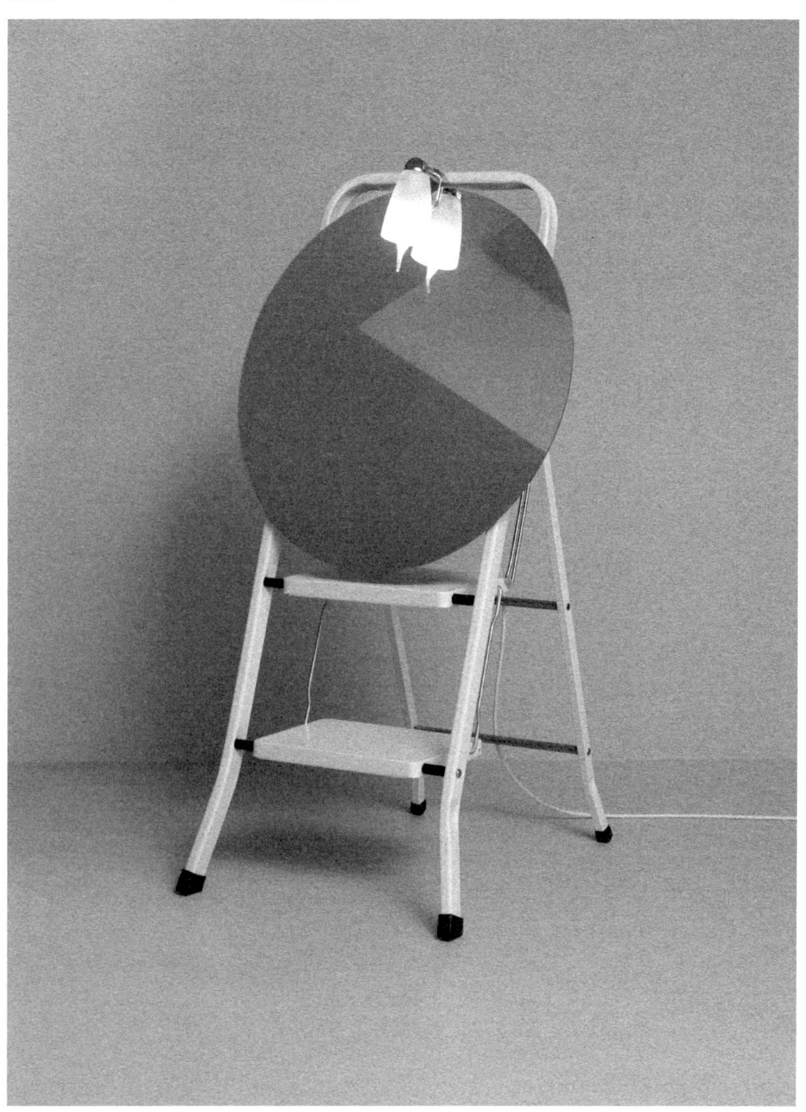

Anno	Years	2025
Dimensioni	Dimensions	60 × 67 × 109 cm
Materiali	Materials	Specchio con luci di recupero, scala in alluminio, cavo, spina elettrica
		Found mirror with lights, aluminium ladder, cable, electric plug
Peso	Weight	8.7 kg
Altre info	Other info	/

DS.LL.13.01

Light Switch (Private corridor) III, 2025

Una comune placca di interruttori con viti in metallo si offre allo sguardo in una veste inaspettata: al posto dei consueti tasti, ospita una serie di specchi, allineati con rigorosa precisione. Così, dove ci si aspetterebbe un gesto di accensione, questa piccola scultura riflette il frammento di spazio che la circonda, restituendo un'immagine mobile, sempre diversa. L'elemento tecnico si svuota della sua funzione originaria e si trasforma in superficie riflettente, interrompendo la continuità del muro con un dettaglio discreto, sospeso tra oggetto d'uso e lieve inganno poetico.

A common light switch plate with metal screws presents itself in an unexpected way: instead of the usual buttons, it houses a series of mirrors, aligned with strict precision. Thus, just where one would expect the gesture of switching on a light, this small sculpture reflects fragments of the space that surrounds it, returning a shifting image, always different. The technical element is emptied of its original function and is transformed into a reflective surface, interrupting the wall's continuity with a discreet detail, suspended between utility and gentle poetic illusion.

DS

Codice	Code	DS.LL.13.01

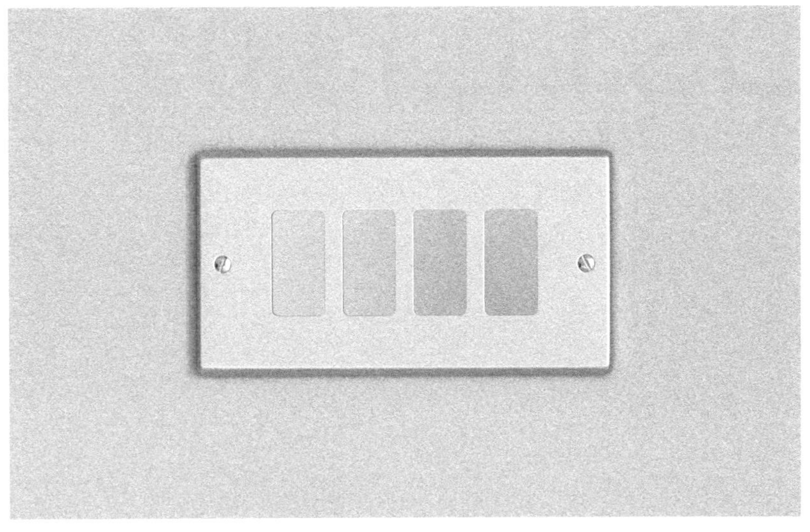

Anno	Years	2025
Dimensioni	Dimensions	7 × 13.5 × 0.5 cm
Materiali	Materials	Specchio acrilico, interruttore in metallo
		Acrylic mirror, metal switch
Peso	Weight	0.3 kg
Altre info	Other info	/

DS.LL.13.02

Light Switch (Narrow corridor) III, 2025

Una comune placca di interruttori con viti in metallo si offre allo sguardo in una veste inaspettata: al posto dei consueti tasti, ospita una serie di specchi, allineati con rigorosa precisione. Così, dove ci si aspetterebbe un gesto di accensione, questa piccola scultura riflette il frammento di spazio che la circonda, restituendo un'immagine mobile, sempre diversa. L'elemento tecnico si svuota della sua funzione originaria e si trasforma in superficie riflettente, interrompendo la continuità del muro con un dettaglio discreto, sospeso tra oggetto d'uso e lieve inganno poetico.

A common light switch plate with metal screws presents itself in an unexpected way: instead of the usual buttons, it houses a series of mirrors, aligned with strict precision. Thus, just where one would expect the gesture of switching on a light, this small sculpture reflects fragments of the space that surrounds it, returning a shifting image, always different. The technical element is emptied of its original function and is transformed into a reflective surface, interrupting the wall's continuity with a discreet detail, suspended between utility and gentle poetic illusion.

Codice	Code	DS.LL.13.02

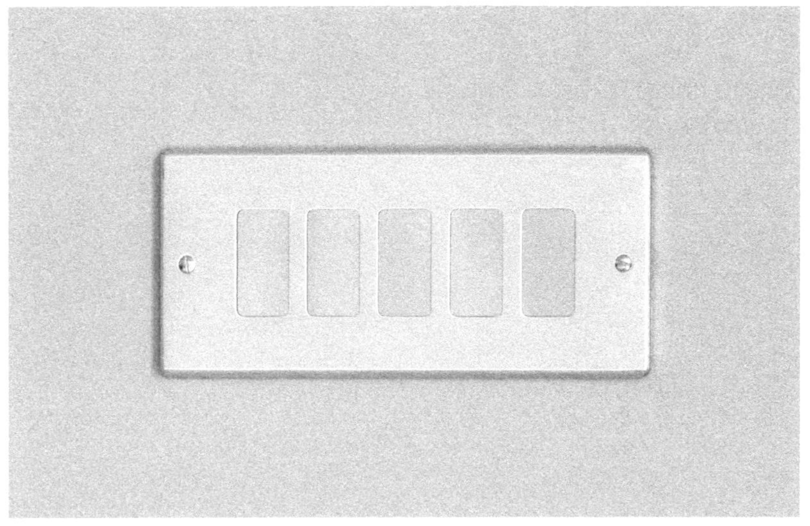

Anno	Years	2025
Dimensioni	Dimensions	7 × 16 × 0.5 cm
Materiali	Materials	Specchio acrilico, interruttore in metallo
		Acrylic mirror, metal switch
Peso	Weight	0.4 kg
Altre info	Other info	/

DS.LL.14.01

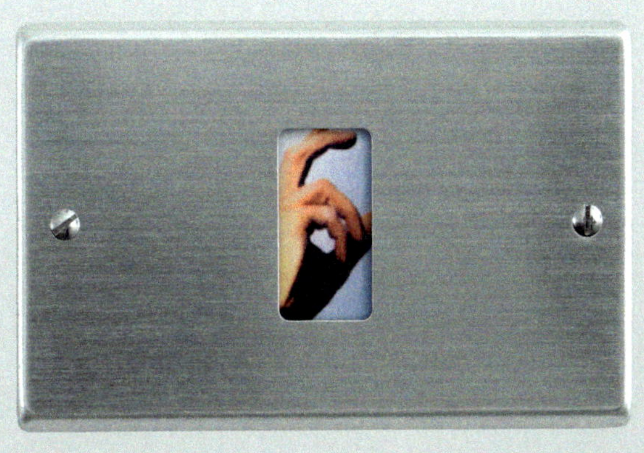

Light Switch (Bathroom), 2025

Una comune placca di interruttori ospita al posto dei consueti tasti una fotografia che ritrae delle mani in movimento. I piccoli riquadri che normalmente attenderebbero un gesto per accendere la luce ora custodiscono un'altra azione: un contatto sfiorato, un intreccio che si compone e si dissolve. Il gesto dell'accensione, negato, si riflette nella danza silenziosa delle dita, sospesa dietro la superficie liscia. Così l'elemento tecnico si svuota della sua funzione originaria e si trasforma in racconto visivo, lasciando che la parete diventi scena di un incontro muto, dove la luce non si accende ma resta suggerita, evocata da un'immagine che parla di tatto, di prossimità e di assenza.

A standard light switch plate houses—in place of the usual buttons—a photograph capturing hands in motion. The small frames that would normally await a gesture to switch on a light now hold another action: a touch barely made, a weave that forms and dissolves. The act of turning on the light, denied, is mirrored in the silent dance of the fingers, suspended behind the smooth surface. Thus, the technical element is emptied of its original function and transformed into visual narrative, allowing the wall to become a stage for a mute encounter, where the light doesn't turn on, but remains suggested, evoked by an image that speaks of touch, of closeness, and of absence.

Codice	Code	DS.LL.14.01

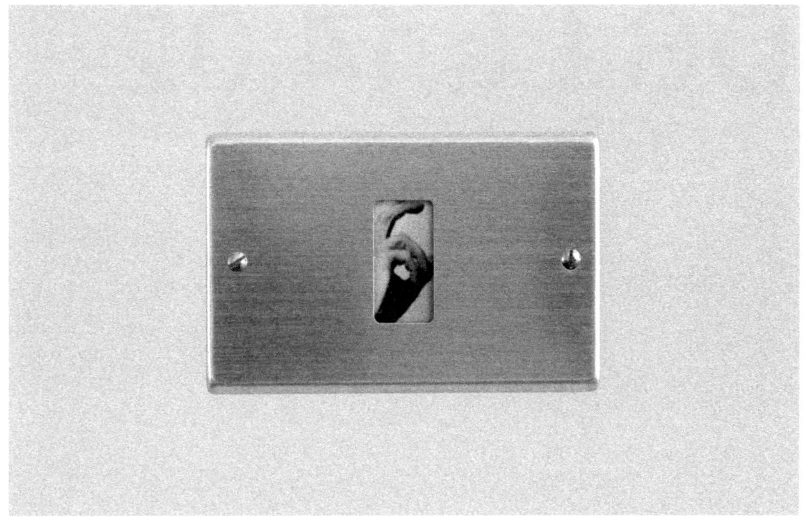

Anno	Years	2025
Dimensioni	Dimensions	7 × 11.5 × 0.5 cm
Materiali	Materials	Interruttore in metallo, plexiglass, fotografia rimossa da pubblicazione
		Metal switch, plexiglass, photograph removed from publication
Peso	Weight	0.15 kg
Altre info	Other info	/

DS.LL.14.02

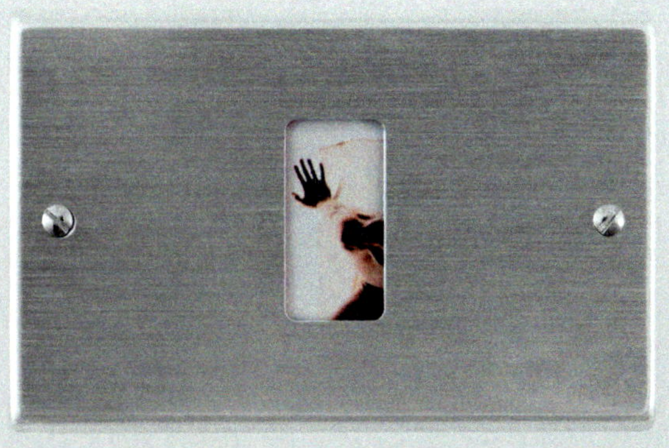

Light Switch (Bedroom), 2025

Una comune placca di interruttori ospita al posto dei consueti tasti una fotografia che ritrae delle mani in movimento. I piccoli riquadri che normalmente attenderebbero un gesto per accendere la luce ora custodiscono un'altra azione: un contatto sfiorato, un intreccio che si compone e si dissolve. Il gesto dell'accensione, negato, si riflette nella danza silenziosa delle dita, sospesa dietro la superficie liscia. Così l'elemento tecnico si svuota della sua funzione originaria e si trasforma in racconto visivo, lasciando che la parete diventi scena di un incontro muto, dove la luce non si accende ma resta suggerita, evocata da un'immagine che parla di tatto, di prossimità e di assenza.

A standard light switch plate houses—in place of the usual buttons—a photograph capturing hands in motion. The small frames that would normally await a gesture to switch on a light now hold another action: a touch barely made, a weave that forms and dissolves. The act of turning on the light, denied, is mirrored in the silent dance of the fingers, suspended behind the smooth surface. Thus, the technical element is emptied of its original function and transformed into visual narrative, allowing the wall to become a stage for a mute encounter, where the light doesn't turn on, but remains suggested, evoked by an image that speaks of touch, of closeness, and of absence.

Codice	Code	DS.LL.14.02

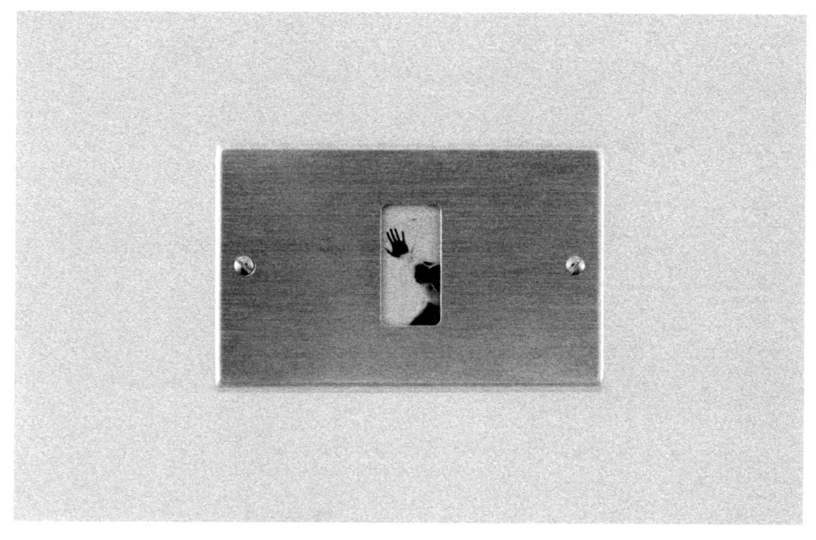

Anno	Years	2025
Dimensioni	Dimensions	7 × 11.5 × 0.5 cm
Materiali	Materials	Interruttore in metallo, plexiglass, fotografia rimossa da pubblicazione
		Metal switch, plexiglass, photograph removed from publication
Peso	Weight	0.15 kg
Altre info	Other info	/

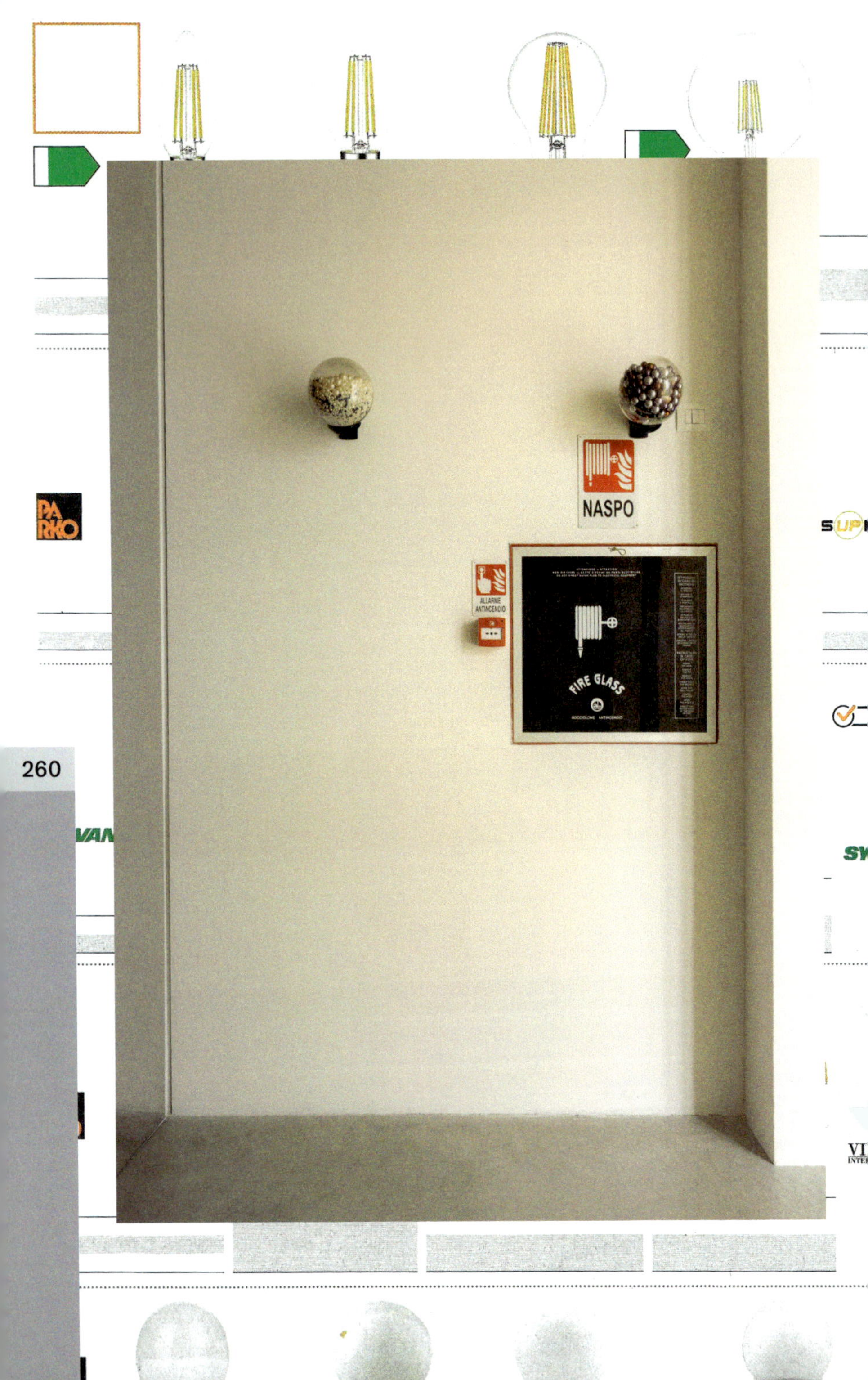
NASPO
ALLARME
ANTINCENDIO
FIRE GLASS
260

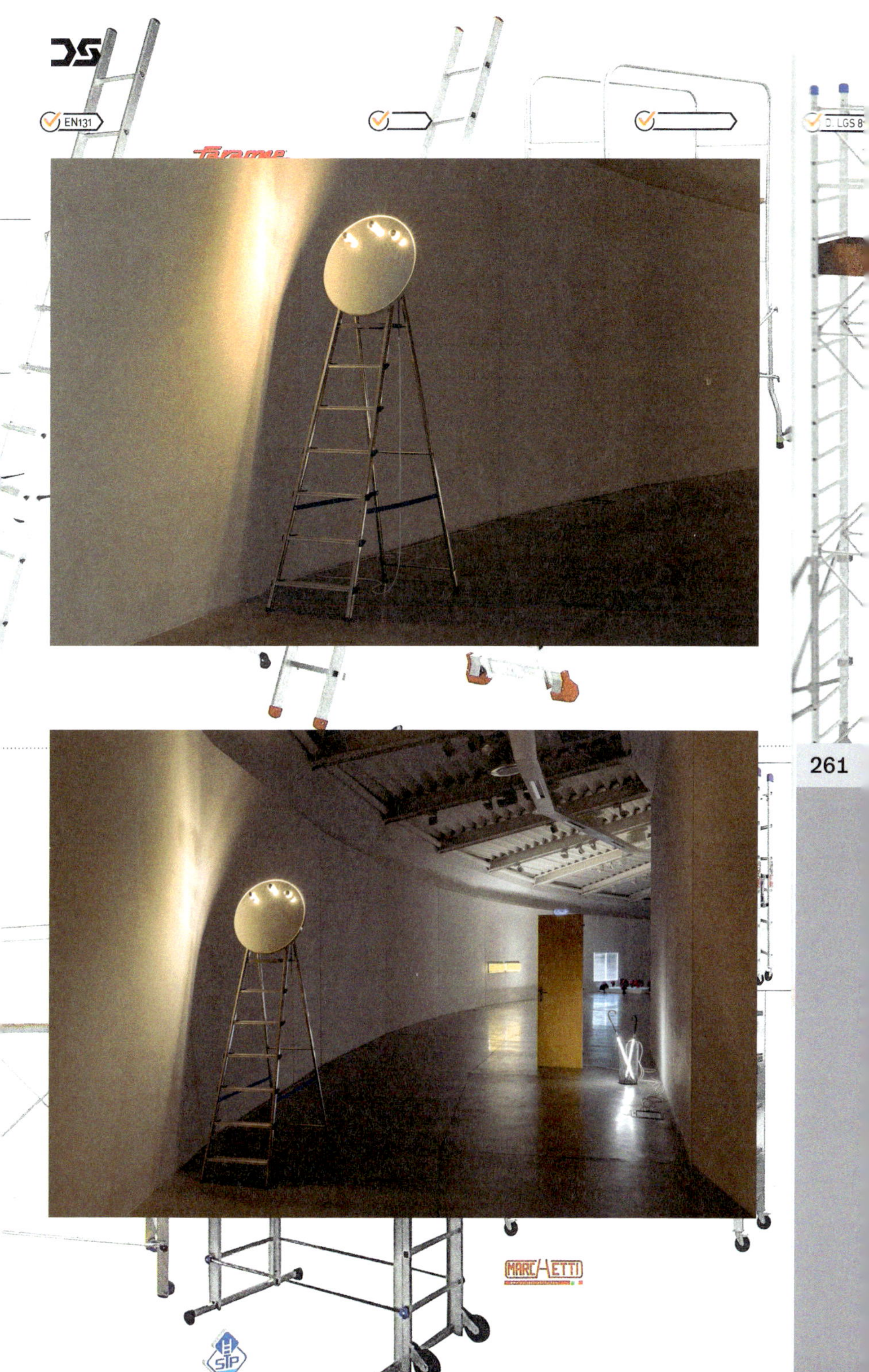

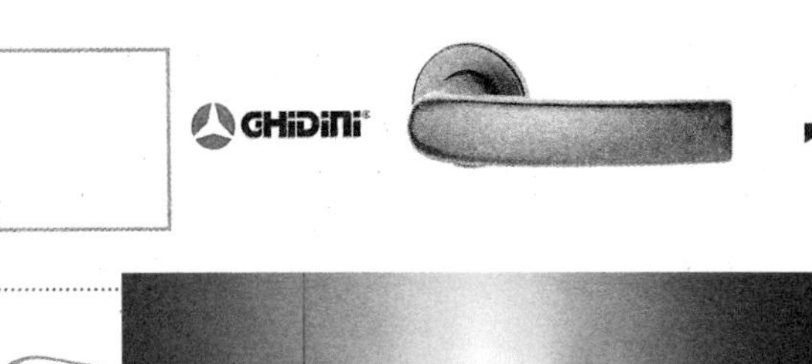

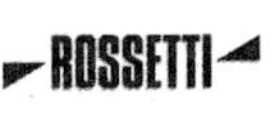

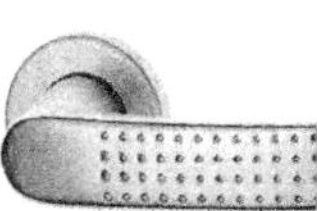

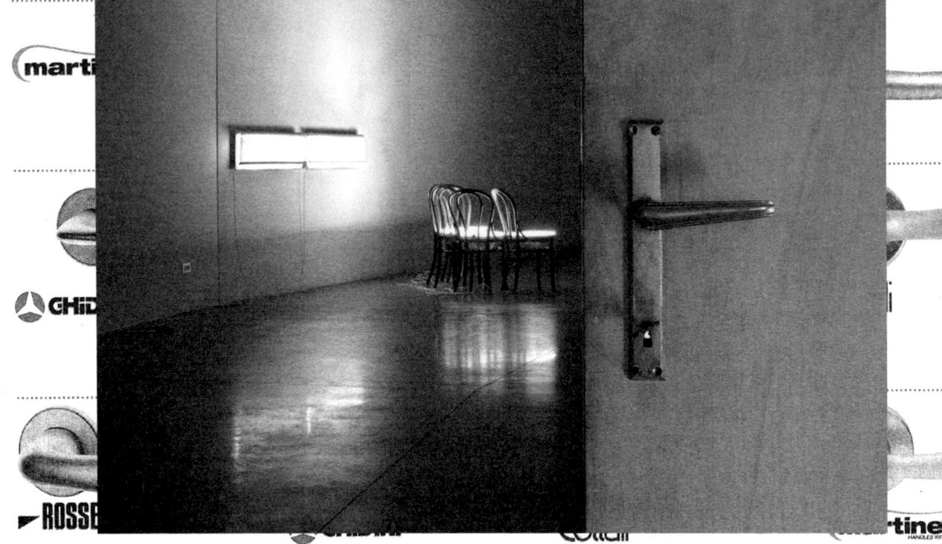

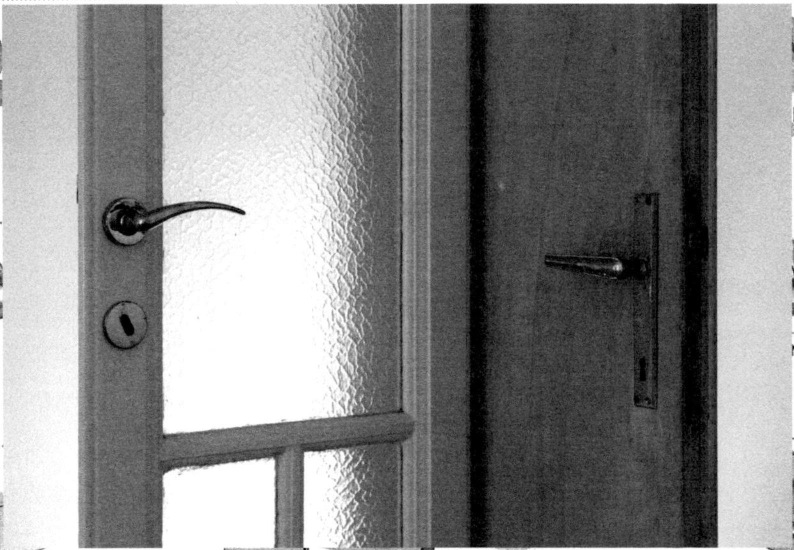

MANIGLIA TEMA

MANIGLIA LIT

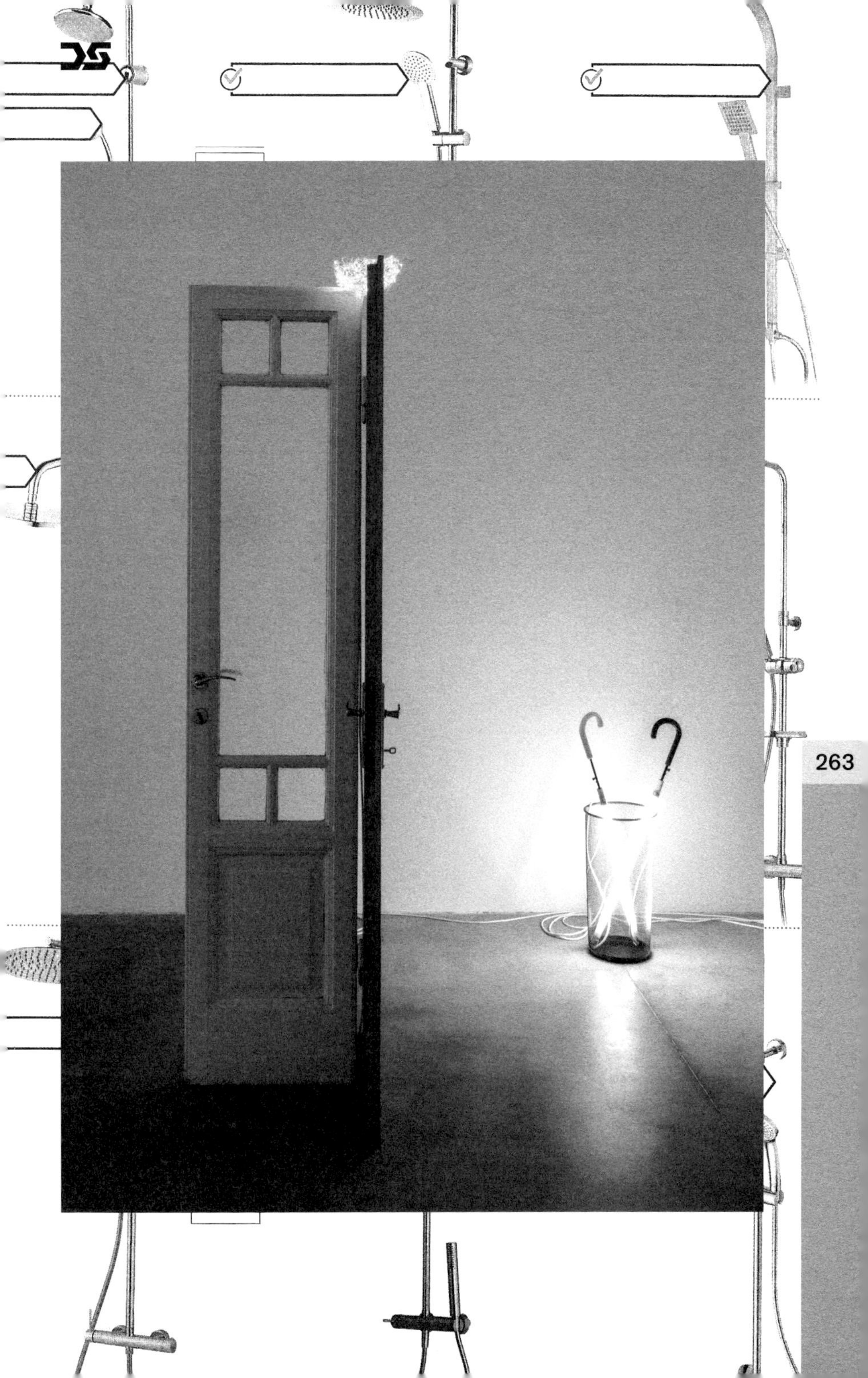

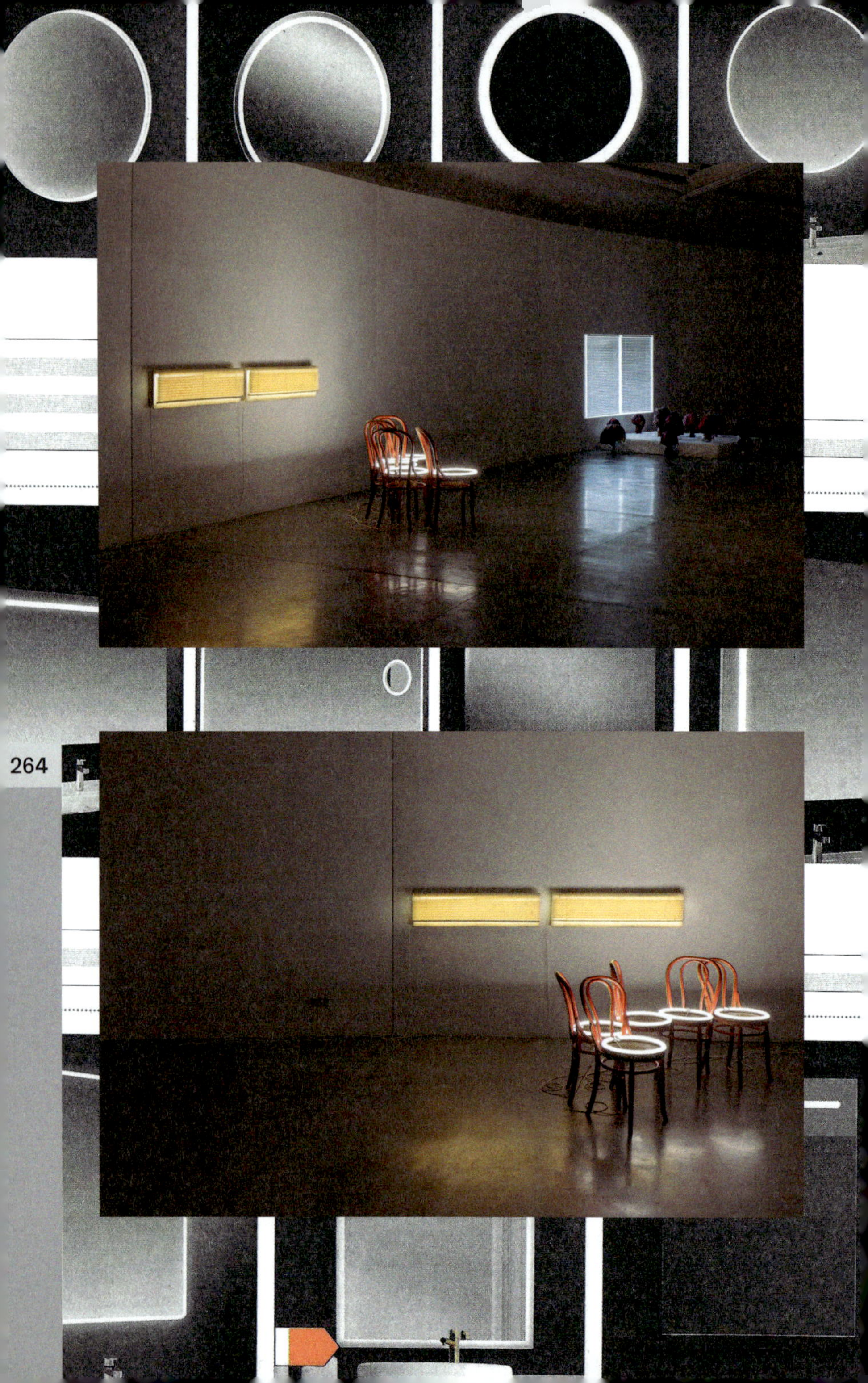

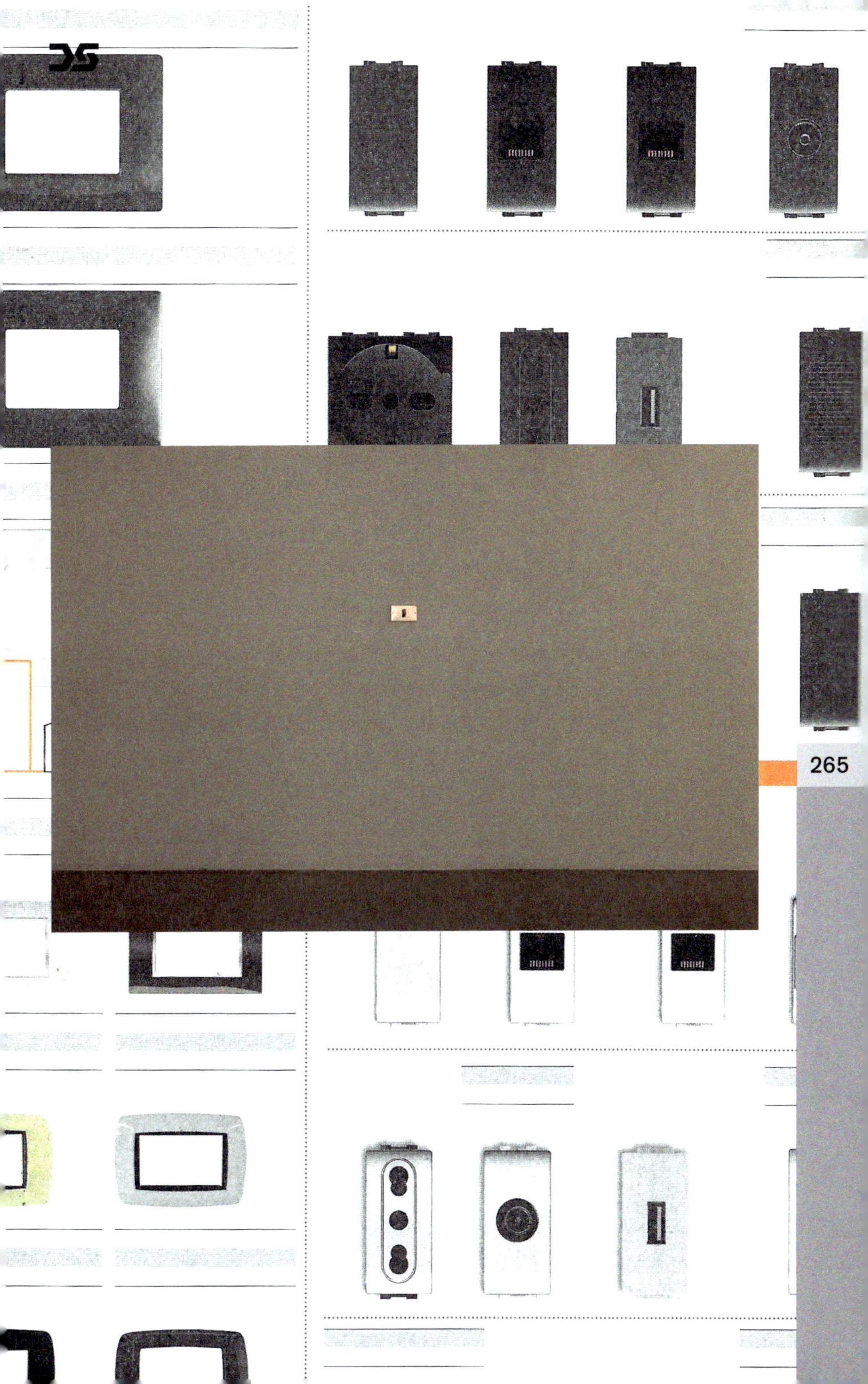

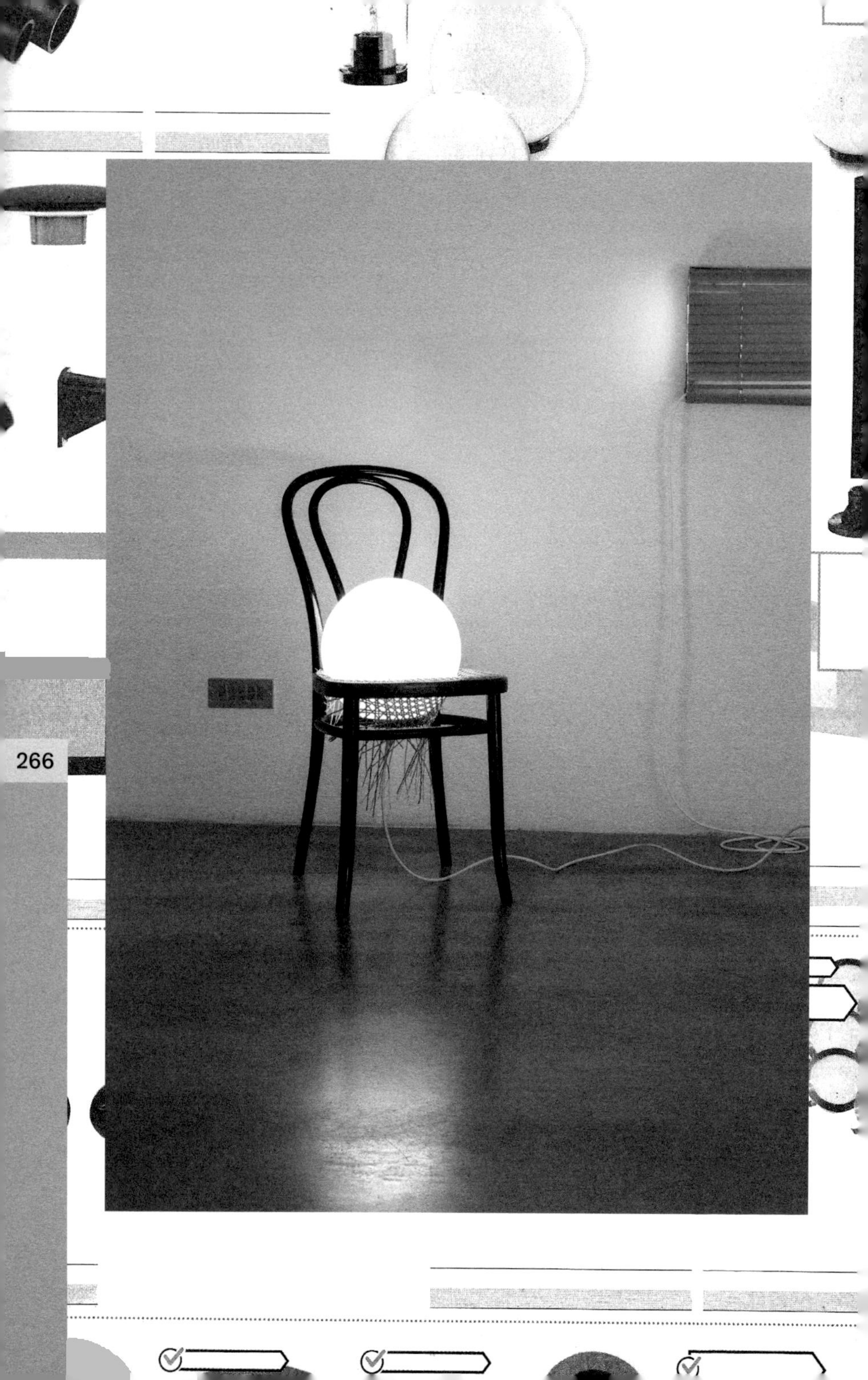

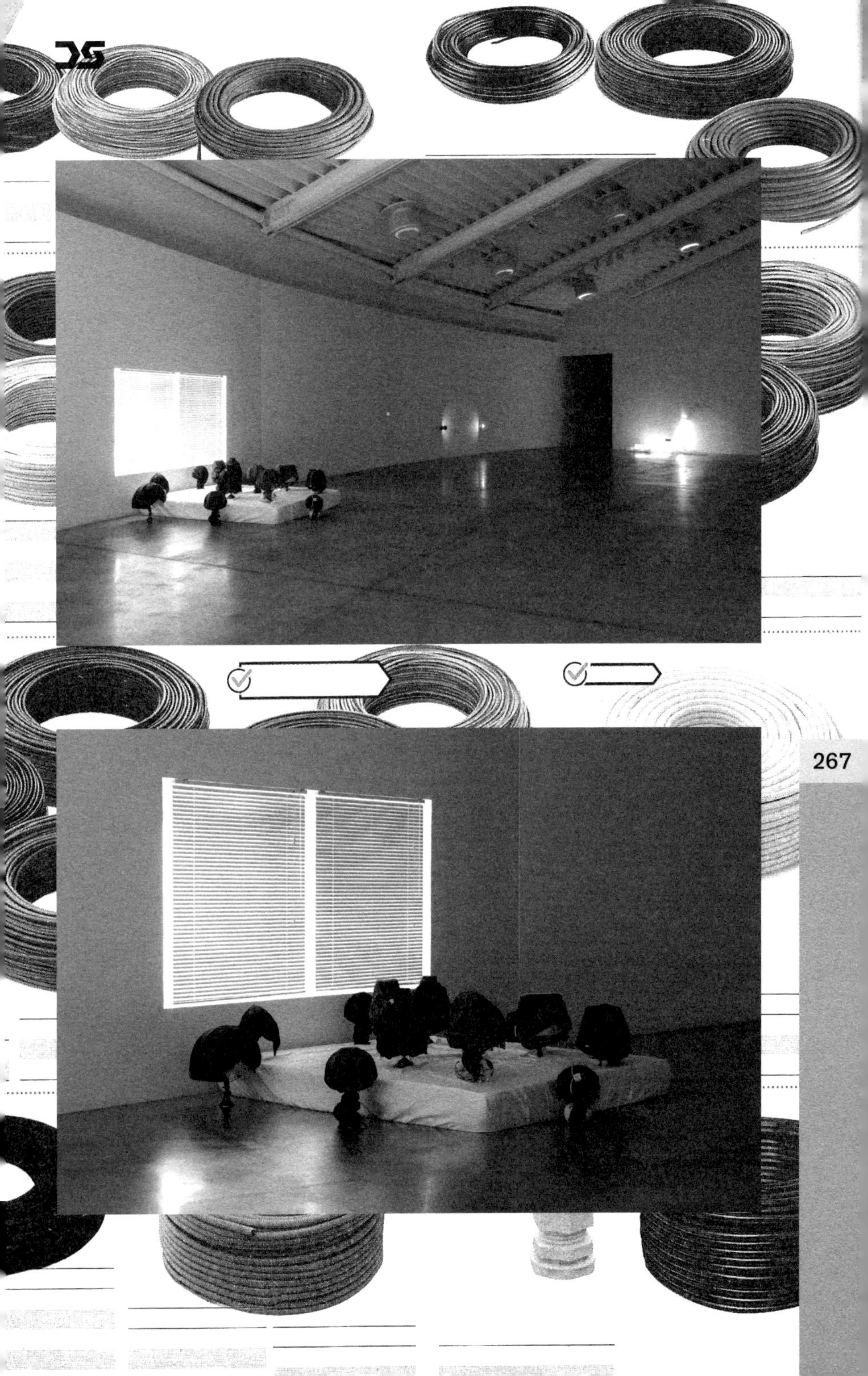

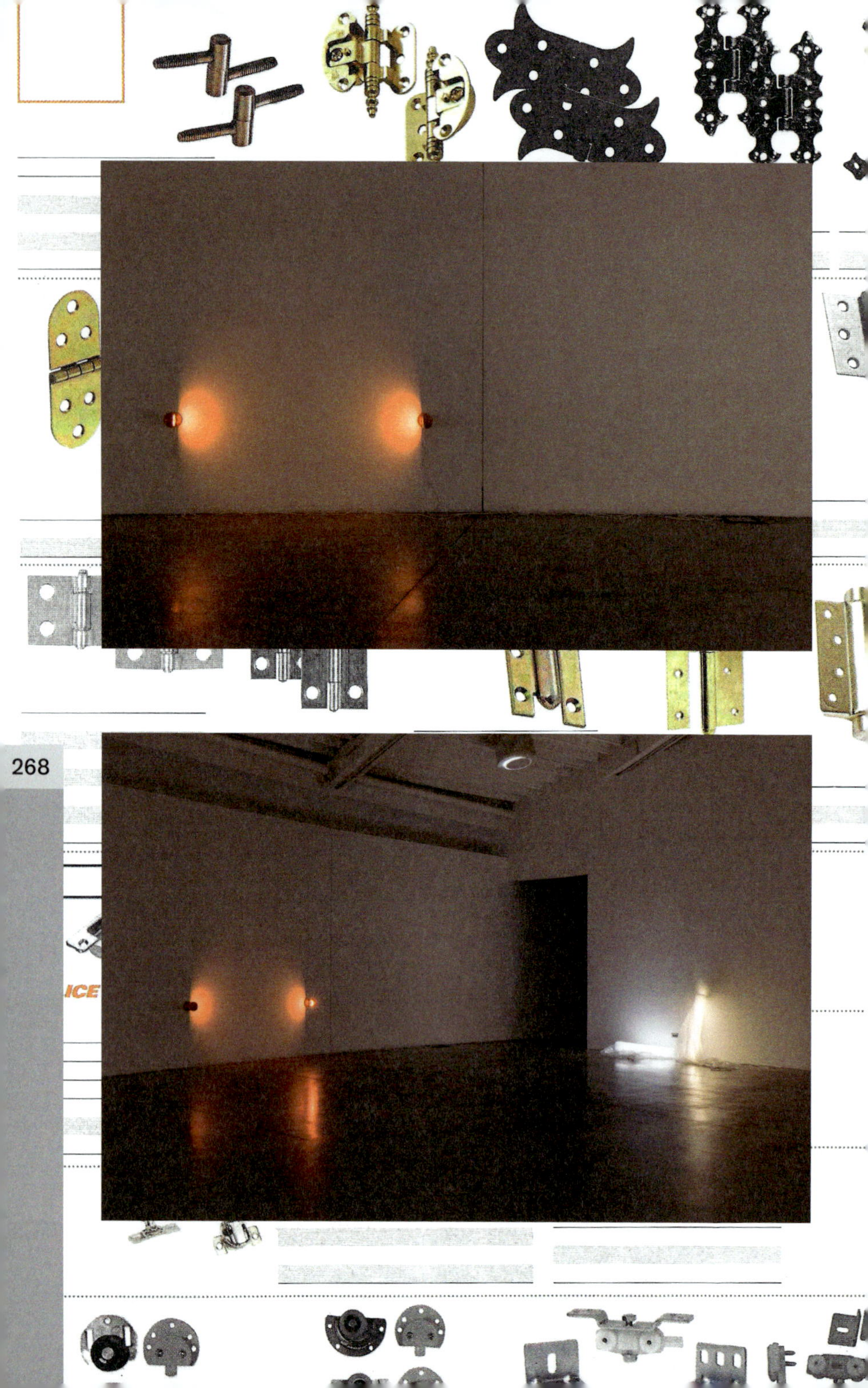

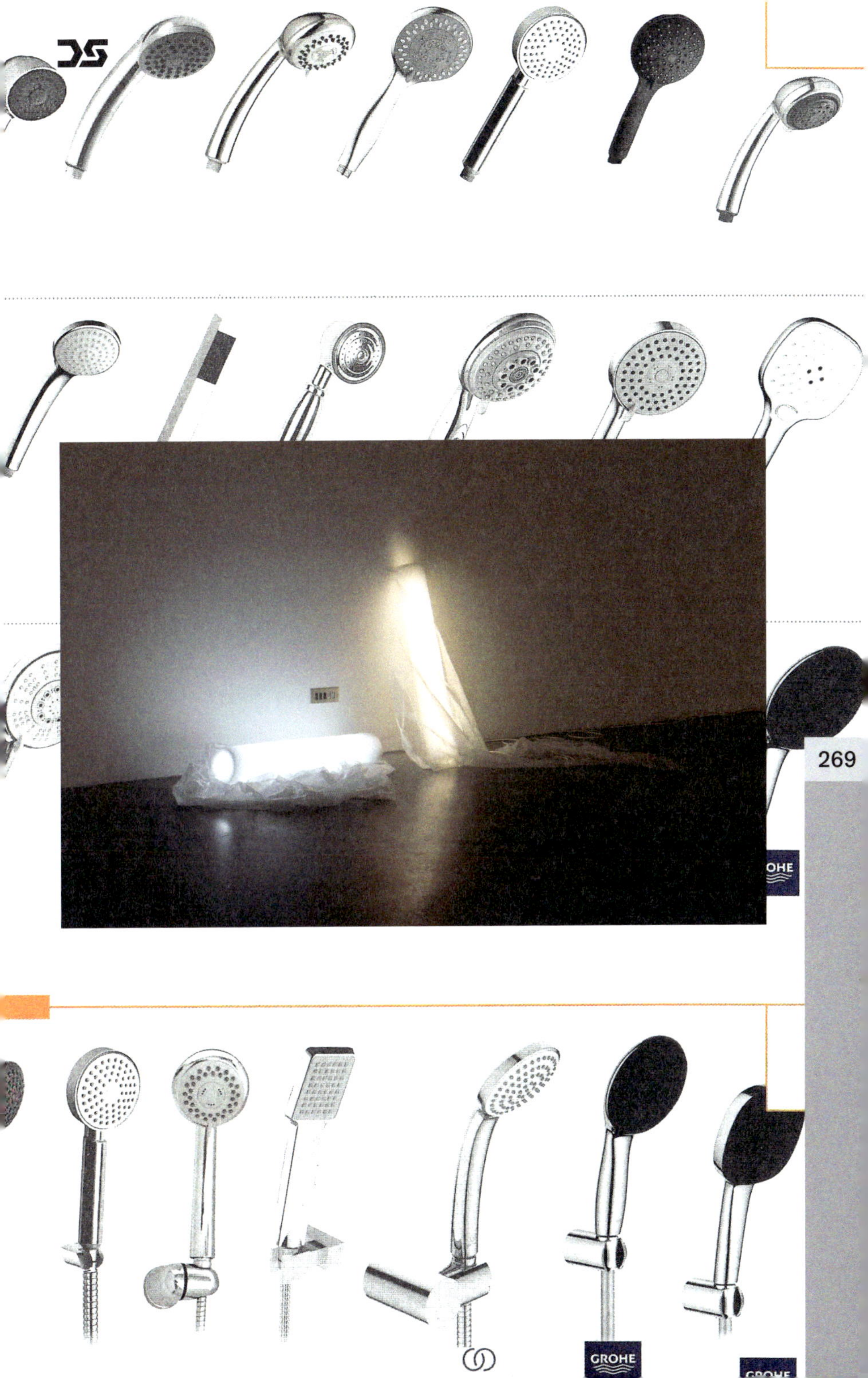

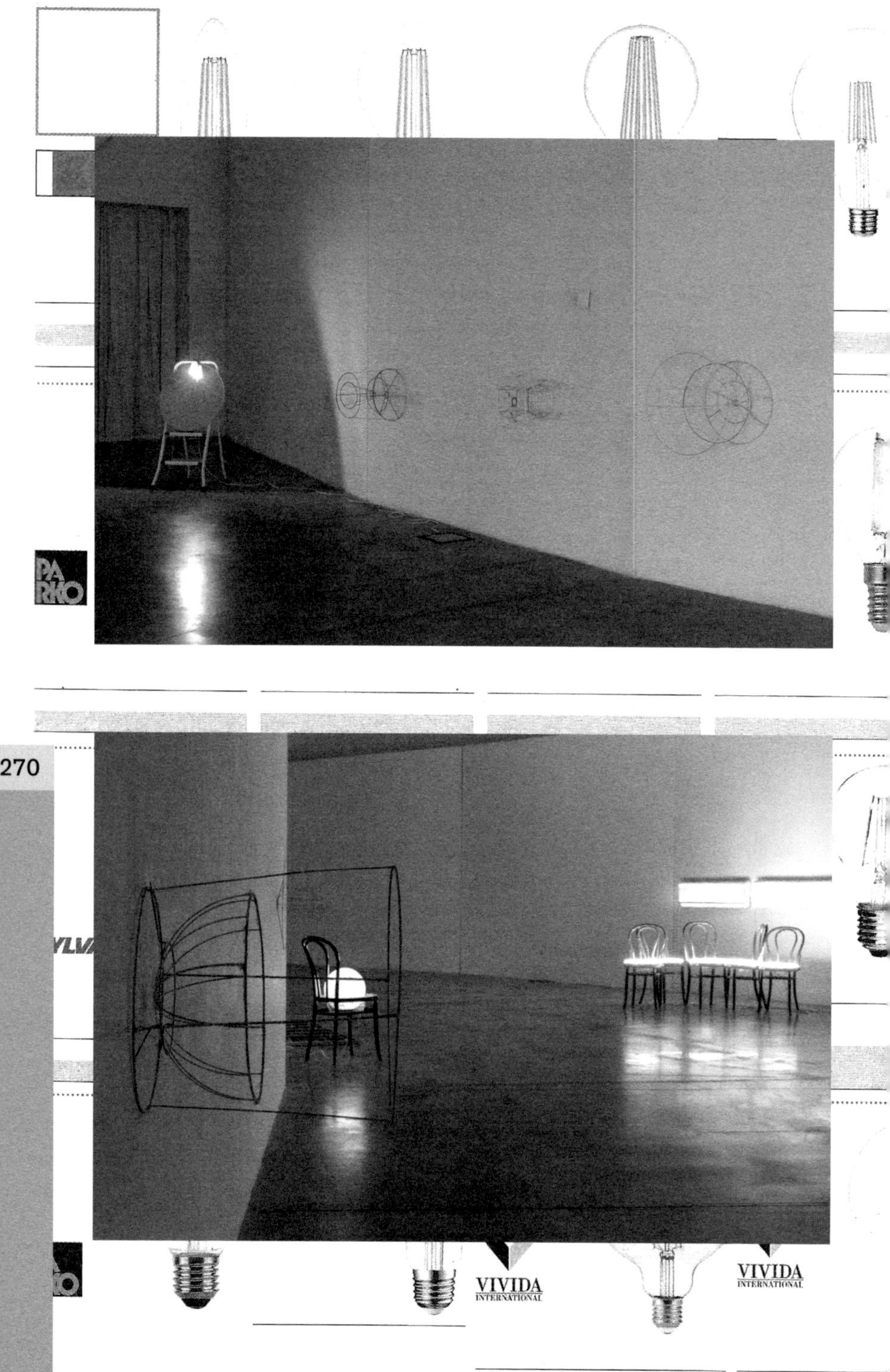

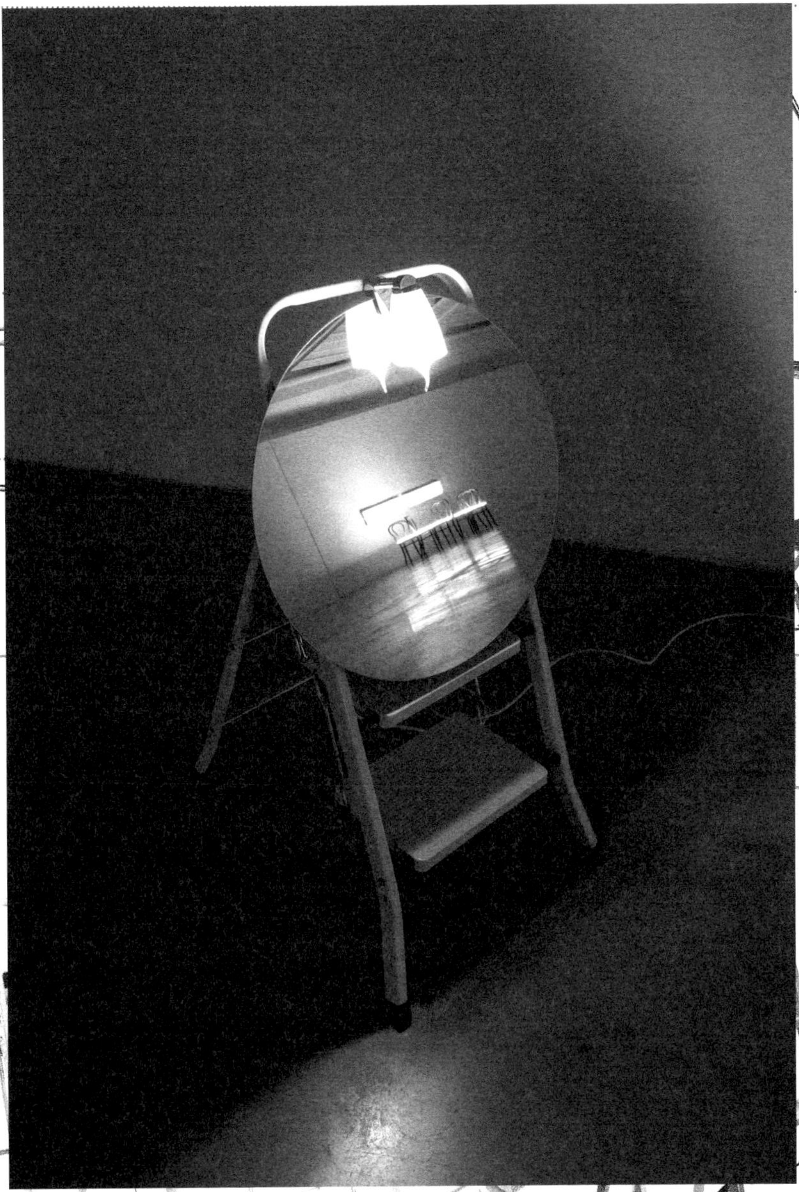

Light Lights: Scornful Sprezzatura

Stefano Collicelli Cagol

Light Lights marks Davide Stucchi's first solo show in an Italian institution. The show's English title introduces the viewer to a voyage through a series of imaginary domestic spaces. This English-language word play is by design, emphasizing the evidently playful dimension of Stucchi's practice, but also his light-hearted approach to the sculptural tradition and the art system writ large. The moment the viewer pronounces Stucchi's tongue twister of a title, their body is forced to take center stage in the exhibition.

 Light Lights presents sculptures united by light, both literal and implied. These works populate the curved, irregular spaces of the Centro Pecci's Ala Piccola Nio, creating a rhythm of filled spaces and voids, light and shadow. The sculptures illuminate the exhibition and one another in a continuous negotiation of role and position, both attracting and distancing themselves to and from one another. Their visibility therefore does not depend on the museum's lighting system, which has been purposefully turned off. In this way, the show gains a level of autonomy and self-determination with respect to the physical possibilities offered by the institution and its spaces. This artistic choice encapsulates one of the keys to understanding Stucchi's practice: to put artistic and social conventions, as well as cultural norms, into conversation with one another. Revealing Stucchi's positioning—one based on the subversion of roles as seen in the best of camp tradition—*Light Lights* overturns canons, genres, and expectations in a light and playful manner. The exhibition becomes a vibrant space, complicit in the gradual shifting dimensions of the gallery which curves as one walks through it, its walls widening, its ceiling rising. Calibrated and obsessive, Stucchi prepares his field of action using a series of interventions comprised of small parts, hardware, appliques, lamps, and light switches. Brought together, these disparate elements form nearly invisible sculptures that one must hunt in the shadows of the exhibition space. Like moths, the works bunch together around a light source, or else deviate way from it, searching for a new one. Their arrangement reconsiders the way space is inhabited and occupied, evoking domestic interiors and non-existent furniture, whose presence or memory remains perceptible in their absence.

The show begins in tight dialogue with the exhibition space, here striped bare by the artist. The same logic Stucchi uses in preparing his sculptures is found in the way he confronts the institutional context. He begins from the given, the standardized, everyday element, that is within reach, inescapable, essential, practical, inexpensive, and suitable for precarious and pragmatic lives. A product easily available in a home goods catalog of or from the hardware store can have the same aesthetic potential as an emergency exit sign or an electrical socket box within the gallery space. All of these materials have a similar origin, they could easily be found in the same catalog or the same shop, and yet there intended use places them on a different cultural register. Stucchi subverts this perception to call into question the principle that enshrines something presented within an institution to a certain level of cultural refinement and acceptability, rendering it relevant and not simply utilitarian.

The standardized element guarantees security, economy, and ease of use; Stucchi intervenes within this material dimension. His ability to insert himself within a system and transform it from inside, accepting it as a given, but not bending to its logic, echoes in his other creative pursuits. Fashion, set design, and advertising are undoubtedly resonant areas of experimentation for Stucchi. Unsurprisingly, the artist has engaged with these creative realms for years thanks to his ability to address problems, make aesthetic and formal choices, identify quick solutions, and efficiently organize production.

Light Lights, when pronounced, recalls the tongue and palate game of saying "Lo-li-ta," the famous starting line of Vladimir Nabokov's homonymous novel. An erotic dimension that, unsurprisingly, pulses softly and discreetly throughout the entire space. The first work in the show is installed just a few centimeters from the recessed fire safety cabinet which houses a firehose, reeled up and ready to extinguish eventual flames. Artists tend to distance themselves from the emergency signage and equipment found within the galleries. In some cases, these elements are actually erased from installation view photographs in post-production. Stucchi, however, recognizing the elements share a common origin, does not fear their interference with his installation, and instead plays with their possible interactions and the different use values assigned to them. The standard is misrepresented, or better, disrupted in a decidedly queer posture. *Neck-Laced* (2024–25), is comprised of a series of spherical, plexiglass appliques, which have been filled with pearls of various colors, sizes, and materials. This thesis of bachelor machines, objects deprived of the function for which they were designed—housing a light bulb, threading necklaces—welcomes those who enter the exhibition. The pearls look like light particles made visible. Motionless and corpuscular, they are reminiscent of candy: mouthwatering objects of desire, within reach, yet unattainable. In English slang, the word "laced"—used here in the title—refers to a substance that has been cut or mixed (unbeknownst to the user) into a drug, which can alter its effect.

Rising, falling, looking for the sun (2025), is the work which cuts across the horizon of the exhibition: a mirror with round bulbs found by the artist mounted on a work ladder, depicting the moon's cycle when seen from Earth. The show develops over the arc of twenty-four hours, with the sun and moon seemingly chasing each other in a continual missed appointment. A satellite of Earth, the moon is enlivened by reflected light, like many works within this show. The image of the sun connected by a thread, masterfully painted by Giorgio de Chirico in one of his most iconic works, is also described by Alberto Savinio at the beginning of one of his most poignant stories. Savinio—writer, critic, painter, and brother of de Chirico—is one of the most unique figures of the twentieth-century Italian cultural panorama, noted for his versatility, inventiveness, and prolific output. The story *Giovani Sposi* ("young newlyweds") published in *Achille Innamorato*—dedicated to two lovers who consume their love within their domestic walls, forgetting about, and excluding the rest of the world—seems to curiously echo among the spaces of *Light Lights*.

Stucchi elaborates the exhibition in a score of domestic scenarios. The luminous sculptures of *Neonbrellas* (2024)—suspended between memories of Rihanna's *Umbrella* (2007) and Jacques Tati's *Play Time* (1967)—are placed beside *The nest rests on top of all guests* (2025). Two found doors, one external the other an interior door, both typical of a late-twentieth century Italian house, support a glowing nest made of Christmas lights. A series of chairs arranged to form a phallic silhouette imposes itself onto the space, emitting a cold light that illuminates a rug made from electric cables and some Venetian blinds that cover up more subdued light sources. Their titles recall the notion of rumor, gossip, shameless conversation: *Daring Chat, Fearless Speech, Impulsive Talk, Bold Conversation, Imprudent Gossip* (2025). An unmadebed, theater of an amorous encounter with an unknown ending, is crowded with sensuous abat-jours wrapped in purple foulards. A few meters away, another bed—presented only as a suggestion—is evoked by two *Eclisse* lamps by Vico Magistretti which have been hung on the wall. Orphaned from their nightstands and human presence, they seem to be quiet witnesses to an absence. The finale of the show is illuminated by *Confident Led IV* and *Confident Led V* (2025): two LED lamps carefully ensconced in a roll of bubble wrap, recalling the folds of an antique or baroque drapery, or perhaps the final touch on a worn garment a moment before it enters the catwalk. The fold, as a site of subversion, of care, but also as a gesture capable of transforming an object into an artwork, is one of the primary lemmas of Stucchi's lexicon. It repeats, for example, in the wires left free to move in the gap between the power sources and his illuminated sculptures, undoubtedly mindful of Félix González-Torres. Lampshade skeletons hung on the wall resemble utopian architectural models, and form a downward parabola that seems to herald the end of the day. Bidding farewell to the viewer immersed in Davide Stucchi's world, it is a final work oriented towards searching for the moon.

The Seasons in the City of Fashion

Michele D'Aurizio

A Little Preface

Only art has been able to identify and scrutinize the faceless, nameless characters that have emerged from the slums of the industrial city. Marcovaldo—the manual laborer, non-specialized worker, generic hired hand who lives in the industrial city of Italo Calvino's homonymous collection of short stories—is the antihero of an era of Italian history characterized by the violent modernization of society, the industrialization of productive activities, and the rationalization of labor. Enveloped in the production-consumption cycle, Marcovaldo searches within the seasonal cycles—the repetition of seemingly identical climatic and natural phenomena—for more meaningful distinctions than those designed and advertised by the strategists of consumerism. Marcovaldo "is always ready to rediscover in the midst of a world that is hostile to him, the glimmer of a tailor-made world," writes Calvino.[1] His experience of the seasons in the industrialized city is a constant exercise in recalibrating his gaze, hacking technologies, and inverting received meanings. Davide Stucchi's modus operandi partakes in all these strategies. As a worker-artist, Stucchi is a novel Marcovaldo. He lives in the postindustrial city where the seasons don't transition according to planetary mechanisms but appear and disappear at the mercy of global capital. Stucchi, like Marcovaldo, makes a virtue out of necessity by leveraging the contradictions inherent to the productive models and modes of life of his contemporary society. Like Marcovaldo, he too breaks through the armor of symbols that conceal those contradictions.

In the Twilight of Design (Autumn)

Using only the title of his show at the Centro Pecci, *Light Lights*, Stucchi introduces the short-circuit that runs throughout the entire exhibition as a fil rouge. Light characterized by the attribute of lightness tends to be *low*, soft, and diffuse. Through various gradations of twilight, the artist has constructed an environment that functions as a pseudo-domestic space. Visitors are welcomed into an antechamber and continue through various living rooms and a bedroom. There are no ambient light sources. Instead, the rooms of this hypothetical dwelling are illuminated with lamps of various origins and configurations. These lamps emit a crepuscular light, thanks to both the warm bulb temperature the artist has chosen as well as his deliberate shading and suffocation of the light sources.

The lamps that dot Stucchi's exhibition are also, however, themselves *lightened*. They defy the law of gravity, drop elements, and are visibly cheaply produced. These low-quality lights are relieved of the cultural meanings that the Made in Italy myth attributes to each industrially produced lamp, from street- to bedside lamps. The manufacture of artificial light sources is synonymous with Italian design. Beginning in the post-World War II period, Italian designers identified the lamp as a privileged site of negotiation between aesthetic and industrial imperatives. The results of that inquiry were varied but generally favored the artistic nature of the object. Vittorio Gregotti wrote that Italian lamps distinguished themselves for being more expressions of "sartorial aesthetic" than lighting-engineering solutions.[2] Typically intended to personalize private living quarters, these sophisticated and muffled light sources embody the vagueness of the *linea italiana*, an ambiguous aesthetic category often defined by the undefinable formula of *je ne sais quoi*: "a certain aesthetic instinct capable of softening the harsh concreteness of things."[3]

Amid the lights engineered and arranged by the artist, Stucchi's exhibition includes two *Eclisse* lamps, a design by Vico Magistretti awarded with the *Compasso d'Oro* design prize in 1967. The *Eclisse* epitomizes Italian designers' tendency to graft secondary functions onto primary ones, exchange values onto use values, sym-

1   Italo Calvino, *Marcovaldo ovvero Le stagioni in città* (Milan: Mondadori, 1993), ix.

2   Vittorio Gregotti, *Il disegno del prodotto industriale: Italia 1860–1980* (Milan: Electa, 1986), 241; see also 313–15.

3   Maurizio Vitta, *Il progetto della bellezza: Il design fra arte e tecnica, 1851–2001* (Turin: Einaudi, 2001), 269.

4   See also Alighiero Boetti, "Torino 1960/1973, interview with Mirella Bandini," *NAC*, no. 10 (March 1973): 4.

5   See also Enzo Frateili, *Continuità e trasformazione. Una storia del disegno industriale italiano, 1928–1988* (Milan: Alberto Greco, 1989), 70–73.

bols onto services. Leveraging the analogy between light sources and celestial bodies, Magistretti reconfigured the lamp's body from a merely practical feature—protection from the incandescence of the lightbulb and partial shielding of the light flow—into a narrative one: by interacting with the lamp's casing, the user mimics the phenomenon of the eclipse. The *Eclisse* is both an imaginative device and an over-determined and mystified technical object. In the installation *The Guy Next Door (Bedroom)* (2020), Stucchi decontextualizes two *Eclisse* from the horizontal surfaces of nightstands, side tables, and desks to the vertical surfaces of the exhibition walls, turning them into objects of representation. The two *Eclisse* narcissistically illuminate one another, projecting meaning only onto their iconic status.

Stucchi moves orthogonally along the value ladder of Italian design. His iconographic references and raw materials belong to the field of anonymous design: tools, appliances, semi-finished products. At times a parody of *poverismo*—it could be said Stucchi parrots Alighiero Boetti, whose use of common materials eventually made him nauseous[4]—his practice rehabilitates a forgotten principle from the infancy of Italian design that fueled its aura: "style in production," or the ingenious ways in which designers and manufacturers used the materials, processes, and apparatuses of the industrial sector to achieve aesthetic value.[5] According to this view, the systems of production *determine* the form of the product. The latter's cultural significance, then, resides in the epistemological and anthropological values of the techniques employed in its fabrication. Sheetmetal and grating, LED tubes and chains of lightbulbs, light switch plates and letterboxes often recur in Stucchi's work. The artist embraces the material culture of the hardware store, removing it from the garage and the jobsite, and drawing semantic potential from those industrial objects typically distributed from the manufacturer directly to the consumer, without the mediation of a brand.

In 1966, Boetti made an artwork titled *Scala.* He bought a folding wooden ladder, nails, glue, wooden planks and slats of various sizes and lengths and, assembling them all, created an object that resembled a three-dimensional axonometry of the original ladder—its blueprint. For Boetti, the tool was an example of coherence between form and function. Even if his intervention had rendered it unusable, the ladder remained and retained its use value. It was presented to the viewer as an emblem of rationality and morality. Marcovaldo was a victim of the nihilistic critique of technological determinism leveraged by Arte Povera artists; he was repeatedly disenchanted whenever he caught a glimpse of an escape from the normativity that rules the machine civilization. Stucchi redeems the Marcovaldian ethos. The artist does not deny nor denature the instrumentality of the tool, but rather *uses* it for unexpected purposes. Stucchi, too, purchased folding ladders. In his works *Rising, falling, looking for the sun* and *Rising, falling, looking for the moon* (2025), he doesn't rework the ladders, but adorns them with round bathroom mirrors, each equipped with its own light fixture; they are two celestial bodies that rise and fall against the horizon of machine aesthetics.

Material Milan (Winter)

Behind the windowpanes, one can make out a nondescript landscape. Bits of green and striations that run lengthwise across the field evoke hills that have been left to pasture. This is what Marcovaldo would claim to see in *It's Fall-Winter!* (2023), a work by Stucchi, in which a laminated panel with a quartzite-like effect is installed behind a PVC window. The panel is waste material that originally covered one of the many catwalks mounted in Milan during fashion week. On that occasion, it was used for a handful of hours, if not minutes. Stucchi appropriated the panel from a warehouse full of scraps from sets installed by the Milanese creative industry.

By reusing the panel, Stucchi not only expresses a judgement on the ecological impact of the fashion industry but also intrudes on the value system that undergirds it by favoring immaterial goods over material goods, linguistic operations over manufacturing operations, and post-industrial economies over industrial economies. Stucchi calls materials like the laminate he used in *It's Fall-Winter!* "glance materials," i.e., materials to be experienced at a glance in the spatiotemporal interstices of Milanese events. They are materials engineered and selected to serve as the infrastructure and backdrop for ephemeral events: presentations of products in their prototype status; gatherings without communities; stagings of possible ways of life. More than simply framing the laminate panel, Stucchi's window recalibrates its material properties. It is only through this device that the

6   Paolo Virno, *A Grammar of the Multitude: For an Analysis of Contemporary Forms of Life* (New York: Semiotext(e), 2004), 56. See also Christian Marazzi, *Capital and Affect: The Politics of Language Economy* (New York: Semiotext(e), 2011); and Maurizio Lazzarato, "Immaterial Labor," in *Radical Thought in Italy: A Potential Politics*, eds. Paolo Virno and Michael Hardt (Minneapolis: University of Minnesota Press, 1999), 133–47.

viewer recognizes the material's programmed ambivalence and reenters with greater involvement the game of seeing and looking.

All of Stucchi's practice is geared towards turning a voyeuristic impulse into a structuring gesture. It is the eye rather than the hand that selects, manipulates, and configures the material. The more a material deliberately "escapes" perception, the more Stucchi concretizes its dissimulating aspects. In the cycle of works *HM5×52–58* (2024), offcuts of greenish carpet—also scraps—are transformed into grassy terrain from which steel rivets sprout, like wildflowers. On rectangular backgrounds of midnight blue carpet, the rivets instead trace unknown constellations. In these works, the clusters of rivets diagram the events that were carefully orchestrated on the carpets. For Stucchi, the creation of a work of art is an action that is coextensive with those events; it is the composition of a choreography of perceptive stimuli.

Stucchi chooses his materials based on their performative potential. Their implementation is therefore always a journey back and forth to their materiality. If, in the contingency of the public event, the material loses physicality and solidity to acquire the virtual dimension of the linguistic sign, in Stucchi's hands, it returns to being an artefact. All of Stucchi's outputs could be called an exposé of the material culture of the creative industry. Philosophers and economists have identified that productive sector as the incubating machine of a mode of production often defined as *immaterial labor*, "activity without an end product," exploitation of the linguistic, cognitive, and emotional capacities of workers, who *put their souls to work*, to produce products whose cultural, aesthetic, and symbolic meanings subsume their physical, material, and technical characteristics.[6] Stucchi explores

Davide Stucchi, *It's Fall-Winter!*, 2023
Laminated wood, window elements
42 × 42 × 15 cm

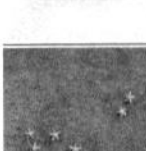

Davide Stucchi, *HM5×52-58#2* (detail), 2024
Moquette mounted on mdf, metal anchors
60 × 100 × 3.5 cm

Davide Stucchi, *HM5×58#3* (detail), 2024
Moquette mounted on mdf, metal anchors
60 × 100 × 4.5 cm

Davide Stucchi, *HM5×58#2* (detail), 2024
Moquette mounted on mdf, metal anchors
60 × 100 × 4.5 cm

these latter qualities in the things of fashion, design, and advertising, revealing the extent to which these sectors are irreparably imbricated in matter. Working in these fields is more often than not a *doing* rather than a *knowing* how to do.

New Bottega (Spring)

As they oscillate between objects and signs, high and low references, manual and intellectual labor, the techniques used by Stucchi converge halfway between *assemblage* and *bricolage*. The first—*assemblage*—is a studied technique which originated from the experiences of the historic avant-garde as a three-dimensional and, therefore, even more outrageously material art form than collage. *Assemblage* re-emerged in the post-war period at the hands of artists close to the Neo-Dada and Nouveau Réalisme movements. Galvanized by the scandalous awarding of the Golden Lion to Robert Rauschenberg at the 1964 Venice Biennale—Rauschenberg had presented a group of *Combines*, works that absorbed ordinary objects into paintings—Italian critics branded *assemblage* as an artistic language foreign to their national culture. The assemblagists were accused of altering the course of events. Their objects "dragged into the painting something that had already lived," but "that past living in the objects" was "without roots, split, contrived and artificial"; it was a prepackaged experience of time because it was the programmed obsolescence of the object as a commodity.[7] The *assemblage*, in other words, flaunted a blatant presentism, a disarming ephemerality. It left little to chance and had little to say. For critics, these agglomerations of found objects—of interrupted lives—resisted potential oblique meanings and, instead, presented a static reality. "Indeed, I do not see how a tautological exercise could set up a new semantic problem," Enrico Crispolti pontificated.[8]

  Contrary to *assemblage*, *bricolage* is a poor technique. It is an amateur's production method that tends asymptotically towards the savoir-faire of the artisan or the know-how of the specialized worker. The *bricoleur* uses techniques and tools properly and improperly, but

7 Gillo Dorfles, "L'oggetto nella pittura," in *L'oggetto nella pittura: Galleria Schwarz, 1–15 marzo 1961*, exh. cat. (Galleria Schwarz, Milan, 1961); Enrico Crispolti, "Alternative attuali," 1965, in *Ricerche dopo l'Informale* (Rome: Officina Edizioni, 1968), 107.

8 Enrico Crispolti, "Dal New Dada al Pop Art," 1963, in *Ricerche dopo l'Informale*, 378.

9 See Giampaolo Dossena, "Bricolage: Un fatto di costume dei nostri tempi," in *Storia dell'artigianato italiano* (Milan: Banca Nazionale dell'Agricoltura, 1979), 334–73.

10 See Luc Boltanski and Arnaud Esquerre, *Enrichment. A Critique of Commodities* (Cambridge, UK: Polity Press, 2020).

always for creative purposes, where "creative" means both artistic and ingenious. The *bricoleur* is a decorator and a problem solver. *Bricolage*, as a hobby, also emerged in post-war Italy in the wake of the country's industrialization.[9] There can be no *bricolage*, in fact, without leisure time away from factory work, without pre-industrial eras to regret, without alienation of the self to be healed with activities that reappropriate the fruits of one's labor. In antithesis to industrial workers, *bricoleurs* stage a set of operations without a plan, reconfiguring reality without necessarily innovating it. They, too, short-circuit the course of events: they manipulate found objects without predictive intent. Their creations do not anticipate a future experience but configure a different form of the present. Like *assemblages*, they are creations in contingency.

Marcovaldo, a literary peer of the Neo-avant-garde artists and of the first hobbyists, was the assemblagist/*bricoleur* of the industrial society. His insistence of not succumbing to the technical mentality was manifest in his improvisational abilities: "making firewood" out of road signs after mistaking their clustering along the highway as a forest; watering a house plant by strapping it to his motorcycle's luggage rack and following the rainclouds; going on vacation in the city park, unable to afford holidays in unspoiled nature. A neo-Marcovaldo, Stucchi is the assemblagist/*bricoleur* of the post-industrial society. If, on the other side of the *assemblage-bricolage* nexus there lie the futuristic methods of industrial production, on this side, there is age-old craftsmanship. For Stucchi, living in the present, configuring contingency, building precarity also means disentangling himself from the valuation processes of a creative industry that capitalizes on Italy's artisanal history. The authentication apparatus on which the market for so-called Made in Italy products rests has transformed Italian history from a collective cultural patrimony into an exclusive economic resource. According to Luc Boltanski and Arnaud Esquerre, the entire mechanism of the "enrichment economy" is leveraged on the valorization of a country's past.[10] "Enriched" are not only the things that belong to the past, but also those that are marketed as indicators of the past. Both classes of things are mainly targeted towards the wealthy, especially as an additional source of enrichment. These items exude history: as much a vestige as an investment, they connect past and future, while bypassing the present.

In *Light Lights*, the deterritorialization of design history is echoed by Stucchi's tampering with craft tradition. In works like *Fearless Speech* (2025), the canework on a Thonet chair is assumed to be the epitome of all the meticulous manual techniques frozen in the Made in Italy spacetime: the "weaving," the "pleating," the "stitching," etc. Here, though, the canework is worn out—the seat is broken through—the state, indeed, in which these chairs are found in most of Italian households (including my own). Stucchi does not make the broken Thonet an artefact, but instead reinterprets it as a lamp by placing a circular neon light onto its seat. It is a Marcovaldian subterfuge evoking the desperate inventiveness, nonconformist flair, and frank handiwork of the old craftsperson. Equipped with a polytechnic, though not so up-to-date, culture, craftspeople were the pillars of the creative industry before the arrival of the designers, of the creatives, of the knowledge workers who institutionalized the craftpeople's inventions in the Made in Italy formal catalogue. If that was yet another instance of theft of working class knowledge, Stucchi's practice is then a form of restitution.

Sweatshop (Summer)

Is it fortuitous that *Light Lights* happens to exist in Prato? Against the backdrop of the early deindustrialization of developed economies, sociologists and economists have identified Prato's textile industry as a virtuous alternative paradigm to development models based on large-scale manufacturing.[11] The organization of production in the city's small and medium-sized enterprises counterbalanced the harms of the Fordist factory. In response to the hierarchical structures of the latter, the for-

11   See Micheal Piore and Charles Sabel, *Le due vie dello sviluppo industriale: Produzione di massa e produzione flessibile* (Turin: ISEDI, 1987).

12   Giacomo Becattini is the most authoritative scholar on the phenomenon of Italy's industrial districts. See Giacomo Becattini, "Dal 'settore' industriale al 'distretto' industriale: Alcune considerazioni sull'unità di indagine dell'economia industriale," *Rivista di Economia e Politica Industriale*, no. 1 (1979): 1–79.

13   Legislation n. 300 of May 20, 1970, also known as the "workers' statute," considerably limited workers' rights within businesses that have fewer than fifteen employees. Small and medium-sized businesses' resistance to unionization has been historically considered a strategy to mitigate class conflict following the protracted struggles of Italy's long '68. In his now-classic analysis of small and medium-sized enterprises, Arnaldo Bagnasco spoke of a "diffusive logic" in which workers' power was dispersed in the wake of the decentralization of Italian manufacturing from large, centralized producers to a small rhizomatic industrial network. See Arnaldo Bagnasco, *Tre Italie: La problematica dello sviluppo territoriale italiano* (Bologna: Il Mulino, 1977). For interpretations not devoid of blind fanaticism of the ethics of artisanal work, see *Richard Sennett, The Craftsman* (New Haven: Yale University Press, 2008), and Stefano Micelli, *Futuro artigiano: L'innovazione nelle mani degli italiani* (Venice: Marsilio, 2011).

14   See Andrew Ross, "Made in Italy. The Trouble with Craft Capitalism," *Antipode*, vol. 36, no. 2 (2014): 209–16.

15   Davide Stucchi, interview with Caterina Avataneo, "When Less Becomes More Than Enough," *PW–Magazine*, March 5, 2024, https://pw-magazine.com/2024/davide-stucchi-when-less-becomes-more-than-enough.

mer responded with familial solidarity; to the inflexibility of the assembly line, with the interchangeability of artisanal and automated processes; to abstract work, with deep local connections.[12] Companies like those from the Prato district prototyped the kind of luxury good with a strong cultural identity that characterizes the Made in Italy brand. Until the post-war period, Prato was a city of *cenciaioli*, or rag merchants, who would sort old clothes, tailoring scraps, and rags for their eventual use as regenerated wool. In response to the offshoring of manufacturing to developing countries, the Prato industrial sector resettled on high-quality production, recalibrating processes and apparatuses for the manufacturing of textiles destined for the fashion industry.

If the success of Italy's small and medium-sized enterprises has historically depended on the instrumentalization of family ties, on networks of subcontractors paid piecework (when not under the table), on widespread tax evasion and on the lack of union protection for workers, the current layout of Prato's textile industry is perhaps even further removed from the idyll of the modern crafts workshop celebrated by the proponents of post-industrialism.[13] Today, it is estimated that at least 40% of the hundreds of workshops and factories that dot the Prato district operate illegally.[14] This reality reinforces the thesis that, in Italy, small and medium-sized enterprises survive thanks to labor exploitation, wage restriction, and non-compliance with regulations.

Just as different degrees of labor proletarianization and deskilling exist in Prato's manufacturing industry, Milan's creative class incubates its own precariat. Stucchi inhabits and explores this reserve army of creative laborers: art handlers, studio assistants, junior graphic designers, social media managers, creatives working "second jobs" to make ends meet. Even Stucchi supports his artistic practice with a second job, working often as a scenographer for fashion brands, designing and creating sets for fashion shows and photo shoots. It is hard to separate the artist's set designs from his works of art. Stucchi says they stumble into one another.[15] The forms follow each other, merge, and blur. After all, how can a worker guarantee different outputs under the same working conditions? Stucchi asks this question while challenging the value systems that establish a distinction between an "emerging" artist and a precarious worker.

Precarity is a form that Stucchi also pursues in his most ambitious installations for the fashion industry. For the show of Magliano's

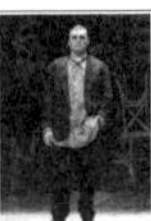

Magliano F/W23 Look 16
Courtesy of Magliano

Autumn/Winter 2023–24 collection, Stucchi stacked hundreds of chairs along one of the walls of the event space. Chairs of all types—restaurant, garden, office—were piled and thrown, clinging onto each other. The suggestion of an abandoned dance hall was well suited for a brand distinguished by its theatrically popular style. Magliano has taken advantage of the savoir-faire of small and medium-sized enterprises to engineer sartorial errors, debunk the canons of urban elegance, and formulate hypotheses for a new anti-modern wardrobe. It is perhaps the only Italian brand that embodies the contradictory maturity of Made in Italy. Its focus on the human landscape of the post-industrial periphery indicates that, in Italian fashion, elegance is a shattered myth, one that is unable to conceal the truth of a labor-intensive economic model. The wall of chairs Stucchi erected as the backdrop to Magliano's fashion show was an anti-monument to the Italian creative industry. Its working class has started to construct barricades. Its collapse is imminent.

It Wants to Be

Laura McLean-Ferris

It's not a lamp, it's a "lamp," writes Susan Sontag in "Notes on Camp" (1964), her attempt to name a "sensibility," a "private code," that she recognized blossoming in the culture among small urban cliques. The essay, which takes the form of numbered notes, describes camp's focus on form and design, artifice and style, and points toward quotation marks as markers of provisionality, of role playing. More than sixty years ago, Sontag already tied this recognition of coded conduct to gender: She wrote in the same paragraph that "it's not a woman, it's a 'woman.'" Such a way of seeing through quotation marks, she continues, is the furthest extension, "in sensibility, of the metaphor of life as theater."

The theatrical roles of objects are multivalent in the practice of the artist Davide Stucchi, where objects such as lamps take on roles that reach beyond their usual functions. To create the sculptural series *Neck-Laced* (2024–25), for instance, Stucchi took a number of large spherical glass lightbulbs attached to simple wall brackets and filled them with plastic pearls of different colors. As with many of Stucchi's artworks, this additive gesture generates myriad associations, including playful camp innuendo of the kind gestured to in Sontag's essay (think of the many associations with the "pearl necklace," or the figure of the "pearl clutcher"), but can also be approached from other directions and traditions: through the existential gravitas of Romanticism, for example, or Arte Povera's combination of formal restraint and metaphysical concerns. The *Neck-Laced* sculptures have an immediate sense of abundance due to the sheer quantity of shiny spheres inside the bulbs. The pearlescent balls evoke celebratory events such as weddings or parties, recalling as they do the pale, decorative hues of bridal gowns, table decorations, and confetti. The necklace referred to in the title suggests a disappeared string from which all of these pearls have fallen off, while the word "laced" could also refer to something that is tied up, spiked, or even poisoned. That the pearls also resemble eyes, rolling around in different directions, invokes a multitude of gazes: think of the slightly grotesque way in which digital media advertisers refer to how many "eyeballs" something has had on it.

Yet the longer one stays with one of the sculptures, the more their fundamental qualities, as well as their environmental conditions, become apparent. For one thing, despite the absence of an electric filament, the bulbs emit a kind of light, given that the room's illumination bounces off the shiny surfaces of the pearl beads. As such, they can be considered in surprising ways in relation to, say, Hans Haacke's *Condensation Cube* (1963–67), an important historical example of a work that reveals certain conditions of the site in which it is exhibited. Haacke's sculpture is a sealed Plexiglas cube filled with a small amount of water which, due to light and heat conditions, contributed to by the presence of warm bodies in the exhibition space, condenses to vapor and clings to the cube's sides, creating streaks on the surface, and thereby making visible certain aspects of the room's climate. Stucchi's *Neck-Laced* sculptures, like a glitzy, burlesque postscript to the *Condensation Cube*, also draw attention to the conditions of the space, albeit more "lightly." Though most sculptural materials reflect light, sometimes to a high degree (mirrors being the obvious example), it is the lamp as their container that allows the gleams and shimmers of gems to be perceived as light sources in and of themselves, thereby phenomenologically amplifying the existing levels of luminescence. As a subversion of the expected function of an electrical appliance, the work also brings to mind Nam June Paik's series of lit candles installed in hollowed-out television sets, which draw attention simultaneously to the flickering candle as a form of ancient animation and entertainment, and to the television as a light source. In accentuating the reflected light of pearlescent accessories, Stucchi's sculptures perhaps also—and maybe this is a stretch—suggest that glamour is itself a kind of light source or electricity. Such a claim does, however, get us closer to another important aspect of Stucchi's work: that of character.

It is striking, I think, that when discussing his sculptures, Stucchi often describes them as though they were alive. He often enumerates a narrative story arc for the objects in terms of what they have wanted to do or wanted to be, or how they have tried or failed to modify themselves, as though it were the sculpture, rather than the artist, that was responsible for their final form. When informally discussing *Neck Laced*, for example, he explained it to me as follows (I am paraphrasing): "This is a lamp who has decided that it will get its light by filling itself with pearls instead of from electricity. But in doing so it has made itself too heavy." During these discussions, I have the impression, almost every time, that I am hearing about a hero's journey and their tragic flaw—in this case, a character so obsessed with light that it has gorged itself on shiny objects and made itself heavy, or *un*-light.

And here, yes, is the wordplay in which the title of Stucchi's exhibition *Light Lights* is rooted. Lightness is superficiality; lightness is grace; lightness is a lack of weight; lights are reduced versions of indulgent consumer products like fats and alcohols and cigarettes; lights are lamps; light is the brilliance of the sun, on which all life relies. It's not a light, it's a "light." But *Light Lights* has other resonances. It sounds like "lifelike" or "like life." Doors, lampshades, light switches, mattresses, chairs, umbrellas: all manner of everyday household objects are given narrative life in Stucchi's sculptures, in a fashion that walks a tightrope between more historic forms of Surrealist object substitutions, visual metaphors, puns, and slips in which one object takes the place of another, and other animistic traditions, recently being revived in the West, in which we might imagine that objects have their own lives and ways of being.

In Stucchi's sculptures *Shy Led* (2020) and *Confident Led* (2020), LED strip lights are either "shy" (hiding behind a cardboard box that completely conceals the raw light) or "confident" (wrapped in a bubble wrap roll). For the more recent sculpture *The nest rests on top of all quests* (2025), the artist fixed together two found interior doors: one antique, ornate, and slender, the other plain, modern, and wide. The smaller, older door has been fixed at a perpendicular angle at the midpoint of the larger, newer one so that it is completely hidden from view if one approaches the modern door from the opposite side. A nest of fragile wires with tiny Christmas LED lights balances precariously where the doors meet, as though built by a small bird. While the famous door of Marcel Duchamp's apartment—*Door, 11 rue Larrey* (1927)—occupied two perpendicular doorframes, such that one door was always open when the other was closed, Stucchi's sculpture is rooted less in function than in relational drama. One door "hides" behind the other, or

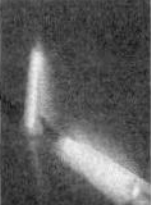

Davide Stucchi, *Confident Led I and II*, 2020
LED lights, cables, plugs, electrical outlets, bubble wraps
Variable dimensions

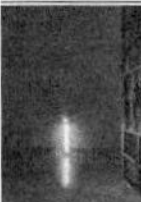

Davide Stucchi
FUORI, Art Quadriennale, 2020
Palazzo delle Esposizioni, Rome

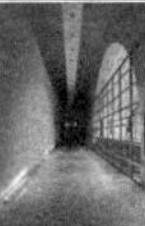

Davide Stucchi
FUORI, Art Quadriennale, 2020
Palazzo delle Esposizioni, Rome

perhaps the doors lean on each other codependently. Their attachment makes it possible for them to stand, but impossible for them to move, and the nest of wires will fall if either door shifts its position.

In another recent work, a classic Viennese Thonet chair houses a large globe lamp that seems to have busted through the cane weaving of the seat. A middle-class icon, the Thonet chair also embodies certain archetypal characteristics of the bourgeois families who own them, such as the spoiled child or the uptight mother, with tensions that end in the seat of the chair being trashed. Yet, importantly, in many of these sculptures, one thing learns to accommodate another: the broken chair, with its busted seat, is now a housing, or a stand, for the lamp. In fact, several of Stucchi's more recent sculptures included in *Light Lights* foreground partnerships and ties between object characters, rather than a narrative of a single object. In the artist's own words, these sculptures ask what it means for one thing to sustain another, and are created in a way that emphasizes the modulation of one person's character, will, or body in relation to another's. Where two objects find a way to coexist, it is through negotiation, consent, affirmation.

Stucchi has compared his way of selecting found objects to casting models for a fashion show, a process to which he has been a party many times in his work for fashion brands. He has created sets for catwalk shows, stores, presentations, and photo shoots, and in particular has carried out highly collaborative and prolific work with the young, Bologna-based fashion label Magliano, for which he designed many environments and installations between 2022 and 2024. This allowed him to explore his facility with objects at a new, larger scale and encouraged him to marshal and modulate the messages being broadcast by certain objects with different degrees of subtlety. More and less. Magliano often draws out particular histories of labor, class, gender, and subversion in its collections of garments, and the brand's team would brief Stucchi to communicate not about the specifics of the collection, but about what an audience should become aware of as they navigated the room in which the clothes were displayed. In response to this directive, Stucchi created an installation of hundreds of stacked stools and chairs, drawing attention to another audience, not present—perhaps previous generations, artistic forbears, absent friends, or community members who do not overlap with fashion. A well-known photograph by Peter Hujar, *Blanket in the Famous Chair* (1983), in which the Jean-Charles de Castelbajac blanket the photographer used to keep his subjects warm is pictured on an otherwise empty chair, became a reference for Stucchi in building this set, alive to the way that the photograph captured the warmth of an absent body, and the way that that sense of absence grew exponentially during the AIDS crisis.

Stucchi's attunement to how objects carry and convey life forces, characters, and stories was embedded in his artistic training. He was a student of the late Alberto Garutti (1948–2023), an artist who often concentrated on the relationship between the production of a work and the social, institutional, and artistic context that structured its making. Stucchi recalls important exercises that the older artist set for their class regarding the *pensiero dell'opera* (thought of the work), in which students were asked to describe what they believed the works of art that they were making were thinking, or would have to say, on three different subjects: What were the artwork's critical thoughts, what were its ethical thoughts, and what were its affectionate or amorous thoughts? Garutti's exercise encouraged students to see their works as connected to the culture that surrounded them along lines of antagonism, desire, and belief, but Stucchi also realized that if he was being asked to enter into an artwork's "mind" in order to recognize it as having thoughts, desires, and affections, then he was also being asked to recognize that there was a character, an active entity, in front of him. This shift in perception influenced his way of perceiving objects and artworks, and he began experimenting with other, further tactics for bringing the character of objects into focus. Employing illumination with lamps and lightbulbs most directly triggers a conferring of life into an object, due to the way the introduction of electricity and illumination are so closely tied to the human conception of life. Think, for example, of the galvanic electrocution processes on dead bodies and inanimate objects that inspired Mary Shelley's *Frankenstein* (1818). Garutti, too, had drawn a parallel between electric lamps and sentient life in his *Ai nati oggi*, a work installed in various cities between 1998 and 2005, in which a number of streetlamps would be connected to the maternity wards of local hospitals and increase in intensity whenever a child was born there.

What are the *pensieri dell'opera* that might come to mind when looking at Stucchi's series of works entitled *Light Switch* (2019–25)? In these small, wall-mounted sculptures made from domestic light-switch plates (often in brushed aluminum), the spaces where the buttons would be act as frames for found images from books and catalogues, which have been installed behind the plates. In each of these high-production images—studio lit, monochrome or full color, art directed—of which we can now only view fragments, there are hands, touching, holding, gesturing. Let's begin with the most straightforward of the three *pensieri*: What do these switch plates desire? They call, most immediately, to be touched. We recognize them as objects that accompany us in domestic spaces, installed where we can see and reach out to them easily, and shaped in accordance with the size of a finger. They ask to be turned on or off, or for us to poke through the image to some form of electricity behind them. "Electrics are tight electrics are white electrics are a button," wrote Gertrude Stein in her poem "Sacred Emily" (1913).[1]

What are the critical thoughts? The sculptures hint that we do not know what they know, that we have perhaps underestimated them. They hold on to a memory, or an image, that is remote to us. These objects have seen things, they have been touched. By extension, perhaps they have a critical thought about the history of their makers, or the legacy of design in Italy, famed to this day for its fashions and couches, stylish interiors and homewares. Were there not so many influential figures in the history of interior design, creating lamps and fixtures and styling rooms, who had to partially conceal their sexualities or genders for fear of retribution? Who else is hidden in the fabrication of this object, and in its circulation?

What are the ethical thoughts of the switch plates? I believe this relates to the way they display images of human hands, sometimes clasping each other, sometimes free. Our hands are the sensory site where we first meet the world and make connection with it. One can hold hands with another person, but when we handle an object, might that be akin to holding its hand as well? It wants to be touched, it wants us to know that we are all connected, it wants you to know its history, it wants to be more equal with us. It wants to bring us light. In the medieval period, before the word "artist" existed, the craftspeople who made the decorative lettering, detailing, and imaging on manuscripts were called limners, meaning "illuminator," from the Latin *lumen*. The job of the artist, in other words, was to bring light to the object. To turn it on.

1   Gertrude Stein, "Sacred Emily," in *Geography and Plays* (Boston: Four Seas Company, 1922), 178–88.

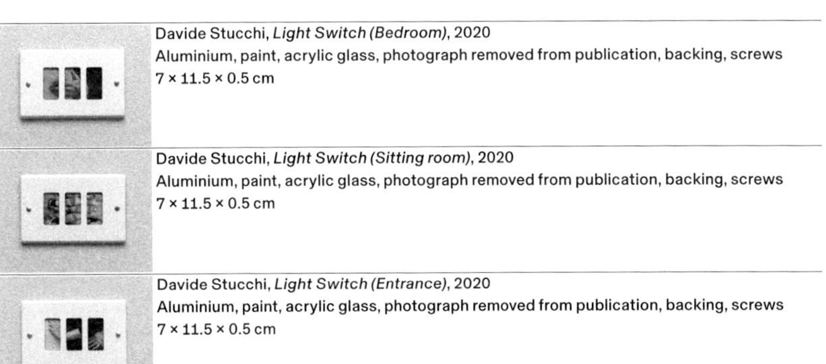

Davide Stucchi, *Light Switch (Bedroom)*, 2020
Aluminium, paint, acrylic glass, photograph removed from publication, backing, screws
7 × 11.5 × 0.5 cm

Davide Stucchi, *Light Switch (Sitting room)*, 2020
Aluminium, paint, acrylic glass, photograph removed from publication, backing, screws
7 × 11.5 × 0.5 cm

Davide Stucchi, *Light Switch (Entrance)*, 2020
Aluminium, paint, acrylic glass, photograph removed from publication, backing, screws
7 × 11.5 × 0.5 cm

A Dramaturgy of Objects, a Performance of Glances

Alessandro Pasero

Words

When first defined in the philosophy of language, the concept of performativity explained how some words, in certain circumstances, form an action rather than simply describing one.[1] Phrases can actively change the context in which they are articulated, as well as the condition of whoever utters them. The primary example of this is the phrase "I do," within the setting of a marriage, which, in the moment that it is declared, transforms a single individual into a married one. There are therefore phrases which cannot be judged as either true or false, but which simply lead to transformations "happy or unhappy."[2] In these cases, there is a complete convergence between the phrases—or rather the word—and the action: the word doesn't describe an action but constitutes one, constructing it itself, like a magic spell. Performativity has to do with produced consequences, with impact. Within the scenography of a ritual, the gesture is followed by a new narrative. When combined, language and action have social, political, and spatial consequences, which can create a novel spatial dimension or influence the environment.

Still speaking of language, we have been warned against the mistaken tendency of taking grammar too seriously, of permitting linguistic structures to shape or determine our comprehension of the world.[3] The belief that grammatical categories reflect the structure of the world is a seductive mental habit which deserves to be questioned; a performative understanding of discursive practices challenges the representationalist belief in the power of words to represent pre-existing phenomena. Performativity, correctly understood, is not an invitation to transform everything (including material bodies) into words. On the contrary, it is actually "a challenge to the excessive power given to language to determine what is real."[4]

Davide Stucchi's practice is performative precisely because it challenges the daily life that surrounds us by using wordplay, transformations, and gestures. His use of language—subversive, frenetic and material—transforms into a wordplay that creates space. His works—grammatical or material short-circuits—produce conditions by colliding often antithetical dimensions into one another. The context created by the work, which coincides with the work itself, is often a hypertext that is authentic and immediate to the gesture. Here, the transition from *sabot* to *sabotage* is exceedingly quick: a doorbell that pretends not to exist, but then reflects what surrounds it,[5] imposing the need to be misunderstood and distancing itself from something that is typically found around us in our immediate reality.

Light

Light is often present in Stucchi's practice, and its use is central in the construction of the exhibition *Light Lights* at Centro Pecci. Here, it assumes a weighty significance, not as the consequence of a technical conversation connected to its particle nature, but because it becomes an object, to the point of being weighable. *Light Lights* implies that light is not only an environmental condition but rather a material itself. The show is an architectural vision of space and construction that is not intended as "a wise and rigorous game of volumes under light,"[6] but rather an ironic and destructive game, a theory of shadows reframed in a romantic key where they become stories and castoffs.

The structures which display and emit the light (cables, lightbulbs, LED tubes) are so connected with the primary experience of sensation and emotion that this technical production material fades, leaving the light to appear weightless. These elements disappear as

1   See John Langshaw Austin, *How to Do Things with Words* (Oxford: Oxford University Press, 1962).

2   Ibid.

3   See Karen Barad, "Posthumanist Performativity: Toward an Understanding of How Matter Comes to Matter," *Signs*, vol. 28, no. 3, *Gender and Science: New Issues*, spring 2003, The University of Chicago Press: 802; Friedrich Nietzsche, *Il crepuscolo degli idoli* (1889) (Milan: Casa Editrice Sociale, 1924); Donna Haraway, *Manifesto cyborg. Donne, tecnologie e biopolitiche del corpo* (1991) (Milan: Feltrinelli Editore, 2018); Judith Butler, *Questione di genere. Il femminismo e la sovversione dell'identità* (1989) (Bari: Laterza, 2023).

4   See Karen Barad, "Posthumanist Performativity: Toward an Understanding of How Matter Comes to Matter," *Signs*, vol. 28, no. 3, *Gender and Science: New Issues*, The University of Chicago Press (Spring 2003): 802.

5   Davide Stucchi, *From the other side* (2024).

6   Christian Norberg-Schulz, *Genius Loci* (Milan: Electa, 1979), 77.

7   Davide Stucchi, *Lamp Shades V* (2025).

8   See Elizabeth Diller, Ricardo Scofidio, *Flesh. Architectural Probes: The Mutant Body of Architecture* (Princeton, NJ: Princeton University Press, 1994).

9   Ibid.

10   See Bernard Tschumi, *The Manhattan Transcripts*, 1976–81.

they help emanate a light that visualizes the temperature, building an atmosphere. At times cold, others warm, and others still entirely dark, one asks: are the lights still on or have they been turned off already? Perhaps this light hasn't arrived yet, or maybe it existed a while ago.[7] It's a haunted house. Stucchi's architecture hides its foundations and structural concerns, considering instead its spaces and how to inhabit them.

Bodies

Stucchi's works create environments. The spaces he produces reflect a particular way of living and inhabiting architecture, one of an artist interested in bodies and space, who reads a *potential* performativity in everyday objects. His practice considers an architecture not as typically pertaining to buildings, but more than anything the spatial relationships created by bodies in motion. Through this lens the human body is a cultural fact and an irreducible site of regulation.[8] Starting from this presupposition, Stucchi traces, redraws and subverts the inextricable relationships between the body and the spatial conventions of everyday life. The body is central, understood as a site of transitory inscriptions to be deciphered in order to discover strategies of "contractual" space,[9] in which the work can act in a critical way within places codified by public or private conventions: houses *translated* elsewhere, in galleries and museums, where they become inhabited.

This practice focuses on the transitory nature of the human body—often of others—understood as inhabited, dressed, celebrated, narrated. A body that is revealed even if it is not present in the work: it is the body that rang the doorbell, that arrived to the third floor, that moved the boxes, that has just left, that is trying to hide something, that is in movement. The body isn't here, but traces of it are. These echoes produce a choreography in the space, a pantomime in which, by definition, the action is entrusted solely to the gesture, which reflects Stucchi's drawing and his way of living and inhabiting architecture. Rather than giving importance to the architectural form of waiting, these works rewrite the movement of bodies in space—along with the actions and events that preceded them and those that might take place[10]—in a series of imaginative projections.

The absence of the human body (the MacGuffin of Stucchi's research, forever present and central, even if never within the frame of the display) becomes the expedient narrative par excellence: the environment is constructed from previous histories, traces of intersections or expectations. They become drawn in parallel realities to the factual ones, exciting creativities of the possible. He thus configures a scenography made with objects from daily life, both his own and of others. These works are a series of histories—both real and plausible, invented and stolen—of reconstructed memories: a journey, a relocation, a breakup, a gesture. And what remains is the object that retains the traces of these gestures, compositions that records time.

Objects

Stucchi's is a landscape of objects waiting in expectation, of the memory or desires of the body. This dramaturgy of elements appears as a series of disruptions of the liminal space of the gallery, the art fair stand or the museum. The switch,[11] which responds to an instinctive on/off, creates a short-circuit the moment it becomes something other than itself, obligating the viewer to change his position and perspective, turning his gaze upside down and producing new modes of gesture, of movement. It is the presentation of fragments of an amorous conversation, like the letters received (or sent) in postboxes.[12] In front of the light switch a role-play occurs, one becomes a *voyeur*. Just as the television is not an image or a medium but a space,[13] the switch also becomes a space, with an interior and an exterior. The private and public space collide within the object, which becomes an environment.

11   Davide Stucchi, *Light Switch and Socket* (Sitting room) (2022).

12   Davide Stucchi, *Amica Fantastica più*, 2024; Davide Stucchi, *Evidence dance* (2024).

13   Marshall McLuhan, *Gli strumenti del comunicare* (1964) (Milan: Il Saggiatore, 1967), 40–42.

14   Giorgio Agamben, *Cos'è un dispositivo?* (Milan: Nottetempo, 2006). ["I will literally call a device anything that has in any way the capacity to capture, direct, determine, intercept, shape, control and secure the gestures, conduct, opinions and speech of living beings.[...] Language itself is perhaps the oldest device."]

15   Ibid.

16   Davide Stucchi, *Imprudent Gossip* (2025).

17   Walter Benjamin, *Angelus Novus. Saggi e frammenti* (Turin: Einaudi, 1962), 148.

18   Ibid.

19   See Alessandro Mendini, "Tratto gli oggetti come fossero esseri umani, li faccio sorridere," *Repubblica*, May 1, 2016. ["What is the importance of objects to you?" "Fundamental. If I were an athropologist I would look at them like populations. I would study their mating rituals and social organization, the correct or incorrect ways of being together."]

The works influence their surroundings like devices,[14] producing their environment, constructing an atmosphere; they have in some way the capacity to "capture, orient, determine, intercept, model, control and ensure the gestures, conduct, opinions and conversations"[15] of the people who pass through the rooms. The atmosphere of the exhibition should not be understood then in technical terms—like an air quality—but in a scenographic, sensory, and emotional way. In this way, the experience of the exhibition produces a spatial dimension composed of a series of gestures and exercises of imagination and reimagination departing from the stories on display.

Stucchi's gaze is peripheral and always in motion, with a constant focus on possible connections between shapes and objects, functions and language. Here, a Thonet chair punched through by a perfectly circular light placed over the hole[16] becomes a means of sharing a story of a lover who is gone, or not yet arrived, evoking his seated body on a pierced, exhibitionist surface. As a collector, tenant of the *intérieur*,[17] Stucchi takes on the "task of transforming objects." It is "a Sisyphean work, which consists of removing an object's characteristic as commodity and imbuing it exclusively with a value of an admirer." For both, "to inhabit signifies leaving a mark, and [in his world] these acquire a particular relief."[18]

If it is true that it is possible to study objects in order to understand the behaviors of their owners,[19] as traces of a humanity legible through their rites, domestic rituals, and ties, then even the most banal objects become displays (containers or scars) of bigger histories that go beyond the scale of the time and place to which they belong. Within the exhibition, this series of traces produces a choreography for

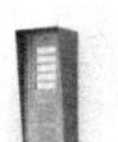

Davide Stucchi, *Light Switch and Socket (Sitting room)*, 2022
Aluminium, paint, acrylic glass, photographs removed from publication, backing, screws
7 × 11.5 × 0.5 cm (each)

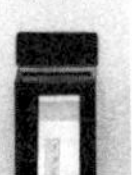

Davide Stucchi, *From the other side*, 2024
Acrylic mirror, found entryphone
37.5 × 14.5 × 7.5 cm

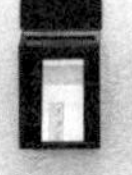

Davide Stucchi, *Amica Fantastica più*, 2024
Letter box, paper envelope, metallic staples, found clothing labels
38 × 20 × 6.5 cm

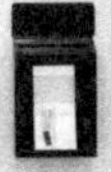

Davide Stucchi, *Evidence dance*, 2024
Letter box, paper envelope, metallic staples, found clothing labels
38 × 20 × 6.5 cm

the bodies that experience it. Thus, Vico Magistretti's iconic *Eclisse*—designed for nightstands—become lovers, illuminating and admiring one another, staging a theatrical demonstration of their connection.[20] The work is a reflection on intimacy and the movements of life around objects, of lovers' bedside tables and bedrooms, which has been dematerialized: the two lamps completely (re)produce the environment described and the memory of the relationship and desire. The bodies and the objects become attractive and attracted subjects, sensual elements that love one another and allude to intimate relations and new gestures. Once again, the removal (absence) produces desire which, in turn, creates exploration and movement in the space.

Space

Within the exhibition Stucchi (re)arranges the interior space of the museum, creating spatial shortcuts, searching for simple ways of creating complexity. This approach manifests itself also through the extraction, deorientation, and alteration of the *objet trouvé*, challenging the concept of function itself. Within this expanded field,[21] these sculptures create an environment: a space inhabited by bodies in motion; a space that is contested, negotiated, imagined, invented, shared, and in dialogue; a space which is context; a physical space—often liminal—in which the entry point created by the work produces a short circuit.

    Rising, falling, looking for the moon and its opposite, *Rising, falling, looking for the sun*[22] evoke another space that exists in relation to movement: at home or in the garden, climbing the stairs and looking out of the window at the sun and then the moon, falling to the ground. This is how the show reconstructs a specific time—the cyclical nature of a day—composed of a beginning and an end. The mirrors don't reflect the viewer but construct a space: their position is one of a heterotopia,[23] no longer reflecting winking or narcissistic gazes. The work generates and subverts power dynamics, queering its surroundings.

20   Davide Stucchi, *The Guy Next Door (Bedroom)*, Quadriennale d'Arte di Roma FUORI (2020); Davide Stucchi, *The Guy Next Door (Bedroom)* (2025).

21   Rosalind Krauss, "Sculpture in the Expanded Field," October, vol. 8, spring 1979: 30–44.

22   Davide Stucchi, *Rising, falling, looking for the moon*, part of *Light Lights*, Centro Pecci (2025); Davide Stucchi, *Rising, falling, looking for the sun*, part of *Light Lights*, Centro Pecci (2025).

23   See Michel Foucault, Jay Miskowiec, "Of Other Spaces," Diacritics, vol. 16, no. 1 (spring 1986): 22–27.

Just as the virtual space of language is a heterotopia in which identity is performed through juxtapositions of words and meanings, Stucchi's heterotopias (both linguistic and material) are places that suspend the relationships of ordinary spaces, opening new possibilities of interpretation and reflection on society and power: a *hetero-topos* constructed in a homeopathic (*homo-pathos*) way.

Davide Stucchi, *The Guy Next Door (Bedroom)*, 2020
Lamps, electrical cords and plugs
Variable dimensions

Dim Epiphanies of the Olfactory Bulb

Sabrina Tarasoff

The artist said to me: "Creating an artwork also has to create an epiphany."
It's a compelling thought. And yet who can say where, or how, or even
if the ineffable insight will take place? After all, epiphany asks that all
activity, be it trivial or triumphant, concentrated as effort or stumbled
across by chance, be considered as possible grounds for its appearance. Its gravity forces perspective on that which falls into view, like,
say, whatever draws the mind to spot the apple for its aha! moment.
The spectacularly normal sight is momentarily cracked open to reveal
some secret knowledge or hidden power that comes forth as if ex nihilo,
then vanishes just as fast. The brain is suddenly lit. But then what?
Friedrich Nietzsche suggested that in order to achieve revelation, one
must willfully resign to its precipitous nature: "A thought suddenly
flashes up like lightning, it comes with necessity, without faltering."[1]
"I have never had any choice in the matter." No matter how much one *as-
pires* to pique insight, to peek under the veil so as to reveal this hidden
essence or secret knowledge, the epiphanic moment rarely—if ever?—
manifests at will. And still, creation *has to* create, per the artist Davide
Stucchi; from the first-order insight, we are drawn, as if by necessity,
to make something of it. So, I ask (still a skeptic): How do we recognize
the god-given stroke of genius from any other idea? Is the work of art
an acting *on* epiphany, as what the spirit makes manifest, or does the
insight take shape in our mortal aspiration to make sense of the mundane? Is it process or concept?

A mystery.

I recall the opening line of Chandler Burr's *The Emperor of Scent* (2002),
a biography of biologist and perfume aficionado Luca Turin: "Start with
the deepest mystery of smell. No one knows how we do it."[2] If, as per the
modernists, epiphanies are sudden manifestations of spirited insight
mysteriously extracted from life's more inexpressible backdrop—experiences, thoughts, scenarios, or emotions briefly caught in formation,
or given shape—then it seems reasonable to consider them as akin to

perfumes: distillations, essences, scents. Starting with the simple fact that the mystery of scent, like the sudden revelation of a brilliant idea, remains a mystery to us, whatever elusive mechanisms that suddenly show forth an essence remain withdrawn to the mind. Smell does the impossible, writes Burr: "The enzyme feels some cleft in some molecule, fits its special fingers into it like a key that fits into a lock. And if the shape of the lock and the shape of the key conform, bingo: *Recognition!* By shape."[3] The scent, like the light-bulb moment, is the sudden recognition of a shape, a contour, a kind of clarity, like a dark room suddenly illuminated. There, in the sudden light, we see not the thing itself, but its essence—what James Joyce called "quidditas."[4] The mystery of the mystery itself is given to us as revelation. Ideas, impressions, concentrates—the inexpressible backdrop of our lived experience, all that's witnessed. The quintessential mystery of our atomic insides reveals not the/a shape itself, but what shapes its becoming. Turin's grand revelation, later, was that the essence of scent is less about shape than its particular vibrations. The mechanism is a rhythmic enigma at the core of our being, a kind of music, a score, a chamber piece.

Scents linger, then, as refrain, while light tends to fade. What we see as illuminated, in plain view, so often takes time to form as insight. Objects can be luminous, auratic; they can radiate lightness, levity, as a material quality to be studied and read. (Gaston Bachelard once wrote of "reading a room"; scents often evoke the immediacy of a space, void of visual impression, all essence, emotion, memory.[5]) I begin to forget my aim already. What was it? Searching for a shortcut to spirited ideas, I reach for a flask of The Hedonist by Ex Nihilo, thinking that illumination requires only a spritz of something described as an "ultimate frisson," an overdose of some essence: pure idea. To wear a scent is to explore another kind of visibility—to linger in the illumined idea, the concept concentrated as essence—chasing what persists in the wake of an idea, like a perfume's sillage: a lingering potential. I have always wanted to write essays that simply spritz from their moment of

1   Friedrich Nietzsche, *Ecce Homo: How One Becomes What One Is*, trans. by Walter Kaufmann (New York: Vintage Books, 1967), 300–1.

2   Chandler Burr, *The Emperor of Scent: A Story of Perfume, Obsession, and the Last Mystery of the Senses* (New York: Random House, 2003), 1.

3   Ibid.

4   James Joyce, *Stephen Hero*, ed. by Theodore Spencer (Oxford: Oxford University Press, 1963), 218.

5   Gaston Bachelard, *The Poetics of Space*, trans. by Maria Jolas (Boston: Beacon Press, 1994), 9–10.

6   Ben Hassett, "A Fragrance Enhancer with Transparent Radiance That Gives Any Perfume a Certain, as the French Say, 'Je Ne Sais Quoi,'" *British Vogue*, August 21, 2018, https://www.vogue.co.uk/article/fragrance-enhancer-ds-and-durga.

7   C. G. Jung, "Synchronicity: An Acausal Connecting Principle," in *The Structure and Dynamics of the Psyche*, Collected Works of C. G. Jung, vol. 8 (Princeton: Princeton University Press, 1960), 117.

inception to develop a complexity *in* time, and evoke the space of their making, within which something could play out. A playground of dim epiphanies as atomic notes. From this vantage, the epiphany is not that much of a mystery, but rather a moment of thought, vanishing like the light, like a scent dissolving into the skin.

A kind of je ne sais quoi, then?

There is a category of scents known as "fragrance enhancers," which can be used on their own or as layering tools to amplify, magnify, intensify existing qualities. Scents, after all, are created to expertly distort and isolate relations. Enhancers take us through the looking glass. DS & Durga's I Don't Know What is described as "a fragrance enhancer with transparent radiance that gives any perfume a certain, as the French say: *je ne sais quoi*."[6] The point is to alight on what's revealed in correspondence—with the body, the other, space, season. The *je ne sais quoi* is just a spark, an intuition, an insight *enticed*. A contact forged with what's already there. Sometimes close to the skin, sometimes far. Sometimes the revelation happens slowly, over time, and sometimes the enhancement hits you all of a sudden—epiphanic? A hidden depth is shown, enhanced. An idea opens as a measure of space, projected in time. The revelation of the revelation itself: an essence revealed in—or *as*—the scent of time.

Stucchi sends me the title list. Rising and falling thoughts, moonshines and tricky characterizations. Light bulbs flashing and dimmed. I look outside at the cold May light and close the blinds so as to create for myself an artificial night. Warm bulbs enable the possibility of drift: sheltering, covered, safe. To fall into the night of writing, to cross to the sleep side, into the wake of wakefulness, implies a willful departure from the outside world. Inertia, as Carl Jung once wrote, is the property of persistence.[7] Maurice Blanchot also noted the profundity of the inert, the passive. Warm bulbs that spark the ineffable of ideation. To be *doused* in the essence of night, shade, veil—a very romantic idea. Yet this departure can be tricky to stage.

Imagining light where there's no light is like extracting an essence from a flower with no scent. The aforementioned Chandler

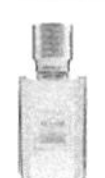

The Hedonist, Ex Nihilo

I Don't Know What, DS & Durga

Burr once wrote of this effect in an essay titled "Ghost Flowers"[8] (2007). Scentless blossoms leave perfumers with no choice but to imagine their essence. Kenzo's Flower, a fragrance evoking the reticent poppy, heavy in its symbolic construction, is just one example. To imagine such ghosts, essences that refuse to be extracted, entails examining, say, lightness for its shadows, its dark. A room with the blinds down, like a light bulb shaded or altogether switched off, has to be considered as pure possibility. To breathe deep of these works of art, to imagine the lightness veiled, requires much the same. Things bottled can be kept.

The artist's lights are bottled, captured, contained, as if he were trying to hold on to the sudden moment when something switches on. Bottled and bulbed, here, are condensations of affect, scenario, setting. These are propositional essences, isolated instances of lived experience. The idea is to let the mind linger on, or in, their influence. I'd thought to find perfumes equivalent to "light" (not as a concept of levity, but as a natural property), but the property of light itself is a complicated essence. Light illumines, like the fragrance enhancer, to make other aspects of life—or, art—more present. In perfume making, "light" scents are either light because of their weight, or evocative of light situations: levity, freedom, floating. Hot summer days, beaches, sunny moments or places are courted through "solar notes": often warm, sweaty, meaty, fungal, fruity, jammy, loamy, or dusty. None of these describe the kinetic energy of the sun itself, but rather get at the ground it enriches. Solar notes are descriptive of situations, but rarely manage to describe the blinding light.

Plexiglas globes, pearls, mirrors, aluminum ladders, cables, plugs, LED panels and string lights, doors, Venetian blinds, metal switches, acrylics, found Vienna straw chairs, circular lights, panel lights, light bulbs, poles and sticks, lampshades of iron, plastic ties, metal grids, plastic bubble wrap, scarves, tubes . . .

8   Chandler Burr, "Ghost Flowers," *The New Yorker*, March 1, 2004, https://www.newyorker.com/magazine/2004/03/01/ghost-flowers.

9   Gaston Bachelard, *The Poetics of Space*, trans. by Maria Jolas (Boston: Beacon Press, 1994), 92.

10   Alain Robbe-Grillet, *Jealousy*, trans. by Richard Howard (New York: Grove Press, 1965), 48–9.

11   Steven Connor, "James Joyce and Samuel Beckett: From Epiphany to Anti-Epiphany" in Re: *Joyce'n Beckett*, eds. by Phyllis Carey and Ed Jewinski (New York: Fordham University Press, 1992), 160–74.

12   Robert Bresson, *Notes on the Cinematograph*, trans. by Jonathan Griffin (London: Picador, 2016).

13   Sylvia Plath, "Paralytic" in Ariel: *The Restored Edition*, ed. by Frieda Hughes (New York: Harper Perennial Modern Classics, 2004), 56–7.

Everything is a construct: first, built to the image of interiority, something domestic, then lit to describe a situation. Encounters, meetings, conversations, affects, characterizations, holidays, homes, thresholds, hidden materials, their protective coverings. It's conceptual, yes, but not in the art historical sense—or, not only. Stucchi's spaces cannot be thought; rather, they must be inhaled, infused, taken in.

What gets lit?

The sun or the moon—which one is it? One reflective of the other, perhaps collapsing, momentarily aligned. Eclipse? Competing lights, mute projections. And, not-mute lights; bright lights, shaded. Umbrellas and paravents. Partial views to obscured ideas and double-sided doors to perception. Readymade essences sparking expected insights—Christmas lights, small lights, keychains maybe? Or a little nest in between the two doors. Of a pigeon, of light threads, almost invisible. An element of *Heimat*: keychains, nests, things evoking "home." Like Bachelard wrote of nests: "The nest is a precarious thing and yet it is a center of confidence."[9] Nested scents, like armpits, wrists, are precarious centers of concealed meaning. Or, like Venetian blinds—jalousies, per Alain Robbe-Grillet: "The jalousie is a kind of shutter that allows one to look outside—and, for certain inclinations, from outside to the interior; but when the slats are closed, nothing can be seen in either direction."[10] The illuminated chairs, in dialogue, become a theater piece poised in total silence, more Beckett than Joyce. As Steven Connor explains, where Joyce crafted his fiction around epiphanic flashes, Beckett dismantled them, pushing toward experiences of a presence denuded of all determinations[11]. Epiphanies marked by a reticent meaning: silence and absence rather than insights in plain view.

Lamps, lights, illuminations, here, poised as models, or characters. To paraphrase Robert Bresson, amid these sculptures, what's made to linger are "thoughts or feelings not materially expressed, [but] rendered visible by intercommunication and interactions of two or several other images."[12] Light enhancers? What kinds of characters? The Moon, the Exuberant, the Hedonist, the cocky one, the self-confident one, the guy next door. (I recall Sylvia Plath: "The claw of the magnolia / drunk on its own scent / asks nothing of life."[13]) The essence disorients normative discourse. Its game is to shock forth a kind of refusal

Flower, Kenzo

of proper language. The perfume, like the word game, resists the good idea, the complete thought, the finished work. Silent communications act as ether. These lamps exemplify a kind of enjoyment. *Thought is jouissance*, as Jacques Lacan once suggested.

On offer are pieces of evidence. We are turned to what's suddenly illuminated in detail, like a path lit up to the ends of the mystery—a riddle forever unresolved, but enticing to pursue nevertheless (much like our desire for contact, correspondence, exchange, play). It could also be a verbal formula, a thread unraveled for a particular end. Light shows us where to look. It helps us see not answers, but ways of thinking about them.

Can the epiphany arise in chaos?

In a book about crossword puzzles, I am told that "light" was often used to mean "window." We still use "quarter light" and "skylight," after all, and it's likely that the framed white squares in this curious puzzle would have seemed like small windows. This definition tallies with the dictionaries. We understand lamps as "hints, clues or helps towards understanding"—another meaning of "light." As Douglas St. Paul Barnard writes:

"Surely, one may well exclaim, to obtain a solution and then to call it by a word which means a clue, savours mightily of Looking-Glass Land. […] The result of this arrangement is that each word in the pattern not only represents the answer to some verbal clue, but serves also as a literal clue to those other words that it crosses."[14]

A puzzle enthusiast asks in a crossword forum: "If *light* means *clue*, why are we using it to refer to the *answer* to a clue?"[15] It elucidates the epiphany inscribed into a fragrance called Warm Bulb by Clue perfumery. The scent comes described as "a lamp's light bak[ing] yellowed pages underneath, and sure enough, this is the scent of an incandescent light bulb—the yellow glow of the hot bulb, a layer of dust gently baking on its surface, illuminating the dry, cracked pages of a well-loved paperback book in a suburban rec room where the curtains still carry the faint trace of indoor smoking, while a soft vanilla

---

14   Douglas St. Paul Barnard, Anatomy of the Crossword, (London: G. T. Foulis – G. Bell
      & Sons, 1963), cited in Shuchi, "Why Are the Grid's Answer Slots Called Lights?,"
      Crossword Unclued, June 7, 2016, https://www.crosswordunclued.com/2016/06/
      lights-white-squares-in-crossword-grid.html.

15   Shuchi, "Why Are the Grid's Answer Slots Called Lights?"

16   "Warm Bulb" Clue Perfumery, 30 mL Eau de Parfum, art and olfaction-award nominee,
      Clue Perfumery, 2024, www.clueperfumery.com/products/warm-bulb.

17   Jan Verwoert, "Why Is Art Met with Disbelief? It's Too Much Like Magic" in *Art in the
      Global Present*, eds. by Nikos Papastergiadis and Veronica Lynn (Sidney: UTS ePRESS,
      2014), 204.

18   Bachelard, *The Poetics of Space*, 1994, 37.

wafts in from the kitchen."[16] The essence of the incandescent light bulb is often brought forth as the image of the epiphany par excellence. A light bulb flashes, doubling over its own mystery. Not an insight, but a clue toward where we must look to find it.

Jan Verwoert links the moment of embarrassment to an affective exchange which, through its continual transmission, retains a certain potentiality. When Verwoert talks about a "weird material autonomy" in an artwork or a "countermaterialism," he means to designate a materiality that moves beyond limits of established meaning. Not the moment of magic, but its lasting influence:

"And, in effect, it makes no difference if art is dismissed as irrational or fetishised as a source of magical illuminations on Sunday visits to the Met. 'The Magical' is a pedestal from which art can only fall, when the notion that creators of art are higher beings is propagated as a justification for distinguishing 'high' from 'popular' culture. Isolated, however, from the world of mundane relations in which alone it could actually activate its magic (like the lullaby does), a revered masterpiece can only ever disappoint. Invariably, the Van Gogh one religiously queues up to see will leave no impression, as the high expectations to have it deliver an instant epiphany prevents it from having any effect at all."[17]

Certain artworks ask whether objects can transmit the atmosphere of their creation: passing through, beyond the logic of the object's use. A kind of passive disappearance, like the dying of the light, which we tend to romanticize, perhaps precisely because it frustrates. Days go by too fast, the pace overwhelms. The point is to spot what's close to home, caught in the undertow of a domestic light. What clings to the mind becomes intimate, an atmospheric experience—not a major insight. Nothing to be broadcast, but kept to the self, close to the skin. The projective valence of a thought is often misguided. Sometimes epiphanies are small, understated.

Poetry sparks from projected space, per Bachelard, as real as it is imaginative. This poetic space is vital. It renders us "receptive to the image the moment it appears"; it brings us into, closer toward—what? What we seek to alight upon? Not a single moment, but an idea drawn out in time, as path, space, home. What we already know is shown to us anew. Thoughts—"they have no past, at least no recent past, in which its preparation and appearance could be followed."[18] Just

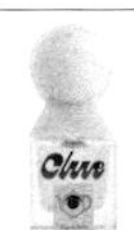
Warm Bulb, Clue Perfumery

distortions of vantage in an infinitely refracted present. Light cast on the familiar, differently.

In broad daylight, speech spills mostly naturally, paced by quotidian rite, by encounters and conversations passing in one ear and out the other, then, just as sure as the sun goes down, words too surely seek shelter, the solace of home, ours alone. Once there, a light switches on language's electrickery: words suddenly whizz, sparkle, crack. Everything is addressee, means of communication, confab—cut off, troubled, or re-created.

Is the epiphany an electrickery, like the complex, mysterious electrical impulses that ping in the brain, turning scent perception into sudden spark—of memory, emotion, idea?

Electric thoughts sparked are not light, but they radiate with an impressive gravity. And do so differently depending on time, place, season. Sometimes frosted, reflective, other times like watching St. Elmo's Fire from a cockpit window. A transposition of inside and outside. Estranged yet intimate. I spend an afternoon thinking about aldehydes in scents, for instance Ernest Beaux's Chanel Nº5 Eau Premiere: crisp, shiny, thinner in winter, thicker in the summer. It layers well. Guerlain has its L'Heure Bleue, a scent from 1912, which the brand had described as "the perfume of suspended time… [that] captures that classic moment when day kisses night."[19] Its floriental notes evoke the subtle dying of the light for all its melancholic insights, moving mysteriously in the penumbra of nightfall. All things come to an end. A twilit beauty. Or Lanvin's Arpege, which twinkles on the skin like the first stars in the cold night sky. The electrickery of these molecules turns us to sharp illuminations, with even sharper shadows. The sudden veil of darkness. Ideas so frigid in the night, frosted to total brittleness, that they become fragile to the touch. Light bulbs are easy to break.

A paradox, then.

Simplification requires patience, time. An ability to cut thought short, short-circuit reason, to sense the world otherwise. Epiphanies, like scents, unfold as layered experiences. Nothing can be captured or resolved all at once. Instead, perhaps we're given a clue to the solitude required to isolate one's mind from life's incursions. Here, the concentrate is staged, light veiled and captured, to see how the shadows are cast differently. As it turns out, the ability to reach delicate illuminations

19   "Les Légendaires L'Heure Bleue – Eau de Parfum: The fragrance of suspended time,"
      Guerlain.

is quite difficult. The artist's lights condense and stretch ideation into the shadows.

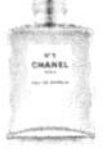

N°5, Chanel

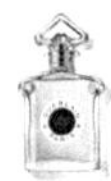

L'Heure Bleue, Guerlain

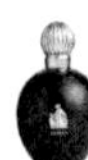

Arpège, Lanvin

CENTRO PECCI PRATO

Presidente / Chairman
Lorenzo Bini Smaghi

Direttore generale / General Director
Stefano Collicelli Cagol

Consiglio di amministrazione / Board of Directors
Gherardo Biagioni, Silvia Cangioli, Vittoria Ciolini,
Monica Norcini, Alessio Marco Ranaldo, Giuseppina
Tinella

Revisore dei conti / Auditor
Fabrizio Zaccagnini

Segretario generale / Secretary
Emanuele Lepri

COLLEZIONI E MOSTRE / COLLECTIONS AND EXHIBITIONS

Responsabile collezioni e archivi, coordinamento
attività regionali / Head of Collections
and Archives, Regional Activities Coordinator
Stefano Pezzato

Curatrice, coordinatrice mostre e eventi /
Curator, Exhibitions and Events Coordinator
Elena Magini

Assistente Curatore / Assistant Curator
Paolo Gabriotti

Curatore Centro Pecci Books / Centro Pecci Books
Curator
Giacomo Forte

Curatore cinema / Cinema Curator
Luca Barni

Registrar
Camilla Mozzato

Coordinatore allestimenti e gestione collezioni, archivio
fotografico / Installation, Collections and Photo Archives Coordinator
Raffaele Di Vaia

DIPARTIMENTO EDUCATIVO / EDUCATIONAL DEPARTMENT

Coordinatrice / Coordinator
Irene Innocente

Organizzazione attività / Activities Organization
Simona Bilenchi

Educatrice museale / Museum Educator
Eugenia Calamati

FUNDRAISING E SVILUPPO / FUNDRAISING AND DEVELOPMENT

Coordinatrice fundraising e sviluppo /
Fundraising and Development Coordinator
Michela Gaito

Membership ed eventi / Membership and Events
Gaia Bartolini

COMUNICAZIONE E RELAZIONI ESTERNE / COMMUNICATION AND PR

Coordinatore attività comunicazione /
Communication Activities Coordinator
Ivan Aiazzi

Comunicazione digitale / Digital Communication
Arianna Cialoni

SEGRETERIA / SECRETARIAT

Segreteria / Secretariat
Donatella Sermattei

Segreteria / Secretariat
Lucia Zanardi

Centralino / Telephone Operator
Gionata Cati

Supporto organizzativo / Office aide
Sergio Sensi

UFFICIO AMMINISTRAZIONE E BILANCIO / ADMINISTRATION AND BUDGETING

Coordinatrice / Coordinator
Ornella Masi

Amministrazione / Administration
Pamela Masi

Amministrazione / Administration
Silvia Oltremari

UFFICIO TECNICO / MAINTEINANCE OFFICE

Coordinatore / Coordinator
Antonio Bindi

Tecnico / Technician
Jacopo Prete

SERVIZI AL PUBBLICO / PUBLIC SERVICES

Coordinamento / Coordination
Cesarina Cheli, Monica Cheli
CID/Arti Visive, guardiania, bookshop /
CID/Visual Arts and Bookshop, operation managers
CoopCulture

Archivista / Archivist
Monica Gallai

Visite e attività educative / Guided Tours
and Educational Activities
EDA Servizi

Bibliotecaria / Librarian
Viola Casaglieri

Progetto grafico / Graphic Design
Studio Mut

REGIONE TOSCANA

Presidente / President
Eugenio Giani

Direttrice della Direzione Beni, Istituzioni,
Attività Culturali e Sport / Director of
the Directorate for Heritage, Institutions,
Cultural Activities and Sports
Elena Pianea

COMUNE DI PRATO

Sindaca / Major
Ilaria Bugetti

Dirigente Servizio Cultura / Director of
the Culture Department
Paola Pinzani

ASSOCIAZIONE CENTRO PER L'ARTE
CONTEMPORANEA LUIGI PECCI

Presidente / President
Attilio Maltinti

Vicepresidente / Vice President
Caterina Gori

Consiglio direttivo / Executive Council
Marcella Cangioli, Elisabetta Cioni,
Manfredi De Bernard, Anna Maria Schinco

RINGRAZIAMENTI

Grazie alle imprese e ai privati che sostengono le
attività del Centro Pecci / Thanks to the companies and
individuals who support the Centro Pecci activities

Fondato da / Founded by

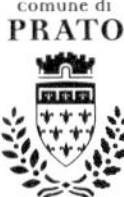

Sostenuto da / Supported by

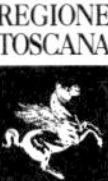

Corporate Sponsor

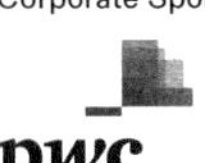

Member Innovators

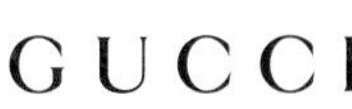

Corporate Members

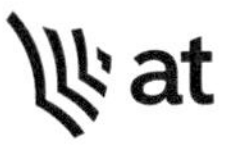

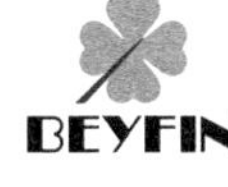

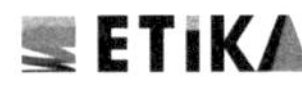

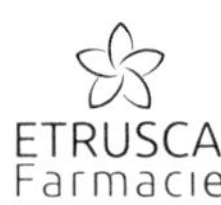

Partner

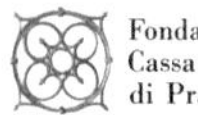

Sponsor Tecnico / Technical Sponsor

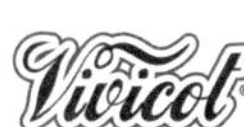

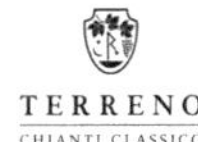

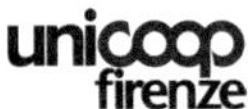

Museo Associato a / Associated Museum to

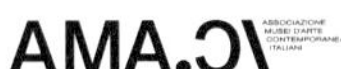

DONORS

Ego
Filati Naturali
Fresco Parkinson Institute Italia
Lanificio Cangioli
Neri Torrigiani
Pecci Filati
Pontoglio
Publiacqua
Tessilfibre

MEMBERS

Luca Maltinti Guidi
Massimo Adario
Raoul Bajaj
Francesca Bignami
Dimitri Borri
Maria Sole Bocini
Morgan Fiumi
Allegra Giudici
Mario Ingrassia
Annalisa Nardini
Stefano Pitigliani
Francesco Ricceri
Ilaria Taddeucci Sassolini
Alia
Cobra
Co.edil
Baroncelli Giulia
Bellandi

Davide Stucchi. Light Lights
Centro per l'arte contemporanea Luigi Pecci, Prato
31.05.2025 – 02.11.2025

Curatore / Curator
Stefano Collicelli Cagol

Registrar
Chiara Bertola

Allestimento / Installation
Apice

Ufficio stampa / Press Office
PCM Studio – Paola Manfredi

Si ringraziano le gallerie / Many thanks to the galleries
Martina Simeti, Milano / Milan e / and Deborah
Schamoni, Monaco di Baviera / Munich

L'artista ringrazia / The artist wishes to thank
Alberto, Alberto, Alessandro, Alessandro, Alessandro,
Allegra, Andrea, Anna, Anna, Antonio, Arianna, Asja,
Barbara, Bruno, Carlotta, Carmelo, Christopher, Cinzia,
Claudia, Cloe, Cristina, Daniele, Deborah, Elena, Elisa,
Emanuele, Emma, Enrico, Fabio, Fabio, Fabio, Federico,
Federico, Filippo, Francesca, Francesca, Francesco,
Francesco, Frank, Giacomo, Giacomo, Giacomo,
Giorgio, Giorgio, Giovanni, Giuditta, Giuni, Giuseppe,
Giuseppina, Gustavo, Ila, Ivan, Jeppe, Laura, Luca,
Luca, Lucrezia, Marino, Martina, Mattia, Mia, Michele,
Michele, Michele, Micola, Nunzio, Paolo, Raffaele,
Roberto, Roberto, Ross, Sabrina, Stefano, Stephane,
Tom, Tomaso, Valentina.

Questo catalogo è stato pubblicato in occasione della mostra / This catalogue has been published on the occasion of the exhibition:

Davide Stucchi. Light Lights
Centro per l'arte contemporanea Luigi Pecci, Prato
31.05.2025 – 02.11.2025

A cura di / Edited by
Stefano Collicelli Cagol

Publishing Editor
Micola Clara Brambilla, Mousse

Graphic Design
Francesco Valtolina, Mousse

Editorial Coordinator
Emma Passarella, Mousse

Graphic Design Support
Nicola Narbone

Testi di / Texts by
Stefano Collicelli Cagol
Michele D'Aurizio
Laura McLean-Ferris
Alessandro Pasero
Sabrina Tarasoff

Traduzioni / Translations
Alessandra Castellazzi
Timothy C. Moore

Copy editing e / and Proofreading
Micola Clara Brambilla, Mousse
Emma Passarella, Mousse
Lindsey Westbrook

© 2025 Mousse Publishing, Centro per l'arte contemporanea Luigi Pecci, Prato
© 2025 Davide Stucchi per tutte le opere / for all the works
© 2025 Gli autori per i loro testi / The authors for their texts

Stampato da / Printed by
Grafiche Veneziane

Prima edizione / First edition
2025

ISBN: 978-88-6749-711-9

€ 30 / $ 35

Catalogo sostenuto da / Catalogue supported by

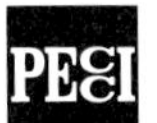

Pubblicato e distribuito da / Published and distributed by
Mousse Publishing – Contrappunto s.r.l.
moussemagazine.it
via Pier Candido Decembrio, 28
20137, Milan–Italy

Le opere a pagina / The works on page
85, 87; 253, 255; 257, 259; 193, 195; 185, 187; 189, 191
Courtesy dell'artista / of the artist e / and Martina Simeti, Milano / Milan

Tutte le altre opere / All other works
Courtesy dell'artista / of the artist, Martina Simeti, Milano / Milan e / and Deborah Schamoni, Monaco di Baviera / Munich

Crediti fotografici / Photo credits
Tutte le immagini / All images
Foto di / Photo by: Andrea Rossetti

A eccezione di pagina / Except for page
253, 255; 257, 259
Foto di / Photo by: Elisa Norcini